明清科考墨卷集

一——三十九冊　總目錄

林祖藻　主編

蘭臺出版社

序

陳慶元

七八年前，福建省莆田市舊城改造，位於城內北大街49號十八店觀察第里也在改造範圍之列，觀察第里的主人之一林祖藻先生，把舊第里所藏古籍裝箱運往杭州市的現在居所。數百年風雨滄桑，舊藏可能已經大失本來面目，經過清點，還有數十種之多，而其中卷帙最為浩大、最有價值的要數《師儉堂彙文》。

《師儉堂彙文》是一部明、清兩代會試、鄉試、道府縣試以及國子監月課、季課、書院館課試卷的龐大試卷集。師儉堂，明代建陽蕭少衢（一五七〇—一六二一）、蕭騰鴻（一五八六—？）兄弟刻書坊名。少衢，一作少渠，所刻《皇明文雋》封面題「師儉堂蕭少渠領繡」，卷末有「師儉堂蕭少渠依京版刻」。騰鴻，號慶雲，以師儉堂名號刻過許多戲曲的本子，僅《西廂記》就刻過三種版本[1]。《師儉堂彙文》當是蕭氏兄弟廣為蒐集並加以編排、擬刊刻的一部大型科考試卷彙編的底本。經查，師儉堂書坊未刻過此書，或許由於卷帙過大，一時沒有能力付梓；或許因為明清革替之故，建陽書肆進入衰微時期，已經沒有刊刻的可能。

[1] 參見謝水順《福建古代刻書》第三章〈明代福建刻書〉，福州：福建教育出版社，一九九七年，頁三二〇—三二一。

《師儉堂彙文》底本後為觀察第里主人所得，具體時間不詳，據我們推測，很可能在建陽書肆衰微之初，書坊將此底本售予世代重視科名的莆田觀察第里當時的主人。

明代莆田「九牧林」的後裔，是繼唐「九牧林」之後的又一鼎盛時期。唐代中期，莆田人林披以明經擢第，官至蘇州別駕，贈睦州刺史。披有子葦、藻、蘊等九人，官皆刺史、司馬、長史，莆人稱為「九牧林」。莆田明代名宦，多為葦之後人。林環，字崇璧，永樂四年（一四〇六）狀元，授翰林修撰，預修《永樂大典》，為《書經》總裁官。林雲同，字汝雨，嘉靖五年（一五二六）二甲進士，選庶吉士，官至南刑部尚書。雲同後人（疑為其孫）林廷陞，萬曆八年（一五八〇）進士，官至廣西按察使兼兵備副使，所建宅第，後世稱觀察第里。如若林廷陞壽稍高，明代天啟、崇禎間由他收購《師儉堂彙文》也並非不可能；如若不是林廷陞，也是他的子輩或孫輩。「九牧」，除了林葦的後人，林藻、林蘊等的後人功名亦甚盛，何喬遠《閩書》卷一百九《英耆志·興化府·莆田縣五》，一整卷三四十位元明代傳主全部都是林氏（絕大多數是「九牧」後人），足見其家族之興盛。在封建社會中，博取功名，世代簪纓，榮宗耀祖，是家族之大事。世代讀書人家，為了教育培養子孫後代，蒐集存藏各種科場、館課試卷，是很正常的，何況莆田觀察第里這樣的大家族。以蕭氏的《師儉堂彙文》為底本，後來又不斷蒐集、不斷增補的這批科考試卷共五千多篇，其中抄件六百多篇，姓名里籍可考者以福建卷子為多；而福建的卷子，又數興化府為最[1]，這也從另一角度證明這批試卷的輯錄、保存者出自福建興化的世家。

建陽蕭氏兄弟所輯《師儉堂彙文》，收文下限當在明代天啟、崇禎間，《啟禎文小題文讀本》、《啟禎文讀本新編》，或是那個時期所蒐集的本子。至於入清之後的科卷可能是觀察第里世代的主人們所蒐集。這批科場試卷起止時間，起於明洪武初年，最晚的止於清光緒末季，幾乎與明清兩代科舉歷程相始終。從所蒐集的歷朝卷子看，我們推測，入清之後觀察第里的歷代主人，參與蒐集的，也不止一人，而最後完成的，當是光緒末年的那一位，其書仍名為「師儉堂彙文」。傳世的《師儉堂彙文》，分卷裝訂，我們現在看到的較為完整的、比較後的一冊卷次是「卷百八十六」，此冊還可能不是最末一冊；即使是末冊，已足見其集之浩大。從清光緒末季到二十一世紀初年，百年間歷經變革、戰火、動盪，這批科卷雖然有破損、有殘缺，但值得慶幸的是，總算流傳至今。當然，將這批浩大的文獻作進一步整理，重新編排為《明清科考墨卷集》（以下簡稱《墨卷集》）一書的，則是觀察第里拆除之前的最後的主人之一林祖藻先生。林祖藻先生上世紀六十年代畢業於廈門大學外文系，一九八三年畢業於美國南伊利諾大學教育媒體研究院碩士。退休之前是浙江省圖書館副館長。經林先生整理的《墨卷集》，全書

[1] 初步統計，試卷題下標明「興化府學」有四十六篇，「莆田縣學」有六十篇，「仙遊縣學」有三十五篇，合計一四一篇。這個數字還不包括興化學子參加鄉試、會試的卷子。

析為一百一十九卷。

我們知道，明清科舉考試題目不出《四書》、《五經》之外。傳世的《師儉堂彙文》，每卷封面都載有起迄之目，如卷二「從我於　至文學」（《論語》）、卷十四「今有世名　桐梓哉」（《孟子》）、卷廿一「春秋修其　至時食」（《中庸》）、卷廿八「唯仁人　至逮夫身」（《大學》）、卷百八十六「子貢見於仲尼　日月也」（《論語》）。對於熟悉《四書》的士子，封面之目，就是一種索引。觀察第里的主人們蒐集盡可能多的科卷範本，無疑有助於對子孫後代的教授，讓他們不斷去揣摩濡染，爛熟於心。林祖藻先生重新整理，未沿用原有體例，而是以題目的筆劃為序重新編排，對今天不再從事科舉考試的研究者和讀者來說，也有其便利之處。

《墨卷集》輯錄明清一千二、三百名進士（不含姓名不可考者）的科考試卷五千多卷，把如此之多的科卷彙集出版，在出版界或許是首次。這部書的價值，收錄的科卷之多、地域之廣、種類之全、時間跨度之大，對於研究中國古代科舉考試、尤其是明清國家和地方各級考試制度、考試範圍和內容、試卷甄選及排名、制舉集編輯、書坊的刊刻印行以及流傳、收藏等等，都具有很高的學術價值。

《墨卷集》為我們提供了數百種甚至上千種的書目，如果我們把五千多篇科卷的出處之書一一挑出，按一定方式加以編排，就是一部初步的明清制舉書目；再以此書目為基礎進一步廣泛蒐集，便可完成一部比較完備的明清制舉書目了。明清制舉書，汗牛充棟，名目繁多，但至今沒有一部比較完整的書目，在目錄學方面，不能不說是一大缺憾。明代已經有官刻的制舉書。《明史・選舉志一》：「禮部言『……弘治、正德、嘉靖初年，中式文字純正典雅。宜選其尤者，刊佈學宮，俾知趨向』。因取中式文字一百十餘篇，奏請刊佈，以為準則。」[1]於是就有《欽定正嘉四書文》刊行[2]；此外還有《成弘正嘉大小題文讀本》[3]、《慶曆大小題文讀本》[4]、《慶曆文讀本新編》[5]。《明史・選舉志一》又言：「啟、禎之間，文體益變，以出入經史百氏為高，而恣軼者亦多矣。雖數申詭異險僻之禁，勢重難返。」[6]於是又有《欽定啟禎四書文》[7]、《啟禎文小題文讀本》問世[8]。清代也有一些官刻制舉書。明末清

[1] 張廷玉《明史》卷四十五，北京：中華書局，一九七四年，頁一六八九。
[2] 本書卷一百二薛應旂〈魯一變〉等出自此書。
[3] 本書卷八十歸有光〈唯天下至聖〉等出自此書。
[4] 本書卷十七許獬〈子張問明一節〉等出此書。
[5] 本書卷六十七徐光啟〈舜之居深　一節〉等出此書。
[6] 張廷玉《明史》卷四十五，北京：中華書局，一九七四年，頁一六八九。
[7] 本書卷二十五艾南英〈心之官則思〉等出自此書。
[8] 本書卷八卷黃淳燿〈齊一變至〉等出自此書。

初藏書家、目錄學家黃虞稷編著《千頃堂書目》於集部中另立《制舉類》，其〈序〉曰：「自宋熙寧用荊舒之制，以經義取士，其後或用或否，惟明遵行不廢，遂為一代之制，三百年來，程士之文與士之自課者，龐雜不勝錄也，然而典制所在，未可廢也，緣《通考》錄《擢犀》、《擢象》之類，載程式之文二三種，以見一代之制，而二三場屋之著者亦附見焉。」[1]黃氏的本意，「程式之文」和「場屋之文」只各收二三種，經盧文弨、吳騫所補，明人書目也不過三十多種，其中包括佚名的《三場文海》一百二十卷、《策海集略》十二卷等。黃氏編纂書目，別集、詩文總集類所錄，多多益善，而於制舉文卻嫌其「龐雜」，大多不取，這不能說是一件遺憾的事。儘管如此，黃虞稷在制舉目錄學史上有開創之功，自不可言喻。黃宗羲《明文海》三百七卷至三百十二卷錄時文序七十八篇，足見時文之集總數當遠遠超過七十八種之數；就是這七十八種，其書目也較黃虞稷豐富。《明史·藝文志四》「總集類」錄有黎淳《國朝試錄》（六百四十卷，輯明成化前試士之文）等制舉總集十餘種，但沒有像《千頃堂書目》那樣專門列「制舉」一類。黃虞稷嫌棄制舉書「龐雜」，畢竟還專列一目以存其大要。清乾隆間官修《四庫全書》則全然置制舉書而不顧[2]，《四庫》之後，道光間梁章鉅撰《制義叢話》，

[1] 黃虞稷《千頃堂書目》卷二十三，上海古籍出版社，二〇〇一年，頁七八四。

[2] 梁章鉅《制義叢話·例言》：「《四庫全書》中所錄歷代總集、別集，至為詳晰，而於制義，惟恭錄乾隆初方苞奉敕所編之《四書文》四十一卷，此外時文選本及各家專集一概不登。」（上海書店，二〇〇

論及某些制舉選本，也只是零星的目錄而已，可以說迄今尚無比較詳細的明清制舉書目，因此，《墨卷集》就為我們提供了一個製作這種書目的條件。

數百上千種制舉書，如果製作成一個書目，可以按明清兩代各朝順序的前後排列，也可以按會試、鄉試、道府縣試不同的場次排列，也可以按地域排列。《墨卷集》包括十多個省的士子試卷，大多數的省份都刻有各自的制舉書，舉例說，順天有《直省考卷篋中集》、《直省鄉墨翕雅》；福建有《閩海偉觀》、《福建闈墨》、《八閩試牘》等；浙江有《浙江試牘》、《西泠三院會課》、《西泠文萃》等；安徽有《黃山課業》；江西有《江西鄉墨》、《江西試牘》、《江西敬日堂》、（江西）《庚子科鄉墨選》等；湖南有《湖南校士錄》等；湖北有《湖北試牘》等；廣東有《東江文集》、《東江文砥》等；廣西有《西江試牘》等；河南有《河洛文升》等。以科場等第區分，有狀元試卷集，有會元卷集，狀元的試卷書目有：《史狀元聯捷稿》（史大成，順治十二年乙未科）、《馬狀元傳稿》（馬世駿，順治十八年辛丑科）、《有懷堂增訂全稿》（韓菼，康熙十二年癸丑科）、《李狀元真稿》（李蟠，康熙三十六年丁丑科）、《秦狀元編》（秦大士，乾隆十七年恩科）、《蔡狀元稿》、《蔡會狀真稿》（蔡以臺，乾隆二十二年丁丑科會元、狀元）等。

一年，頁七）。

《墨卷集》出自福建莆田林氏家族，是書所錄福建的試卷最多。是書所採集的福建科卷，就一省而言，除了上文我們已經提到的三種之外，還有：《恩科福建魁卷》、《閩試存真錄》、《福建試牘惟是錄》、《八閩校士錄》、《閩中校士錄》、《閩中課試錄》、《閩中試錄》、《閩中歲試錄》；福州府有：《榕江會課》（福州稱榕城）；泉州府南安縣有《梅巖試草》（南安縣有梅山），同安縣《鷺洲課士錄》（同安縣有鷺島，今廈門本島）；漳州府有《聚奎社試草稿》（漳州有奎星樓）、《芝山課藝》（漳州有芝山）、《霞嶠試草》（漳州號霞城），龍溪縣有《龍中試草》。福建各府中以興化府最詳，有《濯錦川試藝》、《興化試草》、《莆陽課士錄》、《莆陽館課》等。福州鰲峰書院，是清代省城最著名的書院，這個書院自己也刊刻了不少制舉集，如：《鰲峰課藝尤雅》（前集）、《鰲峰課藝尤雅》（後集）、《鰲峰課藝》、《鰲峰拔萃》。書院有館課，館課優秀的卷子刻入其集，如張伯謨〈顏淵問仁一章〉（一〇五／四四九二；前面的數字為《墨卷集》卷次，後面為篇次。下同），為館課第一名，收入《鰲峰拔萃》；當然館課的優秀卷子，也為他書所收，如《福建試牘》，就收錄〈如好好色〉一題，月課鰲峰書院一等一名郭可敬和第二名趙士泉二人的卷子（三八／一七四二、三八／一七四三）；《晚翠亭試草》收錄〈君子有三畏〉一題，是張中丞月課鰲峰書院超等第一名黃潔的卷子（四八／二一一三）。以上數條，只是我們隨手舉出的選集例子而已，還不包括個人的制舉專集的例子。大量的試卷，為我們研究省、道府縣科舉考試、研究國子監及某一書院的館課，提供了很豐富的材料。我們還要特別提到的是《墨卷集》的輯錄者所在的興化府，這個府只有莆田、仙遊兩個縣，而明清兩代此地所出的進士人數，幾可與福州、泉州二府比肩，我們看看他們所刊刻的諸多制舉集就可以知道他們對舉子業是如何地重視了。

明清制舉集的刊刻，有官刻，也有私人的坊刻。上文我們多次提及的師儉堂，就是一家書坊的名號，類似於我們今天的出版社的社名。《墨卷集》蒐集的大量制舉集，相當一部分書籍的版心刻上書名併加上坊名，例如：《國朝文選》（松筠堂）、《近刻巧搭丹液集》（文蔚堂）、《丹崖試草》（奎集樓）、《利試小題英雅集》（求志堂選）、《靈皋先生文稿》（春暉堂）、《闈墨從繩》（尚友堂）、《方有容時藝》（樂山堂）、《八科小題文萃》（介安堂）、《本朝小題文憲》（寧遠堂）、《鄉墨時》（江西敬日堂）。有些制舉集，書坊名則直接出現在書名中，表明此書就是該書坊所選所刻，如：《雙桂試草》，雙桂，明代建陽余氏書堂名。各種書院、書屋，乃至書齋自刻的制義集也很多，如：《歷科墨卷同風集》（古香書屋）、《涂茗樵稿》（語香書屋）、《紫陽書院課藝》、《近科房行書菁華》（浣花書屋）、《五科考試懷新集》（竹林書屋）、《勤學初編》（紅豆齋）等。研究中國出版史，較多關注大書坊所刻書，如建陽余氏的雙桂書堂，就是一家較大的書坊，然而該坊所刻《雙桂試草》似未見研究者提及[1]。《墨卷集》中所涉及到的諸多書坊和書院、書屋、書齋等刻書機構，很需要研究者去辨析、釐廓，這是一項很仔細的工作，但對研究出版史無疑也是有益的工作。

明清每三年舉行會試（清代偶爾還有恩科）、鄉試各一次，每次考試稱某朝某科。以會考為例，同一科中式選送殿試並最終成進士者通常都有二、三百人之多。會試第一名，殿試也是第一名，稱聯捷，如上文提到的順治乙未科的史大成就是如此，但會元不一定就是殿元；殿元也不一定產生於會元。至於會試的二、三名甚至更後面的名次，殿試的變化就更大了。《墨卷集》所輯同科試卷有時甚至達到一二十篇之多。我們不妨來看看乾隆二十二年（一七五七）丁丑科的情況，本科試題為〈臧文仲其竊位者與〉。以下是《墨卷集》所輯二十六卷作者會試或殿試的名次：

[1] 謝水順《福建歷代刻書》第三章〈明代福建刻書〉說雙桂書堂明代所刻書今僅存三種，未提及《雙桂試草》。福州：福建教育出版社，一九九七年，頁二五九。

姓名	籍貫	會試名次	殿試名次[1]	試卷出處及《墨卷集》卷次／編次
蔡以臺	浙江嘉善	第一名	一甲一名	魁卷九七／四一四三
方汝謙	江南通州	第二名	二甲二十八名	魁卷九七／四一一三
嚴思濬	江西分宜	第三名	二甲三十八名	魁卷九七／四一五〇
陳鈖	直隸豐潤	第四名	三甲三十一名	魁卷九七／四一三五
錢玘	浙江錢塘	第五名	二甲五十六名	魁卷九七／四一四六
張鍾琬	江南太平	第六名	三甲十七名	魁卷九七／四一三三
許承蒼	江南武進	第七名	二甲六十七名	魁卷九七／四一二七
李宜蕃[2]	山東諸城	第八名	二甲四十六名	魁卷九七／四一一五
胡相良	江西贛縣	第九名	三甲六十二名	魁卷九七／四一二三
方春熙	江南常熟	第十名	二甲三十一名	魁卷九七／四一一四
郭世誼	順天府大興	第十一名	三甲一百二十九名	魁卷九七／四一二八
黃繩先	浙江鄞縣	第十二名	三甲四十二名	魁卷九七／四一三八

[1] 殿試名次依據朱保炯、謝霈霖編《明清進士題名碑錄索引》，上海古籍出版社，一九七九年新一版。

[2] 原件作李宜，乾隆二十二年丁丑科無此人，有李宜蕃，疑原件奪一「蕃」字。

		第十三名		
段三才	直隸永年	第十四名	三甲一百六十四名	魁卷九七／四一二四
李鵠	山東諸城	第十五名	三甲一百三十五名	魁卷九七／四一一六
奇山	鑲紅旗滿洲	第十六名	二甲五十一名	魁卷九七／四一二五
		第十七名		
汪新	浙江仁和	第十八名	二甲六名	魁卷九七／四一一八
沈若木	江南華亭		二甲二十七名	墨卷愜心集九七／四一一九
王朝翰	江西萬年		三甲二十三名	會試硃卷九七／四一一一
林衡瑞	福建上杭		三甲三十四名	會試硃卷九七／四一二〇
郭紹宗	廣東澄海		三甲五十三名	會試硃卷九七／四一二九
張永祥	直隸靜海		三甲八十名	會試硃卷九七／四一三一
程大中	湖北應城		三甲九十三名	會試硃卷九七／四一三九
門錡	正紅旗軍		三甲九十六名	會試硃卷九七／四一二一
龔孔傳	湖北公安		三甲一百四十三名	會試硃卷九七／四一五一
樓克興	浙江義烏		三甲一百五十五名	會試硃卷九七／四一四二
秦之柄	湖北漢川		三甲一百六十二名	會試硃卷九七／四一二六

此表中乾隆丁丑科二十六卷，其中《魁卷》有會試前十八名（缺第十三、十七）十六卷，《墨卷愜心集》九卷，《會試硃卷》一卷。從中我們可以發現，會試的名次和殿試有很大的差別，會試前十八名中的十六位，除了第一名蔡以臺殿試保持其鰲頭的位置，進入二甲的只有七位，其中汪新從會試的十八名上升到二甲六名；其他八位都掉到三甲的位置，其中第十一名的郭世宜、第十六名的李鵠，甚至掉到三甲的百名之後。他們的卷子俱在，很可以加以探討。名次的升降，更重要的恐怕還是殿試某些環節起決定性的作用。值得注意的是，此科除了《魁卷》，還有一部《丁丑科會試薦卷》，收錄那些雖然名落孫山，但文章還算不錯者的試卷（王李勳、鄒維、賓三號、歐陽正亨、德六號、戴承蒼等）加以推薦，也可供讀者比較研究。

蔡以臺會、狀聯捷，有專門的制舉集，已如前述。其他名進士，有的也有自己的制舉專集。曹學佺，字能始，福建侯官（今福州）人，縣、府、道試均第一，時號「小三元」，明萬曆二十三年（一五九五）進士，會試卷評語曰：「如韞玉之璞，不事雕琢，自然生輝。」[1]其〈定義再敘〉：「曹子曰：『人之習氣，最為難忘。』語云：『家有敝帚，享之千金。』習使之然也。予舍去舉子業，十有五年矣，承乏川西，覆閱《觀風錄》，見蜀士之嫻于文也，若不勝其技癢焉。蜀之士若以不佞為可與言者，不佞〈謝亡狀〉，偶檢篋中，攜有舊稿，因翻刻

[1]《石倉五稿・西峰用六篇》，日本內閣文庫藏明末刻本。

之，以酬多士。」[1]據此〈敘〉，曹學佺早年刻過所作「舉子業」文，入蜀之後再刻，名為《定義》，其集已經兩刻。曹學佺試卷，《墨卷集》未輯。《墨卷集》輯得許獬制舉文多篇。

獬，字子遜，號鍾斗，福建同安浯嶼（今金門縣）人，明萬曆三十九年（一六一一）辛亥科會元、殿試二甲一名，「以制藝名一時」[2]，「每課館一篇出，人競傳寫，即宿望名公，無不咋舌」[3]。《墨卷集》輯得許獬文十一篇，篇目、出處及《墨卷集》卷次／編次如下：

〈子張問明一節〉（《慶曆大小題文讀本》，一七／〇七一三）

〈子張問明一節〉（《許鍾斗先生稿》，續古堂，一七／〇七一四）

〈仁言不如全章〉（《許鍾斗先生稿》，續古堂，二二／〇九八九）

〈昔者太王二節〉（《許鍾斗先生稿》，續古堂，五五／二三七八）

〈事君盡禮一節〉（《許鍾斗先生稿》，續古堂，五六／二四一三）

〈非禮勿視四句〉（《許鍾斗先生稿》，續古堂，五八／二四九三）

---

[1]《石倉文稿》卷一，日本內閣文庫藏明末刻本。

[2]《四庫全書總目》卷一三八《類書存目》二，北京：中華書局，一九六五年，頁一一七二。

[3]池顯方〈許鍾斗先生傳〉，許獬《叢青軒集》卷首，明崇禎十三年（一六四〇）刻本。

〈極高明而道中庸〉（《許鍾斗先生稿》，續古堂，八三／三五五三）
〈謀於燕眾〉（《許鍾斗先生稿》，續古堂，一〇三／四三九三）
〈彌子謂子　以告〉（《許鍾斗先生稿》，續古堂，一〇四／四四七五）
〈顏淵問仁　一節〉（《許鍾斗先生稿》，續古堂，一〇五／四四九一）
〈仁言不如仁聲之入人深也〉（抄件，一〇九／四七二五）

〈子張問明　一節〉兩篇，〈仁言不如〉兩篇，題同文同，前者分別見於兩書，後者一見於刻本，一見於抄件，扣除重複，餘九篇，《許鍾斗先生稿》收錄此九篇。許獬別集，傳世二種：一為《許鍾斗文集》，刻於萬曆四十年（一六一二）王子；一為《叢青軒集》，刻於崇禎十三年（一六四〇）庚辰。兩書篇目稍有異同。四庫館臣批評《許鍾斗（文）集》：「是集大抵應俗之作，館課又居其強半。」[1]「應俗之作」且不論，「館課」實有之。而文居強半則未免過於誇大，據我們統計，館課文計十三篇，詩九篇。而我們上面所列九文，則均不見於這兩部集子。許獬子許鏞所作〈識略〉曰：「先成詩文一冊，名為《叢青軒集》，而制義仗有識彙

[1]《四庫全書總目》卷一七九《別集類存目》六，北京：中華書局，一九六五年，頁一六二〇。

選，抄昔時名公評語，約百餘篇，再刻以傳，曰《垂世草》，此先子當日所自名耳。」[1]《垂世草》一書，未見流傳，也未見公私藏書著錄，所刻制義文集，當即《許鍾斗先生稿》，此書版心「許鍾斗先生稿」下有「論語」、「孟子」、「中庸」等標識，各篇也都有評語，與許鏞的敘述大致吻合，可以證明這是一部專收制義文的文集[2]。

那麼，《墨卷集》所輯的這十一篇制義文有什麼價值呢？一，就目錄學上的意義說，《許鍾斗先生稿》一書，是未曾被各種書目著錄過的制舉集，將來可補入各種相關書目，也可補入將來新修的《金門縣志》，許獬的著目也應增補此書。二，假如重新整理《許鍾斗文集》或《叢青軒集》[3]，九篇制義文可作為佚文輯入其集。三，許獬的制義文得到很高的評價，或在其生前；[4]「論者已有異議」，或許在身後，由於《許鍾斗先生稿》現今不見流傳，到底許獬的制義文應作如何評價，也就無從談起，賴《墨卷集》保存的九篇文章，無疑可以給我們提供第一手的文獻資料，憑藉這些資料，今天的論者或許就可以對其制義有比較深入的瞭解並作出較公允的評價。

[1] 許獬《叢青軒集》卷首，明崇禎十三年（一六四〇）刻本。
[2] 《明文海》錄有沈守正《許子遜先生全稿序》，疑《許子遜先生全稿序》即《許鍾斗先生稿》。
[3] 方清河《叢青軒文集譯注》未收此九篇佚文，臺灣金門：金門縣文化局，二〇〇八年。
[4] 《四庫全書總目》卷一七九《別集類存目》六，北京：中華書局，一九六五年，頁一六二〇。

說到《墨卷集》所輯許獬制義，是許集的佚文，我們還要進一步說，《墨卷集》是整理明清詩文集輯佚的淵藪。明清許多士子、特別是那些不見經傳的士子之文，賴《墨卷集》保存，才得以流傳至今；許多名家的佚文，也賴《墨卷集》的保存，才得以重見天日。《墨卷集》收文五千多篇，並非篇篇都是佚文，例如戲曲家湯顯祖的〈子釣而不綱弋不射宿〉（《明文得中集》，愛吾廬選，一七／〇六九八），已見徐朔方先生編纂的《湯顯祖集》卷五十[1]。但是，《茅坤集》卻失收茅氏的〈黿鼉蛟龍魚鼈生焉〉（一一八／五一六五）[2]，《譚元春集》也未收譚氏的〈道並行而不相悖〉（一一七／五一〇一）[3]，這兩篇制義都是抄件。許多新整理的明清別集往往忽略制義文的輯佚，重要的原因可能在於制舉集的難於尋覓。

《墨卷集》數千篇的制義公諸於世，無疑為整理明清別集者提供了便利。《墨卷集》輯錄最多的是康熙朝的戴名世二十九篇、雍正朝的王步青二十七篇，康熙朝的方苞二十六篇。以下是方苞的試卷目：

---

[1] 北京古籍出版社，一九九九年，頁一五七七。此條承鄔自振教授見告。
[2] 張大芝、張夢新點校《茅坤集》，杭州：浙江古籍出版社，一九九三年。
[3] 陳杏珍標校《譚元春集》，上海古籍出版社，一九九八年。

〈是猶或紾〉（《本朝房行書歸雅集》，康熙丙戌科，七二／三〇六一）

〈禹吾間然矣〉（《本朝房行書歸雅集》，康熙丙戌科七二／三〇九二）

〈致廣大而盡精微〉（《方靈皋稿》，七五／三三二五）

〈惟天下至聖　三句〉（《靈皋先生文稿》，春暉堂，己卯科鄉墨，八〇／三三八六）

〈唯天下至　其天〉（《方靈皋全稿》，八〇／三三八七）

〈唯天下至　臨也〉（書名缺損，敬日堂，己卯科江南一名，八〇／三三八八）

〈棘子成曰君　全章〉（《方靈皋稿》，八三／三五五四）

〈棘子成曰君　全章〉（《本朝直省考卷篋中集》，國子監孫大司成月課一名，八三／三五五五）

〈棘子成曰君　全章〉（《丙戌房牘》，八三／三五五六）

〈無情者不　民志〉（《直省考卷篋中集》，江南張學院月課安慶府第一名，八四／三六〇五）

〈禮之用和為貴〉（《國朝文述》，一〇五／四五〇一）

扣除重複（有的出處不同），還有二十二篇。近年整理出版的《方苞集》全部未收[1]。

方苞（一六六八—一七四九），字靈皋，晚年自號望溪，桐城派著名文學家，康熙三十八年（一六九九）己卯科江南解元，四十五年（一七〇六）丙戌科中式進士第四名，因母疾遽歸，未參加殿試。上述試卷，既有鄉學院和國子監的月課卷，也有己卯科鄉試卷、丙戌科會試卷。己卯卷和丙戌卷試題，應補入《方苞集》附錄一《方苞年譜》，補入附錄二《文目編年》；庚午所作〈考者所以〉一文，也應相應補入。《方靈皋稿》、《方靈皋全稿》、《靈皋先生文稿》，都是方苞個人的制舉專集，《方苞集》述論方氏著述亦未提及。方苞雖然沒有通過殿試，還曾涉戴名世案，險遭不測，但由於他的文名，頗受朝廷重用。當時坊間各種各樣的八股文選本仿刻的泛濫，朝廷命其選定一部以作士式，經皇帝首肯，名曰《欽定四書文》，以作制義文的範本。方苞如果不是制義文的高手，朝廷也不會委之以如此重任。方苞這批試卷，其意義不僅僅局限於輯佚補缺，對研究清代制義文的流變也有著重要的意義。

制義，即八股文，明初，以《四書》、《五經》取士，「其文略仿宋經義，然代古人語氣為之，體用排偶，謂之八股，通謂之制義」[2]。清初顧炎武對八股文文體詳加論述曰：「經

[1] 劉季高點校《方苞集》，上海古籍出版社，二〇〇九年。

[2] 張廷玉《明史》卷四十六《選舉志二》，北京：中華書局，一九七四年，頁一六九五。

義之文，流俗謂之『八股』，蓋始於成化以後。股者，對偶之名也。天順以前，經義不過敷演傳注，或對或散，初無定式，其單句題亦甚少。成化二十三年會試『樂天下者保天下』文，起講先提三句，即講『樂天』，四股，中間過接四句，復講『保天下』，四股，復收四句，再作大結。弘治九年會試『責難於君謂之恭』文，起講先提三句，即講『責難於君』，四股，中間過接二句，復講『謂之恭』，四股，復收二句，再作大結。每四股中，一反一正，一虛一實，一淺一深（夾注略），則每扇之中，各有四股，其次第之法，亦復知之。故今人相傳，謂之八股。」[1] 作文又有「破題」、「承題」、「原起」、「大結」之法。清沿明制，皆以八股文取士。隨著科舉制度的廢止，制義，即八股文已經成為一種死亡的文體，今天似乎不再值得關注。其實不然。唐宋以至明清的古文，直到今天一直受到肯定。明清兩代著名的古文家和制義這一文體都有著非常密切的關聯。制義作得好，不一定古文寫得好；但是，明清的古文家必定是制義的優秀作手。方苞即是其中一位。《墨卷集》所輯，明代的唐宋派古文家茅坤、歸有光、唐順之都在其中，此外，還有公安派的袁宏道、竟陵派的譚元春，明末清初的錢謙益等。古文和制義形式上當然有區別，制義講對偶，古文主張散句單行，但是古文的篇幅短小，

[1] 《日知錄》「試文格式」條，黃申等主編《顧炎武集》，上海古籍出版社，二〇一一年，第十八冊，頁六五二。

不尚浮華，明旨達意，則與制義有相通之處：「諸生經試之文，通謂之舉業。《四書》義一道，二百字以上，經義一道，三百字以上。取書旨明晳而已，不尚華采也。」[1] 制義文篇末都附有評語，撰寫評語者有時也拿這些優等卷同唐宋以至明代的傑出的古文家進行比較。湯顯祖〈子釣而不綱弋不射宿〉（一七／〇六九八），篇末評語：「說理精寔又極雋永，此種文字直突過震川先生。」以為此文直逼歸有光。方苞〈可與立〉（二九／一三二四），評曰：「皇甫湜稱退之之文，粟密窈眇，章妥句適，精能之至，鬼入神出，時文中足當此數語者，其吾靈皋乎！」以為方苞此文可與韓愈相當。方苞〈孝者所以〉（三九／一七八六），評曰：「純用大氣舉題，使人數行不得斷續，此坡老所云『著文如萬斛珠泉，隨地湧出』者。不圖吾弟少作早詣此境。」以為方苞早歲之文已詣蘇軾萬斛珠泉，隨地湧出之境。方苞〈惟天下至聖三句〉（八〇／三三八六）評曰：「無廓門面語，堪與震川先生文並轡而馳。」以為此篇可與歸有光文隨肩。方苞〈棘子成曰君全章〉（八三／三五五四）李光地評曰：「節奏與子固為化，尤可敬者，一往瑩粹，矜囂不作。」以為此文節奏融化曾鞏。可見，制義與古文有相通之處。歸有光〈居天下之三句〉（六八／二九〇九），評曰：「惟其精於義理精微，古今同異也。」此條說古文家歸有光精於義理。桐城派古文講義理，而他們的制義，也重視義理，方苞〈可與立〉

[1] 張廷玉《明史》卷四十五《選舉志一》，北京：中華書局，一九七四年，頁一六八九。

（二九／一三二四），評曰：「義理口氣，俱耐點勘。」在講義理方面，古文與制義也有相通之處。即使當今社會不再用文言文寫作，制義講究破題、切題、結構、結束、文脈、虛實、作比、遣詞造句等等寫作方法，以及文章的氣勢、文字的簡練省淨等，對我們今天的作文、創作仍然有借鑒和啟示作用。

從文體分類學的角度來審視制義，制義也是古代散文的一個分支。過去我們研究古代散文，總以為制義是一種已經死亡的文體，各種中國文學史也未曾對制義加以介紹論述；即便偶然提及，也多加否定。明萬曆十五年禮部有言：「國初舉業有用六經語者，其後引《左傳》、《國語》矣，又引《史記》、《漢書》矣。《史記》窮而用六子，六子窮而用百家，甚至佛經、《道藏》摘而用之，流弊安窮。」[1]已經涉及到明初至萬曆間制義文體流變問題。「論者以明興業文字比初唐，成、弘、正嘉比盛唐，隆、萬比中唐，啟、禎比晚唐云。」[2]梁章鉅亦曰：「自洪、永以逮天、崇，三百年中體凡屢變，亦猶唐詩之分初、盛、中、晚也。」[3]唐詩的初盛中晚，是唐詩的流變；明制義的初盛中晚則是明制義文的流變。《墨卷集》的書目

[1] 張廷玉《明史》卷四十五《選舉志一》，北京：中華書局，一九七四年，頁一六八九。
[2] 張廷玉《明史》卷四十五《選舉志一》，北京：中華書局，一九七四年，頁一六八九。
[3] 梁章鉅《制義叢話・例言》，上海書店，二〇〇一年，頁七。

中有《欽定正嘉四書文》、《成弘正嘉大小題文讀本》、《慶曆大小題文讀本》、《慶曆文讀本新編》、《欽定啟禎四書文》、《啟禎文小題文讀本》，不就是《盛明制舉集》、《中明制舉集》、《晚明制舉集》嗎？清代的制義，同樣也有其流變的歷史。《墨卷集》中清代的制舉集，從某朝細分到某科，如《庚子科鄉墨選》、《丙戌科大題》、《己丑科小題文選》等等。《墨卷集》大量的制義集並沒有出現朝、科之名，但也都是某個特定時期的產物，也都是我們研究制義文流變的資料。這部《墨卷集》所輯，對研究明清散文史，特別是研究明清制義流變史，相信是很有幫助的。

有詩就有詩評、詩話；有文，就有文話、文評；有詞，也就有詞話、詞評。同樣，有制義，也就有制義評論，清代道光間梁章鉅曾撰《制義叢話》，這部叢話多達二十四卷，有總論，有按時代排列的分論，還有地域論和家族論。《墨卷集》收錄的制義，差不多每篇篇末都有評語，平均以每篇兩條計算，就有一萬餘條之多，還有許許多多的旁批、眉批，如果加以輯錄，就是一部《明清科考墨卷叢評》。紀昀，字曉嵐，一字春帆，直隸獻縣（今屬河北）人，乾隆十九年（一七五四）進士。其〈何哉爾所　達也〉（四四／一九八五），秦澗泉評：「批卻導款，因乎自然，而氣脈深厚，結構完穩，若非寢食於古大家者不能。」殷瑞書評：「發必中的，故矢無枉集，否則沒石飲羽何益，作者勝人，只是一個心細如髮。」而紀昀自評

〈何哉爾所　三節〉（四四／一九八五）：「『何哉』一詰，而『問』字早在夫子意計中，爭關奪隘，全在此處，過此中流自在矣。文筆清老，掃盡時蹊。弟曉嵐。」諸如此類，不勝枚舉。很有意思的，是偶有作者自評，湯賓尹字嘉賓，宣城（今屬安徽）人。其〈湯之盤銘〉（八九／三七九四）：「節節見極，合上三件，即為無所不用其極。自記。」賓尹萬曆二十三年（一五九五）會元，殿試一甲二名。

當然，評語也偶有批評的意見，王鳴盛〈小人懷也〉（四／〇一七七），這是江蘇劉學院歲試嘉定縣學一名的卷子，原評「心花怒開，詞源奔放，使帖括家望而卻步，豈非異才」之後，又有另外一位的三段評語：

> 於小人者利無恥之狀，透入骨理。攄詞運意，浸淫書卷，情味自深，吾所激賞斯文，雅不在多多益善。
>
> 昔朱子嘗言：後山為南豐作一文字，南豐授以意，後山窮日之力方成。南豐云：大略也好，只是冗字多。就坐間取筆抹數處。每抹連一兩行。凡削去二百字。後山讀之，則其意尤完，遂取為法。愚嘗喜以是語學侶。竊怪時賢好逞才華，每以多為貴，無論駁雜支離，有乖義法。即按題發揮，或浮文妨要，亦非節制之師。是篇苦愛其情致，為節去

二百三四十字。讀之覺意愈警而辭愈達。雖罪我僭踰，勿恤也。

凡文字八百字外，鄙性則不欲觀；其愛不能割，亦必從删節。集中並不登文有三尾者，謬從文運起見，願知言者鑒之。

王鳴盛，字鳳喈，嘉定（今屬上海）人，史學家，乾隆十二年（一七四七）丁卯江南鄉試第六名，十九年（一七五四）甲戌殿試一甲二名，著有《十七史商榷》等。此評既肯定王鳴盛之文，又批評其文過長，並為之删去二百多字。揣摩評語口氣，當是試官所為。

《墨卷集》抄件達六百餘篇，約占總篇數的八分之一。抄件的意義自不待言。這些抄件，可能相當一部分為存錄者或收藏者所抄，篇末除了通常所見的評語之外，還有按語。董其昌〈君子之道造端於夫婦〉（一一三／四八八六）一文，抄錄李安溪（光地）、何屺瞻（焯）、王已山（步青）三段評語之後，還有兩段按語：

謹按：文有富貴之氣者，其成名必盛，其受福必永，求之名家不可多得，惟華亭董文敏。講賓主八法文，自成甲、乙三榜魁，其經入館閣，歷卿輔，有名東林，而不與其禍，壽逾大耄，子福最厚，觀於此文，固已先見富貴之氣矣。

己丑墨闈，雖以蘊藉勝，然於題之脈絡筋骨節未能合拍，殊遜元作，故錄此以概其餘。

董其昌，萬曆十七年（一五八九）己丑二甲一名（一甲一名為焦竑）。董其昌還是晚明著名的畫家和書法家。此則評論文之富貴氣，同時批評董文雖然以蘊藉勝，但也有不足；其不足在於脈絡筋骨節未能合拍，遜於第一名之卷，並且說選錄此文的理由。

歸有光〈武王周公〉（一一三／四九〇八），文末錄楊繼斗、王己山評語，另外還有一則按語：

謹按：《明史・文苑傳》：「有光九歲能屬文，弱冠盡通《五經》、《三史》諸書。」師事同邑名儒魏校則，所以講究理法者精矣，以氣勢行文，於意能盡，於題能暢，高舉鄉試亞魁，為天下開風氣也。厥後章大力，心知其意，亦成名家。凡業舉者，可以與至。

歸有光，字熙甫，崑山（今屬江蘇）人，嘉靖四十四年（一五六五）進士，唐宋派散文代表作家。此條承上三則評語，撇開具體評價，論歸有光通經通史，講究文章理法、氣勢、意、題，文開天下風氣，成就名家。

徐孚遠〈肫肫其仁〉（一一四／四九四〇），文末錄厖雲公評語，另外還有一條評語：

> 靠定「經綸」句推動，精理透闢，不作浮游之談，亦不蹈空 之習，清鴻凝鍊，卓然可垂。
>
> 近日理題文字類，皆貌為浮大，按之都無深味，故雖滔滔 ，大段滾去，實則千百言不敵人一二言也，矧求其一二言可當人千百言，如敬菴先生此文者哉！

徐孚遠，字闇公，號敬菴，華亭（今上海）人。崇禎十五年（一六四二）壬午舉於鄉，永曆十五年（一六六一）隨鄭成功到臺灣。「卓然可垂」，乃存錄此文的原因。徐孚遠的文字好，好就好在於以一二言敵他人千萬言，當今這樣的文字已經很難求。以上數條，抄錄的格式、字體，抄寫用紙都相同，當是出自一人之手。評點批評，屬文學批評或文章批評領域，近年頗得學術界重視，制義文的評點研究，亦大有可為。以上只是我們隨手舉出的一些例子，《墨卷集》的評語、眉批、旁批，大量的研究工作，還有待於專家學者們的參與。

明清各級科考的考試題目都出自《四書》、《五經》，其題大多莊重、嚴肅、正大、平和，有關治國安邦、倫理道德，即便寫得文采飛揚，也還是屬於政論一類，《墨卷集》輯錄之文，當然也不例外。不過，《墨卷集》所輯錄，如〈美目盼兮〉（一一五／五〇〇三）、〈鬱陶思君爾〉（一一九／五二三二）等可能是館課之文，前者題出自《詩經・國風》中的《衛風・碩人》，後者出自《周易》，雖然都出自經典，但都帶有更多想像的發揮空間。沈同安〈美目盼兮〉，此文很短，錄於下：

目以美稱，惟其盼也。夫非目盼，未可云美；猶笑非倩，非可云巧也。笑目盼兮，《詩》猶善言質乎！嘗思妍姿淑質，固緣稟賦之殊，尤而蘊秀含輝，尤在清揚之婉麗，當偶焉其一覽。覓餘情其信芳，此亦最無容矯飾者。奚《詩》既曰：「巧笑倩兮。」笑，其順之微解也；而眉睫即宣其意，故觸於所遇。嫣然之下，好輔與善睞齊傳。倩其口之乍啟也，而瞻矚旋寫其神。故即事多欣，莞爾之餘，皓齒與明眸交燦，蓋質之麗於斯人者何不美。而目之美，尤自然也。故繼曰：「美目盼兮。」人生豈盡適意之時，苟拂鬱盈懷，輒捧心以著其顰。方欲歌兮未敢言，即欲泣兮不成淚。其而茲固，久接而煒然也。外徹中融，恍若春輝之昳麗。逸詩所云，是知天然姣好，寧第巧笑之瑳也。唯目亦然。

李正衡評：「處處以帶為撇，切定本句，點染驚才風，逸艷溢稱毫。如讀〈神女〉、〈洛神〉兩璧。」如果本文不是輯入墨卷之類，又沒有人告訴你這是一份館課的卷子，沒準你會認為這是一篇小品美文，或者一篇優美的散文詩。《詩》云：「巧笑倩兮，美目盼兮。」此文開首點題，繼而撇開，先落筆於「巧笑倩兮」，此層看似以「巧笑」為主，實則「眉睫」之間、「善睞」、「瞻矚」、「明眸」卻句句不離「美目」。「人生豈盡適意之時」數句，欲歌欲泣，又頗有抒情的色彩。而〈鬱陶思君爾〉篇末附記曰：「『傲弟』一路，思想許多物件，正欲入宮分取，忽然見舜，即翻轉說來，以見思兄之甚，並兄之所有者都思到。此亦實情實境，非僅搬演白文藉為本地風光也。因和六二生私課，縱筆成此，工拙不知也。戊午孟夏望前一日誌。」看來此文是作者私課時一時技癢，和生徒之作，注入較多作者的生活經驗，有敘事，也有抒情。總之，這兩篇文章已經不太像代聖人的制義文，或者說是制義的變體。《墨卷集》中此類文字可能還有，但不會太多。附帶論述之，以讓讀者對本書有較全面的瞭解。

二〇一二年，我在中央大學客座，蘭臺出版社社長張加君小姐多次和我討論這批科舉試卷的出版。二〇一三年冬，《墨卷集》進入緊張的技術處理階段，適逢我在臺北，每天出入圖書館讀書，加君小姐盛邀前去主持《墨卷集》的編排審訂工作，並囑我撰序。有機會先於讀者披覽這部大書，欣喜和快樂難於言表。回內地後，居所煩囂，福州外語外貿學院董事長吳欽明先生慨然假以城外虛靜館室，讓我順利完成序文寫作，最終得以與讀者分享。附此數言，以誌不忘。

二〇一四年一月廿八日癸巳除夕前二日

序言

中國的科舉考試制度起始於隋，確立於唐、發展於宋、成熟於明；明、清兩朝是中國科考制度的鼎盛時期。清光緒三十一年（一九〇五），興學校、辦教育，延綿千餘年的科考制度宣告廢止。

明清時期的科考制度沿襲並發展了唐宋元的考舉制度，讀書人首先要接受本縣知縣主持的縣試，縣試通過後，參加由本府知府主持的府試。府試及格後，取得了生員的身份，才有資格參加正式的科舉考試。明清兩朝的科舉以進士科最為重要，其考試分為三級四試，即府、省、中央三級，院試（考秀才）、鄉試（考舉人）、會試、殿試（考進士）。院試又分為歲試和科試，歲試就是所謂的生員考秀才，歲試成績優秀者可以繼續參加科試。科試通過之後，才能參加鄉試。鄉試一般在京城或省城舉行，三年一次，通常在子、卯、午、酉年舉行，考期都在秋季八月，所以又稱「秋闈」。會試和殿試是最高等級的科考。一般在鄉試的第二年，也就是丑、辰、未、戌年，考期多在春季的二、三月，所以又稱「春闈」。在鄉試或會試之後，應試人的原卷（即墨卷）須交給專人謄錄。謄錄人必須用硃筆謄寫後，才能送考官批閱，以防作弊。用硃筆謄寫後的考卷叫硃卷。在考中之後，士子也可以將自己在考場中寫的文章刊印贈人，也稱硃卷。

福建省莆田市，即明清時期的興化府（下轄莆田、仙遊兩縣）。興化府地處福建中東部。地靈人傑，素有文獻名邦之稱。興化歷代上出過十八位狀元，一千七百多位進士。宋高宗年間（一一二七—一一六二），某年殿試，第一、二名都是興化人，年紀最大和最小的都是興化人。高宗問其究竟，答曰：「地瘦種松柏，家貧子讀書。」口齒繁多，而耕地稀少且貧瘠，稍有條件的人家讓子弟拚命讀書，在科考中尋求出路。興化府的林姓，自唐代以後，就出了狀元一名（明代，林環），探花二名（唐代，林宏泰；明代，林文），進士四十八名（唐代十五名，北宋十名，南宋三名，元代二名，明代十八名）。筆者的先祖林環，明永樂四年（一四〇六）狀元（《永樂大典》的主編之一）；先祖林雲同，明嘉靖五年（一五二六）二甲第六十九名進士，官至廣西按察使兼兵備副使。科舉場中的士子，常常把場屋中的試卷、尤其是進士們的卷子視為楷模，爭相傳抄，書商也借機刊刻，以期牟利。為了便於教導子弟，讀書人家，特別是經由科舉取得功名的官宦家庭，往往為搜集收藏名家試卷而花費其心思精力。明清時期興化林氏家族，藏書頗富，其中包括大量的場屋卷子。而這些卷子，以《師儉堂彙文》最豐富。「師儉堂」，明末福建建陽蕭氏書肆之堂號。據謝水順等《福建古代刻書》考：「師儉堂堂主為蕭少衢、蕭騰鴻」。據我們所知，蕭氏兄弟在世及後世都沒有刊刻過《師儉堂彙文》。數百年間，歷經戰亂水火，《師儉堂彙文》及其他明清科考試卷始終藏於福建莆田明代按察使林廷陛氏遺留下來的老宅。二〇〇五年，莆田舊城改造，按察使宅亦在拆遷之列。編者將《師儉堂彙文》及其它明清科考試卷、藏書[1]，裝箱運至杭州寓所。雖然時代久遠，零落散亂，或有殘缺，細心辨認，仍然可以窺其原貌，數量之巨，品質之好，天下難得。二〇〇八年之後，編者著手整理先人所藏《師儉堂彙文》及其他明清科考試卷，經過四年的努力，終於完成，合《師儉堂彙文》及其他明清科考試卷為一書，名之曰「明清科考墨卷集」[2]。全書多達五千二百三十一篇（包括六百三十四篇手抄稿），一百一十九卷。

整理過的《明清科考墨卷集》，在不更動文字原貌的前提下，對殘損之處略作技術處理，呈獻在讀者面前的是一部精美的中國明清科考文獻讀物。此書有以下特點：

1、所收科考墨卷多達兩萬餘頁，書品基本完好。

---

[1] 除《師儉堂彙文》外，還有《興化府莆田縣誌》、《瀛環志略》、《水經注》、《名山藏》、《唐詩解》、《歷代詩解》、《欽定書經傳說彙纂》、《欽定詩經傳說彙纂》、《詩經精華》、《風箏誤傳奇（上）》、《比目魚傳奇（下）》、《國朝科名果報錄》等，共計五十二種。

[2] 經研讀先人所藏《師儉堂彙文》及其他明清科考試卷已有「制義明清科考墨卷集」之名。

2、所收科考墨卷涵蓋的時間長：本書最早的科考墨卷是明洪武初年，最晚的是清光緒末年，長達五百多年的時間。

3、所收科考墨卷涵蓋的地域範圍廣：本書收集的科考墨卷所涵蓋的地區包括今天的北京、上海、福建、浙江、江蘇、安徽、江西、廣東、廣西、雲南、貴州、四川、湖南、湖北、河南、河北、山東、山西、陝西、遼寧等共達二十個省、市地區。

4、所收科考墨卷層次高：本書所收集的科舉考卷包括魁卷、硃卷、闈卷等。其中有縣、府舉行的院試科舉試卷，也有一些難得的狀元卷、榜眼卷、進士卷。

5、所收科考墨卷名人多：試卷中明清時期狀元三十五名，一〇八篇；榜眼二十五名，一〇四篇；探花二十三名，五十三篇；二甲進士、三甲同進士共一二四四名，二一三二篇。一、二、三甲進士共計一三四二名，二三九七篇（包括他們在不同時期、不同場合的考卷）。其中有著名的政治家、科學家、史學家、文學家、藝術家：王鏊、歸有光、茅坤、焦竑、馮夢禎、湯顯祖、董其昌、徐光啟、袁宏道、許獬、顧錫疇、錢謙益、黃道周、呂葆中、尤侗、谷應泰、韓菼、金居敬、李光地、陳夢雷、查慎行、何焯、戴名世、何世璂、方苞、王篛林、蔣廷錫、王步青、李紱、沈德潛、顧棟高、杭世駿、梁詩正、秦大士、袁枚、王鳴盛、紀昀、陸錫熊等等。

6、所收科考墨卷規模宏大、內容豐富：本套書收集中國明清時期的科舉考卷多達五二三一篇（包括六三四篇手抄稿），共一一九卷。本書還收集了許多名人的多篇考卷。對研究這些著名的歷史人物極有幫助、極有裨益。僅就拾遺補缺而言，譬如：上海古籍出版社二〇一〇年出版的《方苞集》認為「方氏傳世之文已包羅殆盡」。經查核該書目錄後，該書方苞的科考試卷全部付諸闕如。而本書卻收集了方苞的考卷多達二十六篇。

7、本書所收的科舉考卷對研究明清時期的社會、政治，特別是科考制度、教育制度具有重要的價值和意義。大部分的考卷後面都有考官或名人的評語、薦語或批語。從中我們可以看出當時取士的某些標準和對時文評判的標準。對文章寫作的評判，也是另類的一種文學批評。

8、本書還收集了多達六三四篇科舉考卷手抄稿。經研判，這些抄稿有可能是臨時抄錄的。從用紙、用筆以及使用的字體都不相同，有楷書、行書、草書、行楷、草楷等各種字體都有。這對研究我國古代書法史也是一份珍貴的資料。

9、上海圖書館原館長顧廷龍先生曾在一九九二年出版《清代硃卷集成》，收集了八千多人的硃卷。但乾隆以前的僅一百六十五人。本書的五二三一篇中，乾隆以後的只有一百一十人一百三十篇。本書《明清科考墨卷集》和《清代硃卷集成》是珠聯璧合的姐妹篇。

10、明清時期，考生的考卷都是使用八股文寫的，所以叫做八股取士。所謂八股文，亦稱

「時文」、「制義」或「制藝」，這是中國明清時期科舉考試制度所規定的文體。每篇考卷必須由破題、承題、起講、入手、起股、中股、後股、束股等八個部分組成。所以，本書也是研究我國明清時期八股文的第一手珍貴資料。

延續千餘年的中國科舉考試制度終於在一九〇五年被廢止。被廢棄的科考文獻資料，流傳至今者並不很多，圖書館也極少收藏，也沒有得到藏書家的重視，散落在民間的也只是寥若星辰。筆者的先輩代代相傳，將這批資料保存至今，實屬不易。保存、整理、出版這批資料是我們晚輩子孫不可推捨的責任。我們極盡全力完成此書的整理，可能有些不盡人意之處，敬請專家學者指教。

值此本書出版之際，編者表示衷心感謝福建省福州外語外貿學院陳慶元教授在百忙之中給予本書的關心、支持和指導，並且撰寫了高水準的序言。同時還要感謝臺灣蘭臺出版社的全體員工對本書的出版工作給予全力重視和支持，將本書正式出版，公諸於世，有用於世。相信歷代收藏這批文獻的先祖亦當含笑於九泉！

編者

二〇一三年二月八日

凡例

一、本書根據莆田明林廷陞及其後人所藏師儉堂堂主蕭少衢、蕭騰鴻（福建建陽人）收集並準備刻印的《師儉堂彙文》（未刊刻）及其他明清科舉考卷編輯而成，名曰《明清科考墨卷集》。原件為編者所藏。

二、本書所收試卷起於明洪武四年（一三七一），至於清光緒三十年（一九〇四），跨度長達五百三十三年，幾乎涵蓋明清兩個朝代。

三、本書所收明清科考試卷五千兩百三十一篇（包括六三四篇手抄稿），共一一九卷。

四、本書所收各篇，均在目錄中標明其出處。

五、本書目錄按考卷題目的筆劃順序編排，筆劃相同者，按起笔的「一丨ノ・㇕」的順序先後編排。題目相同的按著者的姓名筆劃順序編排。著者姓名的筆劃相同者也按起笔的「一丨ノ・㇕」的順序先後編排。由於明清時期的科舉考題大體上都是從《論語》、《中庸》、《孟子》、《大學》的「四書」中選出一章或一節或一句或半句甚至一個字、兩個字作為考題。所以，編者如果能夠查出整句，就在目錄中用【】添上，方便讀者。如：【湯之盤銘曰】苟日新日日新又日新；又如：【富貴不能淫，貧賤不能移】威武不能屈，此之謂大丈夫，等等。

六、凡考卷的題目名、著者名字等字跡不清，無法辨認者，均用「口」標示。

七、本書所收，偶有題目、內容、作者都相同，但考卷後的主考官或名人的批語、薦語、評語等則不同的卷子，本書均予收錄，以便比對。

八、本書的首冊有篇名目錄、著者索引。其目錄與索引標有卷次號和篇序號，方便讀者檢索。

卷次	篇序號	篇名	著者	說明	出處	頁碼

第一冊

卷一

卷次	篇序號	篇名	著者	說明	出處	頁碼
一	〇〇一〇	人之所不學 一章（孟子）	芮 源	江南張學院科考高淳縣學第三名	本朝直省考卷篋中集	〇三九
一	〇〇一一	人之所不 全章（孟子）	郝 敬		慶曆文讀本新編	〇四三
一	〇〇一二	人不間於至三復白圭（論語）	方德懋（又功）	敷文	西泠三院會課二刻	〇四七
一	〇〇一三	人不間於其父母昆弟之言（論語）	吳世英	戊午科	近科房行書菁華（浣花書屋）	〇五一
一	〇〇一四	人民（下孟）	杜 林	河南王學院科試靈寶縣學第一名	直省考卷所見三集	〇五五
一	〇〇一五	人有鷄犬放 此興題（孟子）			分法小題文采珍集	〇五九
一	〇〇一六	人有鷄犬放（孟子）	王 澍	康熙壬辰科	本朝房行書歸雅集	〇六三
一	〇〇一七	人有鷄犬放 一節（孟子）	汪 倓	辛未科	辛未科大題文口中集	〇六七
一	〇〇一八	人有鷄犬 知求（孟子）	金居敬	乙丑科	本朝曆科口口	〇七一

卷次	篇序號	篇名	著者	說明	出處	頁碼
一	〇〇二八	人知之亦囂囂 四節	李章堉	甲子科	口口口口藁（易三房動七號薦卷藜照堂）	一一一
一	〇〇二九	人知之四節	車碩	江南	墨卷擷華錄	一一五
一	〇〇三〇	人知之亦 四句（下孟）	吳昺	辛未科	詹志齋辛未小題選	一一九
一	〇〇三一	人知之亦 離道（孟子）	林兆熙	江西庚子科第二十三名	庚子科鄉墨選	一二三
一	〇〇三二	人知之四節	周升	江南	墨卷擷華錄	一二七
一	〇〇三三	人知之亦 離道（孟子）	晏斯盛	庚子科第一名（江西）	庚子科鄉墨選	一三一
一	〇〇三四	人知之 四節	夏益萬	江南	墨卷擷華錄	一三五
一	〇〇三五	人知之亦囂囂（孟子）	曹鑾	丁未科	新科小題洪鈞	一三九
一	〇〇三六	人知之亦 離道（孟子）	曹繩柱	江西庚子科第二十九名	庚子科鄉墨選	一四三
一	〇〇三七	人知之 四節	許養器	江南	墨卷擷華錄	一四七
一	〇〇三八	人知之亦 離道（孟子）	湯其任	江西庚子科第十名	庚子科鄉墨選	一五一

卷次	篇序號	篇名	著者	說明	出處	頁碼
一	○○三九	人知之亦囂囂人不知亦囂囂（孟子）	陳師集（震澤）	台臯臺會課第二名	紫陽書院課藝	一五五
一	○○四○	人知之 四節	張宗伯	江南	墨卷擷華錄	一五九
一	○○四一	人知之亦 一節（孟子）	張時霖		考卷中聲	一六三
一	○○四二	人知之亦 離道（孟子）	楊廷為	江西庚子科第十六名	庚子科鄉墨選	一六七
一	○○四三	人知之 四節	薛觀光	江南	墨卷擷華錄	一七一
一	○○四四	人知之亦 二句（下孟）	蕭□		時習錄（鶴和庭讀本）	一七五
一	○○四五	人知之 四節	顧奎光	江南	墨卷擷華錄	一七九
卷二						
二	○○四六	人皆有兄弟（論語）	王元蘅		增訂小題秘訣	一八七
二	○○四七	人苟欲生之 一句（孟子）	莊天佑	江蘇開宗師科入嘉定縣學第五名	近科考卷純	一八九

卷次	篇序號	篇名	著者	說明	出處	頁碼
二	○○四八	人將拒我如之何其拒人也（論語）	王　培		考卷芳潤集	一九三
二	○○四九	人將拒我	朱　均	科試桐鄉縣學一等一名	浙江試牘	一九五
二	○○五○	人將拒我（論語）	陸　師		增訂陸麟度文編（寧遠堂）	一九九
二	○○五一	人將拒我（論語）	顧經永	江南高學院科考取入無錫縣學第一名	本朝直省考卷篋中集	二○三
二	○○五二	人無遠慮必有近憂（論語）	李枝桂		李健林時文（澹竹軒）	二○七
二	○○五三	人無遠慮（論語）	李　尊	丙戌科	丙戌科大題文選	二一一
二	○○五四	人無遠慮　二句（下論）	吳韓起		課兒草	二一五
二	○○五五	人無遠慮　二句（下論）	項　煜		項太史傳稿	二一七
二	○○五六	人無遠慮（論語）	陳　常		時藝瓌觀	二一九
二	○○五七	人無遠慮必有近憂（論語）	劉一焜		小題七集老境（塾課續編）	二二三

卷次	篇序號	篇名	著者	說明	出處	頁碼
二	○○五八	人無遠慮必 一章（論語）	劉　巘		劉大山真稿	二二五
二	○○五九	人無遠慮 二句（下論）	謝履忠		謝昆皋太史傳稿（碧梧堂）	二二九
二	○○六○	入曰伯夷 一節（上論）	李作楫		歷科小題卓編（紹衣堂課本）	二三三
二	○○六一	入於河播 師陽（下論）	李雁南	歲入晉江縣學第八名	向若編精選	二三七
二	○○六二	入於河 師陽（下論）	吳際恩	福建周宗師歲入泉州府第三名重卷	天下考卷洪鈞	二四一
二	○○六三	入於河至少師陽（下論）	倪大楠		巧搭驪珠	二四五
二	○○六四	入於河播 於海（下論）	徐紹鑒		搭題中砥	二四九
二	○○六五	入於河播 於海（論語）	陳　瑄		直省考卷六編	二五三
二	○○六六	入於海（下論）	許汝霖	康熙壬戌科	歷科小題亦韻（大雅堂）	二五七

卷次	篇序號	篇名	著者	說明	出處	頁碼
二	○○六七	入於海周公謂魯公曰（下論）	陳崑玉（俊若）	超等第一名	興安課業（仰止亭）	二六一
二	○○六八	入於海周公	陳應駒（季勤）	史大宗師科考取進長樂縣學第□名	試草	二六五
二	○○六九	入於海（論語）	陸錫熊		芹□□	二六九
二	○○七○	入於海（論語）	陸錫熊	江蘇夢學院歲入上海縣學第一名		二七三
二	○○七一	入於漢少師陽（下論）	□□□		小題從新錄（第四冊）	二七七
二	○○七二	入於漢（下論）	沈桂	江蘇夢宗師歲入金山縣學第五名	考卷連城	二八一
二	○○七三	入於漢（論語）	金和源	元和縣李中尊科試五覆第二名	考卷新裁初集（久道草廬）	二八五
二	○○七四	八家皆私百畝同養公田	戴恒		採真集	二八九

卷次	篇序號	篇名	著者	說明	出處	頁碼
二	〇〇七五	又其次也（論語）	翁廷資		考卷文衡	二九三
二	〇〇七六	又從而振德之	萬秉鑒		萃華集	二九七
二	〇〇七七	又稱貸	吳兆昌		黌雋集	三〇一
二	〇〇七八	又稱貸而益之	邵玘		俊雅集	三〇五
二	〇〇七九	三十三人（上孟）	呂葆中（無黨）		呂榜眼真稿（竿木集）	三〇九
二	〇〇八〇	三人行（論語）	余懋孳		明文小題秘鑰（畹香齋課本）	三一三
二	〇〇八一	三人行（上論）	孫一致		歷科小題卓編（紹衣堂課本）	三一七
二	〇〇八二	三人行必 一節（論語）	顧天竣		明文得中集真稿（愛吾廬選）	三二一
二	〇〇八三	三子者出曾皙後	王度	陝西第七名	直省鄉墨淳風	三二五
二	〇〇八四	三子者出 何如	王雲程	山西第六名	恩科直省鄉墨	三二九
二	〇〇八五	三子者出曾皙後曾皙曰（論語）	朱桓		考卷連城	三三三

卷次	篇序號	篇名	著者	說明	出處	頁碼
二	○○八六	三子者出曾皙後曾皙曰（論語）	朱　倫		考卷芳潤集	三三七
二	○○八七	三子者出曾 一節（論語）	吳陳口	浙江周學院歲考錢塘縣學第八名	本朝直省考卷篋中集	三四一
二	○○八八	三子者出 何如（論語）	李　炯		古愚堂制義	三四五
二	○○八九	三子者出（論語）	沈光熙		沈思凝文	三四九
二	○○九○	三子者出曾皙後（下論）	庾亮才	安徽雙宗師歲入當塗縣學第一名	考卷醇雅初集	三五三
二	○○九一	三子者出 四句（論語）	馬佩珩	庚寅 恩科山西	墨卷鴻裁	三五七
二	○○九二	三子者出曾皙後	黃　斌	陝西第二名	直省鄉墨淳風	三六一
二	○○九三	三子者出 已矣（論語）	曹友夏		曹次辰制藝	三六五
二	○○九四	三子者出 皙曰（論語）	程　海	蘇州薩府口科試吳縣第六名	近科考卷秀幹集	三六九
二	○○九五	三子者出 一節（論語）	張　贇		小題繡虎	三七三

卷次	篇序號	篇名	著者	說明	出處	頁碼
二	○○九六	三子者出 四句（論語）	趙文照	庚寅 恩科山西	墨卷鴻裁	三七七
二	○○九七	三子者出 何如	趙文照	山西第四名	恩科直省鄉墨	三八一
二	○○九八	三子者出 何如（上論）	趙文照	庚寅科 山西	鄉會墨趨（儲秘）	三八五
二	○○九九	三子者出 何如	劉仲樟	山西第九名	恩科直省鄉墨	三八九
二	○一○○	三子者出 已矣（論語）	薛觀光		薛上賓時文	三九三
卷三						
三	○一○一	三分天下有其二（論語）	徐葆光	康熙壬辰科	本朝房行書歸雅集	三九九
三	○一○二	三月不知 飲水（上論）	呂顯祖		歷科小題卓編（紹衣堂課本）	四○三
三	○一○三	三樂也君 三樂	呂葆中（無黨）		竿木集	四○七
三	○一○四	三樂也君子有三樂（下孟）	徐倬	癸丑科	天蓋樓偶評（小題觀略）	四一一
三	○一○五	于茅	郝筠		新硎集	四一五

卷次	篇序號	篇名	著者	說明	出處	頁碼
三	〇一二五	大哉聖人之道 威儀三千（中庸）	徐用錫	戊子科	徐壇長稿	四九五
三	〇一二六	大哉聖人之 凝焉（中庸）	馮夢禎		慶曆文讀本新編	四九九
三	〇一二七	大哉聖人之道	陳文炳（其東）	達道臺館課取超等第八名	鰲峰課藝尤雅（前集）	五〇三
三	〇一二八	大哉聖人之道	陳廷鑽（尹涵）	達道臺課取一等第十名	鰲峰課藝尤雅（前集）	五〇七
三	〇一二九	大哉聖人四節（中庸）	張　翥	廣東惠宗師歲覆恩平一等一名	六科考卷（梅峯書屋）	五一一
三	〇一三〇	大畏民志（大學）	王之醇		王鶴書時文（生水草堂）	五一五
三	〇一三一	大國地方百里	鄭　材	朱宗師歲進霞浦縣學第三名		五一九
三	〇一三二	大德敦化（中庸）	王篛林	戊子科	王篛林句心集	五二三
三	〇一三三	大德敦化 其二（中庸）	王篛林	戊子科	王篛林句心集	五二七

卷次	篇序號	篇名	著者	說明	出處	頁碼
第二冊						
卷四						
四	〇一四三	上士倍中士	方峻（公衡）	福建楊太師歲進興化府學第四名		〇〇五
四	〇一四四	上士倍中士（下孟）	方鴻	楊太宗師歲進興化府學第一名	飛仙樓試牘選	〇〇九
四	〇一四五	上士倍中士（下孟）	宋懋春	楊太宗師歲進莆田縣學第一名	飛仙樓試牘選	〇一三
四	〇一四六	上士倍中士	林天壽（亦多）	楊太宗師歲入興化府學第三名	□□□□□□二集	〇一七
四	〇一四七	上下與天地同流 二句（孟子）	王步青		王漢階稿	〇二一
四	〇一四八	上下與天地同流	李章堉	乾隆辛酉科	選拔貢卷	〇二五

卷次	篇序號	篇名	著者	說明	出處	頁碼
四	〇一五八	上如揖下 有循（論語）	徐紹鑒	壬申科第二名浙江	墨卷愜心集	〇六五
四	〇一五九	上如揖（上論）	黃日進	廣西沈學院歲試永廣縣學第一名	直省考卷所見二集	〇六九
四	〇一六〇	上如揖（論語）	黃永年	丙辰科	近科小題丹液集（忠孝堂）	〇七三
四	〇一六一	上如揖下 四句（論語）	張賓	壬申科浙江	墨卷愜心集	〇七七
四	〇一六二	上如揖下 四句（論語）	楊疇	壬申科浙江	新科墨選	〇八一
四	〇一六三	上如揖下如授（論語）	程鍾		紫陽書院文彙選	〇八五
四	〇一六四	上如揖下如授	褚寅亮		褚搢升時文（抱膝軒）	〇八九
四	〇一六五	[上]如揖下	黃春雷（振綸）	沈宗師歲試取進福州府學第口名		〇九三
四	〇一六六	上如揖 四句（論語）	鄭步雲	壬申科浙江	新科墨選	〇九七
四	〇一六七	上如揖 四句（論語）	談鶴翔	壬申科浙江	新科墨選	一〇一

卷次	篇序號	篇名	著者	說明	出處	頁碼
四	〇一七七	小人懷惠（上論）	王鳴盛	江蘇劉學院歲試嘉定縣學第一名	直省考卷所見二集	一三九
四	〇一七八	小人懷惠（論語）	周徐彩		小題□□集下（家塾課本）	一四五
四	〇一七九	小人懷惠　而行　世情類（上論）	郝朝昇（課徒草）		□□□□初集	一四九
四	〇一八〇	小人懷惠（論語）	戴名世	己丑科	己丑科小題文選	一五三
四	〇一八一	小弁之怨　仁也（孟子）	張大受	康熙己丑科	本朝房行書歸雅集	一五七
四	〇一八二	小德川流大德敦化	王　鏊			一六一
四	〇一八三	小德川流大德敦化（中庸）	呂應鰲	第六名　江陰	□□書院課藝	一六三
四	〇一八四	小德川流大德敦化	和　亮	乾隆甲午科	三代登科錄	一六七
四	〇一八五	小德川流大德敦化（中庸）	姚元振	江南余宗師歲覆嘉定一等一名	六科考卷	一七一

卷次	篇序號	篇名	著者	說明	出處	頁碼
五	〇一九五	子入太廟　禮也	張士鏞	晉江縣學月課第二名	試牘	二一五
五	〇一九六	子入太廟　禮也	張時衡	晉江縣學月課第三名	試牘	二一九
五	〇一九七	子入太廟　禮也	龔曾淏	晉江縣學月課第四名	試牘	二二三
五	〇一九八	子之君將行仁政經界始	林嵩嶽		清湘集	二二七
五	〇一九九	子之君將行　夫仁政	周維城		孟搭從新集	二三一
五	〇二〇〇	子之武城　二節（論語）	韓菼	康熙癸丑科	本朝房行書歸雅集	二三五
五	〇二〇一	[子曰] 女奚不曰　一節（論語）	蔣季眉（拭之）		蔣季眉全稿	二三七
五	〇二〇二	[子曰] 女奚不曰　一節（論語）	彭翰文		彭翰文聯捷文稿（欣對閣）	二四一
五	〇二〇三	[子曰] 女奚不曰　忘憂（上論）	尤侗		尤西堂傳稿	二四五
五	〇二〇四	[子曰] 女奚不曰（論語）	吳汝謨	安徽王宗師科入當塗縣學第一名	直省考卷口珠集	二四九

卷次	篇序號	篇名	著者	說明	出處	頁碼
五	〇二一二	[子曰]女奚不曰（論語）	林書高（丹斯）	吳學院歲取進莆田縣學第口名	直省考卷口振集	二七九
五	〇二一三	[子曰]女奚不曰其為人也（論語）	查賚		松白堂小題文選	二八三
五	〇二一四	[子曰]女奚不曰其為人也氣勝（上論）	郎坦	浙江帥學院歲入餘杭縣第一名	考卷廩館	二八七
五	〇二一五	[子曰]女奚不曰 一節	袁渚孫（祖庚）	杭州		二九一
五	〇二一六	[子曰]女奚不曰其為人也（論語）	徐正驪		近科考卷挺秀	二九五
五	〇二一七	[子曰]女奚不曰 一節（論語）	孫見龍	丁亥科	孫升飛四書文	二九九
五	〇二一八	[子曰]女奚不曰（論語）	黃文袞	署侯邑楊太尊三覆第一名	共學書院試口	三〇三
五	〇二一九	[子曰]女奚不曰 云爾（論語）	陳其嵩	丁未科	丁未科房書文粹	三〇七

卷次	篇序號	篇名	著者	說明	出處	頁碼
五	〇二二九	子曰不降其志　一節（論語）	吳恢聲	壬申科　湖北	新科墨選	三四五
五	〇二三〇	子曰不降其志　一節（論語）	汪師韓		上潮草堂稿	三四九
五	〇二三一	子曰不降　三節（論語）	胡紹安	庚辰科	庚辰科大題文選	三五三
五	〇二三二	[子曰]不降其志　一節（論語）	殷兆燕	丁卯科	近科房行書菁華（浣花書屋）	三五七
五	〇二三三	子曰不降其志　一節	施養浩（靜波）	杭州	西泠文萃	三六一
五	〇二三四	子曰不降　三節（下論）	馬世俊		馬狀元傳稿	三六五
五	〇二三五	[子曰]不降其志　三節（下論）	倪元寬	歲試福州府學一等第二名	因宜集	三六七
五	〇二三六	子曰不降其志　一節（論語）	徐必達	壬申科　湖北	新科墨選	三七一
五	〇二三七	[子曰]不降其志　四節	曾國維	壬戌科	壬戌房書選	三七三
五	〇二三八	子曰不降　一節（論語）	張廷宏		時文隅	三七七
五	〇二三九	[子曰]不降其志　三句（論語）	陳子傳	月課寧德縣學一第一名		三八一

卷次	篇序號	篇名	著者	說明	出處	頁碼
六	〇二四八	子曰可也未若　者也（論語）	李作楫	丙子科　山東	墨卷和聲集	四一九
六	〇二四九	子曰可也未若　者也（論語）	李作楫	丙子科　山東	新科墨選	四二三
六	〇二五〇	子曰可也　者也	李梅冬	丙子科山東	新科墨選（芳草堂）	四二七
六	〇二五一	子曰可也　者也	呂夢卜	丙子科山東	新科墨選（芳草堂）	四三一
六	〇二五二	子曰可也　謂與	湯登泗	江蘇崔學院歲覆丹陽縣學第四名	考卷新裁初集（久道草廬）	四三五
六	〇二五三	子曰可也　謂與（論語）	黃金琰	福建司學使科考取入連城縣學第一名	直省考卷篋中集	四三九
六	〇二五四	子曰可也未若　者也（論語）	張思式	丙子科　山東	新科墨選	四四一
六	〇二五五	子曰片言可　一節（論語）	蔡寅斗	丁卯科	近科房行書菁華（浣花書屋）	四四五

卷次	篇序號	篇名	著者	說明	出處	頁碼
六	〇二六四	[子曰]先之（論語）	高顯宗	江蘇楊撫台會課紫陽書院第一名	近科考卷雅潤二集	四八一
六	〇二六五	子曰先之 全章（論語）	張國瑜		傳是編	四八五
六	〇二六六	[子曰]先之勞之 無倦（論語）	趙　晉		本朝考卷大題篋中集	四八九
六	〇二六七	[子曰]克己復禮爲仁（論語）	王步青		敦復堂稿	四九三
六	〇二六八	子曰克己 仁焉	王廷相	康熙癸巳科第一四三名順天	本朝程墨慎言錄	四九七
六	〇二六九	[子曰]克己復禮 節	吳世基	子丑科	子丑科大題文徵（雲居山房）	五〇一
六	〇二七〇	子曰克己復 三句	宋　衡	癸巳科 闈擬程	嵩南倣先正筆	五〇五
六	〇二七一	[子曰]克己復禮爲仁（論語）	周茂源		本朝名家傳文	五〇九

卷次	篇序號	篇名	著者	說明	出處	頁碼
六	〇二八一	[子曰]若聖與仁 節（上論）	邵名世	天啟壬戌科	□□韻三集（澹寧居）	五四九
六	〇二八二	子曰若聖 全節（論語）	費洪學		費巽來真稿	五五一
六	〇二八三	子曰若聖與仁（論語）	廖永淳		西□□	五五五
六	〇二八四	[子曰]若聖與仁 一節（論語）	翟景淳		羽文得盛集（愛吾廬選）	五五九
六	〇二八五	子曰周監 三章（上論）	游　炳（學三）	超等第一名	興安課業（仰止亭）	五六三
六	〇二八六	子曰君子 全節（上論）	王　升	丁卯科第四十名四川	寄園鄉墨選	五六七
六	〇二八七	子曰君子 全節（上論）	何文翔	丁卯科第九名四川	寄園鄉墨選	五七一
六	〇二八八	子曰君子 一節（上論）	何洪先	丁卯科第二十六名四川	寄園鄉墨選	五七五
六	〇二八九	子曰君子 全節（上論）	宋繼均	丁卯科第二十二名四川	寄園鄉墨選	五七九
六	〇二九〇	子曰君子 全節（上論）	袁士雲	丁卯科第三十名四川	寄園鄉墨選	五八三

卷次	篇序號	篇名	著者	說明	出處	頁碼
七	〇二九八	子曰為命	湯　采	江南李宗師科入江陰第一名	本朝考卷小題挺秀集	〇二七
七	〇二九九	子曰為命　全章	趙東周	甲午科山東第一名	甲午墨卷鴻裁	〇三一
七	〇三〇〇	子曰爲命　全章	謝嘉謨	甲午科　第十名山東	甲午墨卷鴻裁	〇三五
七	〇三〇一	子曰射不主皮　一節（論語）	方　錢	莆田金邑尊覆試第一名	自怡齋考卷	〇三九
七	〇三〇二	子曰射不　一節（論語）	李東櫰	江南鄭宗師歲試句容縣學第一名	科試金聲	〇四三
七	〇三〇三	子曰射不　一節	林　楷	金邑尊覆試莆田監生第一名		〇四五
七	〇三〇四	子曰射不　一節（上論）	陳岱生	乙酉科	探驪草	〇四九
七	〇三〇五	子曰射有似　一節（論語）	方從仁		利器新穎集	〇五三
七	〇三〇六	子曰射有似乎君子　一節（中庸）	張學古	順天	新科鄉墨	〇五七

卷次	篇序號	篇名	著者	說明	出處	頁碼
七	〇三一六	子曰夏禮吾 一節（論語）	黃 滐	李學院歲覆莆田縣學一等第一名	晚翠亭試草	〇九七
七	〇三一七	子曰愚而 全（中庸）	尤侗		尤西堂傳稿	一〇三
七	〇三一八	[子曰]唯女子與 一節	王揆			一〇七
七	〇三一九	[子曰]唯女子與小人（論語）	谷應泰		本朝名家傳文	一一一
七	〇三二〇	[子曰]唯女子與小 一節（論語）	俞長城	乙丑科	六科文行遠集	一一五
七	〇三二一	[子曰]唯女子與小人（論語）	洪 基	江蘇開學院月課蘇太教屬第一名	近科考卷雅潤集	一一九
七	〇三二二	[子曰]唯女子與小人爲難養也	翁若梅		二玉堂文稿	一二三
七	〇三二三	[子曰]唯女子與小人（下論）	陳儒堅		虛窘題文選	一二七
七	〇三二四	[子曰]唯女子與 一節（論語）	鄒祖頊		鄒蓮村四書文	一三一

卷次	篇序號	篇名	著者	說明	出處	頁碼
八	〇三三二	[子曰]齊一變 一節（論語）	馬世奇		馬君常先生稿	一六三
八	〇三三三	子曰齊一變 一節（上論）	徐鼇		制義精英	一六七
八	〇三三四	子曰齊一 一節（論語）	徐鼇	乾隆丁酉科浙江第六名	增訂程墨雅正	一七一
八	〇三三五	[子曰]齊一變至於魯 一章（論語）	徐方廣		徐思曠文鈔	一七五
八	〇三三六	子曰齊一 一節（論語）	許爭奇	歲試南靖縣學一等二名	向若編精選	一七九
八	〇三三七	[子曰]齊（論語）	陸師		口制義二集（巢雲書屋）	一八三
八	〇三三八	子曰齊一變 一節	陳兆拭		成均小題選	一八七
八	〇三三九	[子曰]齊一變至 全節（上論）	陳際泰		太乙山房全稿	一九一
八	〇三四〇	[子曰]齊一變至 一節（論語）	黃淳耀		天崇	一九三

卷次	篇序號	篇名	著者	說明	出處	頁碼
八	〇三四一	[子曰]齊一變至 一節(上論)	黃淳耀		天崇文讀本新編	一九七
八	〇三四二	[子曰]齊一變至 一節(論語)	黃淳耀		天崇欣賞集	二〇一
八	〇三四三	[子曰]齊一變至 一節(論語)	黃淳耀		啟禎文小題文讀本	二〇五
八	〇三四四	[子曰]齊一變 一節(論語)	黃淳耀		啟禎文讀本新編	二〇七
八	〇三四五	[子曰]齊一變 一章(論語)	黃淳耀		黃陶菴文鈔	二一一
八	〇三四六	[子曰]齊一變 節(上論)	黃淳耀		黃陶菴稿	二一九
八	〇三四七	子曰齊一 於道(論語)	趙勷		閩海偉觀	二二五
八	〇三四八	[子曰]齊一變至 一節	廖履謙	廣東吳學院科試韶州府學第二名	近科考卷秀幹集	二二九
八	〇三四九	子曰齊一變至於魯魯一變至於道(上論)	戴檀		制義精英	二三三

卷次	篇序號	篇名	著者	說明	出處	頁碼
八	〇三五八	[子曰]默而識之 不倦	屈穎藻	康熙戊午科陝西第八名	鄉墨文徵（雲居山房）	二七一
八	〇三五九	[子曰]默而識之 二句（論語）	邵玘	江蘇劉宗師歲覆青浦縣學第三名	近科考卷鈎元集	二七五
八	〇三六〇	[子曰]默而識之 三句（上論）	袁德峻		利試小題英雅集（求志堂選）	二七九
八	〇三六一	[子曰]默而識之 一節（論語）	翁叔元		翁寶林先生稿（永思堂）	二八三
八	〇三六二	[子曰]默而識之 一節	翁聚星（映奎）	館課一等第十名	鰲峰課藝尤雅（後集）	二八七
八	〇三六三	[子曰]默而識之 三句（論語）	唐冠賢		飲香堂制義	二九一
八	〇三六四	[子曰]默而識之 一節（論語）	唐曾述		口則稿	二九五
八	〇三六五	[子曰]默而識之	許熙	季考超等第二名（生員）	課士錄	二九九
八	〇三六六	[子曰]默而識之	許文相	於學院歲考德化學一等一名	義亭試草	三〇三

卷次	篇序號	篇名	著者	說明	出處	頁碼
八	〇三六七	[子曰]默而識之	許奕駿	季考超等第一名（府學）	課士錄	三〇七
八	〇三六八	[子曰]默而識之 三句（論語）	張進	漆藩臺紫陽書院會課特等第一名	張翼庭時文	三一一
八	〇三六九	[子曰]默而識之（論語）	陳天經	歲入侯官縣學第三名	向若編	三一五
八	〇三七〇	[子曰]默而識之 一節	陳廷鑽	館課一等第五名	鰲峰課藝尤雅（後集）	三一九
八	〇三七一	[子曰]默而識之學 三句（論語）	陳際泰		啟禎文行遠集	三二三
八	〇三七二	[子曰]默而識之（論語）	陳應兆（歲貢）	季考超等第一名	課士錄	三二七
八	〇三七三	[子曰]默而識之 不倦	楊顯	康熙戊午科陝西第一名	鄉墨文徵（雲居山房）	三三一
八	〇三七四	[子曰]默而識之 三句（論語）	彭翰文		彭翰文聯捷文稿（欣對閣）	三三五

卷次	篇序號	篇名	著者	說明	出處	頁碼
八	〇三七五	[子曰]默而識之（論語）	葉聲遠	歲入侯官縣學第十三名	向若編	三三九
八	〇三七六	[子曰]默而識之 三句（論語）	劉漢翔	江南謝宗師歲考靖江縣學第一名	小試利器	三四三
八	〇三七七	[子曰]默而識之	鄭惠琇	於學院歲考德化學一等第二名	斗南書屋	三四七
八	〇三七八	[子曰]默而識之 三句	潘弘仁	崇禎己卯科浙江墨□	歷科程墨餘選（吟雲閣）	三五一
八	〇三七九	子曰默而一節（論語）	錢萬選		錢弱梁四書文	三五七
八	〇三八〇	[子曰]默而識之 三句（論語）	戴名世		戴田有時文全集	三六三
卷九						
九	〇三八一	子曰繪事 二節（上論）	□□□		槀中集（牆東草堂）	三六九

卷次	篇序號	篇名	著者	說明	出處	頁碼
九	〇三八二	子曰繪事 二節（論語）	王雲衢		王雲衢制義虛牝集	三七三
九	〇三八三	[子曰]繪事後素 二節（上論）	王詒燕		王淵翔時文（雲深處簡存）	三七七
九	〇三八四	[子曰]繪事後素（論語）	呂葆中	康熙丙戌科	本朝房行書歸雅集	三八一
九	〇三八五	[子曰]繪事後素曰禮後乎	吳化			三八五
九	〇三八六	[子曰]繪事後素（論語）	汪漋	甲戌科	甲戌科小題文選	三八七
九	〇三八七	[子曰]繪事後素 已矣（論語）	宋照		宋謹涵文稿（喜墨堂）	三九一
九	〇三八八	子曰繪事 後乎	岳起鳳（苞九）	葛學院歲取仙遊縣學五場重卷	賓月軒試草	三九五
九	〇三八九	[子曰]繪事後素 兩節（論語）	周振采		周白民四書文	三九九
九	〇三九〇	[子曰]繪事後素（論語）	金德鍈	丙辰科	八科小題文粹（介安堂）	四〇三

卷次	篇序號	篇名	著者	說明	出處	頁碼
九	〇三九一	[子曰]繪事後素　後乎（上論）	邵口		房書小題金丹	四〇七
九	〇三九二	子曰繪事後素　二節（論語）	胡宗緒		胡襲恭時文	四一一
九	〇三九三	[子曰]繪事後素　二節（上論）	查慎行		八科大題一貫錄	四一五
九	〇三九四	[子曰]繪事後素曰　二節（論語）	炫熣	萊州汪二府季考濰縣學第一名	本朝直省考卷篋中集	四一九
九	〇三九五	[子曰]繪事後素　二節	荊瑑		荊其章四書文（浩園草堂）	四二三
九	〇三九六	子曰繪事　二節（論語）	高岱	雍正甲辰克湖北	鄉會墨卷讀本	四二九
九	〇三九七	[子曰]繪事後素　二節（論語）	涂學詩		涂茗樵稿（語香書屋）	四三三
九	〇三九八	[子曰]繪事後素　骨勝（上論）	孫　轂	江南鄭學院科考高郵州學一等一名	考卷原眉	四三七

卷次	篇序號	篇名	著者	說明	出處	頁碼
九	〇三九九	子曰繪事後素 二節（論語）	曹 鳴		曹聲喈稿	四四一
九	〇四〇〇	子曰繪事 後乎（論語）	崔鍾乙（翼衡）	杭州	口音課選	四四五
九	〇四〇一	子曰繪事 已矣（論語）	許 琰		瑤洲時文	四四七
九	〇四〇二	[子曰] 繪事後素（論語）	張景崧		張岳未制義	四五一
九	〇四〇三	[子曰] 繪事後素 二節（論語）	張夢熊	甲戌科	甲戌科大題文選	四五五
九	〇四〇四	子曰繪事 後乎	張慶宇	葛學院歲入仙遊縣學	榜姓趙	四五九
九	〇四〇五	子曰繪事後素曰禮後乎	陳 梓	汪大中丞取鼇峰書院投考第一名	紫園試草	四六三
九	〇四〇六	[子曰] 繪事後素（論語）	陳世治		陳師洛時文（芙蓉居）	四六七
九	〇四〇七	子曰繪事後素曰禮後乎（論語）	陳爲餘	歲入興化府第二名	福建試牘	四七一

卷次	篇序號	篇名	著者	說明	出處	頁碼
九	○四○八	[子曰]繪事後素 已矣	黃越		皇大史宦稿	四七五
九	○四○九	[子曰]繪事後素 二節（論語）	程世繩	戊戌科	戊戌房書大題徵聖集	四七九
九	○四一○	子曰繪事 後乎	鄭重猷	葛宗師歲取進仙遊縣學		四八三
九	○四一一	[子曰]繪事後素 二節（論語）	藍綿琛	福建張撫臺觀風漳浦第一名	近科考卷凌雲	四八七
第四冊						
卷十						
一○	○四一二	子未可以去乎（論語）	王思訓			○○五
一○	○四一三	子未學禮乎 母命之（孟子）	王 珦	戊子科 山東第二名	直省鄉墨得珠	○○七
一○	○四一四	子未學禮乎 命之	王信芳	戊申科 江西第八名	直省鄉墨精醇	○一一
一○	○四一五	子未學禮乎 命之	朱兆宇	戊申科 江西第九名	直省鄉墨精醇	○一五

卷次	篇序號	篇名	著者	說明	出處	頁碼
一〇	〇四一六	子未學禮 五句（孟子）	朱績孜	戊子科 山東第一名	直省鄉墨得珠	〇一九
一〇	〇四一七	子未學禮乎	李東櫰		國朝制義所見集補	〇二三
一〇	〇四一八	子未學禮乎 命之	李開元	戊申科 江西第二名	直省鄉墨精醇	〇二七
一〇	〇四一九	子生三年 之懷（論語）	吳 鐘	甲戌科	甲戌科小題文選	〇三一
一〇	〇四二〇	子生三年 五句（論語）	何忠相		二山制義	〇三五
一〇	〇四二一	子生三年（論語）	馬世俊（章民）	順治辛丑科	初學金針（敬業齋）	〇三九
一〇	〇四二二	子以四教文行忠信（上論）	徐用錫	康熙己丑科	國朝文選（松筠堂）	〇四三
一〇	〇四二三	子以四教 一節（論語）	錢 禧		明文得 晚集 醇（愛吾廬選）	〇四九
一〇	〇四二四	子在齊聞韶（論語）	方 苞	康熙丙戌科	本朝小題文菁華集	〇五三
一〇	〇四二五	子行三軍則誰與（論語）	李簾旺	福建楊宗師科入泉州第一名	六科考卷文編（白雪軒定本）	〇五七

卷次	篇序號	篇名	著者	說明	出處	頁碼
一一	○四五三	子貢曰君子亦有惡乎一節（論語）	潘偉	庚午科江西	新科墨選	一七一
一一	○四五四	子貢曰君子亦有惡乎一節（論語）	邊方晉（元）	順天	新科鄉墨	一七五
一一	○四五五	子貢曰君子亦有惡乎一節（論語）	邊祚光	庚午科江西	新科墨選	一七九
一一	○四五六	子貢曰君子亦有惡乎一節（論語）	鍾儼祖	庚午科江西	新科墨選	一八三
一一	○四五七	子貢曰君子亦有惡乎一節（論語）	龍鶴	庚午科江西	新科墨選	一八七
一一	○四五八	子貢曰貧二節（論語）	王增	康熙癸巳科江南	墨卷定編	一九一
一一	○四五九	子貢曰貧而全章	王進星	科試安溪縣學一等第二名	八閩試牘	一九五
一一	○四六○	子貢曰貧而全	王健中	江南第十二名	傳是編 蕭雲閣選	一九九
一一	○四六一	子貢曰貧而全	吳兆騫	江南第四十五名	傳是編 蕭雲閣選	二○三
一一	○四六二	子貢曰貧 全章	汪口口	江南第十四名	傳是編 蕭雲閣選	二○七

卷次	篇序號	篇名	著者	說明	出處	頁碼
卷十二						
一二	○四七四	[子貢曰詩云]如切如磋如琢如磨（論語）	黃越（際飛）		黃際飛小品	二五五
一二	○四七五	子貢曰詩云 二節	王之醇	銅仁張宗師月課	王鶴書時文	二五九
一二	○四七六	[子貢曰]詩云如切如磋一節（論語）	王步青		敦復堂稿	二六三
一二	○四七七	[子貢曰]詩云如切 謂與（論語）	王思訓		王疇五稿	二六七
一二	○四七八	子貢曰詩云 二節（上論）	田　綸	江南趙宗師月課第一名	國朝試牘珊（一畝蒼居）	二六九
一二	○四七九	子貢曰詩云（論語）	朱　桓		考卷文衡二集	二七三
一二	○四八○	子貢曰詩云 二節	江　樹	月課桐廬縣學一等第一名	浙江試牘	二七七
一二	○四八一	子貢曰詩 已矣（論語）	李凌雲	歲試汀州府學一等第一名	福建試牘	二八一

卷次	篇序號	篇名	著者	說明	出處	頁碼
一二	〇四八二	子貢曰詩 一節（上論）	吳應標（仲纘）	興化府蘇太尊歲取二覆莆田第一名	（依原卷評點）	二八五
一二	〇四八三	[子貢曰]詩云如切 一節（論語）	洪晨孚		本朝考卷篋中集	二八九
一二	〇四八四	[子貢曰詩云如切]如琢如磨（論語）	徐藻光		八科小題文稿（白雪軒定本）	二九一
一二	〇四八五	[子貢曰]詩云如切 已矣	翁若梅		二玉堂文稿	二九三
一二	〇四八六	子貢曰詩 二節（論語）	唐若時	雍正丙午科陝西	鄉會墨卷讀本	二九七
一二	〇四八七	子貢曰詩云如切如磋如琢如磨其斯之謂與	孫　景	陳文宗歲試惠安覆超一等第一名	紫山試草	三〇一
一二	〇四八八	子貢曰詩云 謂與（上論）	郭應登	超等第一名	攻玉集	三〇五
一二	〇四八九	[子貢曰]詩云如切如磋一節（論語）	張九葉		近科考卷的	三〇九

卷次	篇序號	篇名	著者	說明	出處	頁碼
一二	○四九○	[子貢曰]詩云如切如 一節（論語）	張如曾		□□卷行遠集	三一三
一二	○四九一	子貢曰詩云如切 二節	張振堂		西泠文萃	三一七
一二	○四九二	[子貢曰]詩云如切如磋已矣 其一	陳宏衢		心白自訂稿	三二一
一二	○四九三	[子貢曰]詩云如切如磋已矣 其二	陳宏衢		心白自訂稿	三二五
一二	○四九四	子貢曰詩云	雷鋐		小題□□虎	三二九
一二	○四九五	子貢曰詩云 如切 二節（論語）	劉鑛	月課侯官縣學一等二名	八閩□□錄（福州府）	三三一
一二	○四九六	[子貢曰詩云如切入磋]如琢如磨（論語）	韓充美	順治丙戌科	歷科小題文讀本新編	三三五
一二	○四九七	[子貢曰]詩云如切 二節（論語）	魏郊	辛未科	房書液□	三三九
一二	○四九八	子貢曰諾（論語）	曹岡		本朝考卷小題篋中集	三四三
一二	○四九九	子貢曰諾（論語）	曹鳴	康熙壬辰科	本朝小題文清華集	三四九

卷次	篇序號	篇名	著者	說明	出處	頁碼
一二	○五○○	子貢曰譬之 而入（下論）	謝廷憲（雲草）	沈文宗月課取龍岩州學一等第一名	倚嵐試帖	三五三
一二	○五○一	子貢反	孫榮蔭		對山樓集	三五七
一二	○五○二	子貢政事（論語）	李加元	江西何學使歲考取八瑞昌縣第一名	本朝直省考卷篋中集	三六一
一二	○五○三	子貢政事 子游	吳振先	歲入安溪縣學三名		三六三
一二	○五○四	子貢政事 子游	吳 崑	歲入安溪縣學四名		三六七
一二	○五○五	子貢政事冉有（論語）	楊 熙		閩海偉觀	三七一
一二	○五○六	子貢政事冉有	戴文熾		口潭草	三七五
一二	○五○七	子貢問政 全章（下論）	仇兆鰲		雲君淺業 章溪訂正	三七九
一二	○五○八	子貢問政 一節（論語）	金居敬		二金合編	三八三
一二	○五○九	子貢問政 一節（論語）	金居敬	康熙乙丑科	本朝歷科大題文讀本	三八七

卷次	篇序號	篇名	著者	說明	出處	頁碼
一二	○五一○	子貢問政 全章（論語）	胡煦		今文定式	三九一
一二	○五一一	子貢問政子 一章（論語）	秦靖然		本朝考卷行遠集	三九五
一二	○五一二	子貢問政 全章（下論）	戚藩		戚進菴稿	三九九
一二	○五一三	子貢問政子 之矣（論語）	張大受	丙子科	匠門書屋文錄	四○三
一二	○五一四	子貢問政 全章（論語）	趙音		黃翰思真稿	四○七
一二	○五一五	子貢欲去告朔之餼羊 全章（論語）	方錢	興化鄭學師會課本學第一名	自怡齋考卷	四一一
一二	○五一六	子貢欲去 其羊（上論）	柯俊彥（公弼）	福建馮學院錄科	峕野試草	四一五
一二	○五一七	子貢欲去告朔之餼羊	劉植莪	吳太宗師歲試取進閩清縣學第五名	試草	四一九
一二	○五一八	子貢賢於仲尼（論語）	鄧奕緒	江西張學院歲入瀘溪縣學第一名	近科考卷秀幹集	四二三

第五冊

卷十三

卷次	篇序號	篇名	著者	說明	出處	頁碼
一三	〇五二七	[子夏問曰]巧笑倩兮　絢兮（論語）	□□□		詞華秀媚文	〇三七
一三	〇五二八	[子夏問曰]巧笑倩兮（論語）	瞿幽穀		瞿幽穀時文	〇四一
一三	〇五二九	[子夏問曰]巧笑倩兮　其二（論語）	瞿幽穀		瞿幽穀時文	〇四五
一三	〇五三〇	[子夏問曰]巧笑倩兮　二句（論語）	戴名世		戴田有時文全集	〇四九
一三	〇五三一	[子夏問曰]巧笑倩兮　三句（論語）	戴名世		戴田有時文全集	〇五三
一三	〇五三二	[子夏問曰]巧笑倩兮美目盼兮（論語）	王　城	科入黃陂縣學第一名	湖北試牘	〇五七
一三	〇五三三	[子夏問曰]巧笑倩兮美目盼兮（論語）	王克任		小品一隅集	〇六一
一三	〇五三四	[子夏問曰]巧笑倩兮美目兮（論語）	王克任	河南蔣宗師歲入太康縣學第一名	□□□聲	〇六五

卷次	篇序號	篇名	著者	說明	出處	頁碼
一三	○五四五	[子夏問曰] 巧笑倩兮（上論）	吳 昺		歷科小題卓編	一○九
一三	○五四六	子夏問曰巧笑倩兮 全章	吳玉鎔	丁未科第二名	丁未科鄉試文起	一一三
一三	○五四七	子夏問曰巧笑 全章（論語）	吳宗濂	丁卯科 江南	墨卷愜心集	一一七
一三	○五四八	子夏問曰巧笑倩兮 全章	汪薇照	丁未科第四名江南	丁未科鄉試文起	一二一
一三	○五四九	[子夏問曰巧笑倩兮美目盼兮] 素以為絢 後素	林上春	王大宗師科試閩縣第一等第一名	試草	一二五
一三	○五五○	[子夏問曰巧笑倩兮美目盼兮] 素以爲絢兮 後乎（上論）	林豐玉	福建郝制臺觀風同安縣第二名	考卷制錦錄	一三一
一三	○五五一	[子夏問曰巧笑倩兮美目盼兮] 素以為絢 後素	卓元度	王大宗師科口口一等第口名	試草	一三五
一三	○五五二	[子夏問曰] 巧笑倩兮（論語）	胡宗緒		胡襲參時文	一三九

卷次	篇序號	篇名	著者	說明	出處	頁碼
一三	〇五五三	[子夏問曰]巧笑倩兮（上論）	英　敏	李學院歲試覆入惠安縣學第十六名	蔣坡試草	一四三
一三	〇五五四	子夏問曰　全（論語）	凃學詩		凃茗樵稿（語香書屋）	一四五
一三	〇五五五	[子夏問曰巧笑倩兮美目盼兮]素以爲絢兮　後乎（論語）	姜　遴	江南李宗師歲試華亭第四名	考卷小題初學集	一四九
一三	〇五五六	[子夏問曰巧笑倩兮美目盼兮]素以爲絢　後乎（上論）	姜　遴	江南李學院歲考第四名	國朝試牘珊（一畝花）	一五三
一三	〇五五七	[子夏問曰]巧笑倩兮一章（論語）	姚昌時	乙卯科	姚拔丹稿	一五七
一三	〇五五八	子夏問曰巧笑倩兮　全章	秦　釁	丁卯科第四十四名	丁卯科鄉試文起	一六一
一三	〇五五九	子夏問曰巧笑倩兮	秦大士	丁卯科第十八名	丁卯科鄉試文起	一六五

卷次	篇序號	篇名	著者	說明	出處	頁碼
一四	○五七六	[子夏問曰巧笑倩兮美目盼兮]素以為絢 後素	陳　陽	科考福州府學一等第二名	閩中校士錄	二三五
一四	○五七七	[子夏問曰巧笑倩兮]美目盼兮	楊　椿	乙未科		二三九
一四	○五七八	[子夏問曰巧笑倩兮]美目盼兮（論語）	閔光緒	烏程羅中尊四覆第七名	直省考卷扶風集	二四三
一四	○五七九	[子夏問曰巧笑倩兮美目盼兮]素以爲絢兮	黄　啟	本學王老師月課第一名	念口亭試草（榜名黄哲）	二四七
一四	○五八○	[子夏問曰巧笑倩兮美目盼兮]素以為絢 後素	黄世楷	科考古田縣學一等第一名	閩中校士錄	二五一
一四	○五八一	[子夏問曰巧笑倩兮美目盼兮]素以爲絢兮（上論）	黄與堅		歷科小題卓編（紹衣堂課本）	二五五
一四	○五八二	[子夏問曰]巧笑倩兮 全章	程　寧		九峰樓課義	二五九
一四	○五八三	[子夏問曰]巧笑倩兮（論語）	程之章		咫聞書塾二刻	二六三

卷次	篇序號	篇名	著者	說明	出處	頁碼
一四	〇五八四	[子夏問曰巧笑倩兮]美目盼兮（論語）	賀方來	癸未科	癸未房書小題選	二六七
一四	〇五八五	[子夏問曰巧笑倩兮美目盼兮]素以為絢 後素	董天庸	科考長樂縣學一等第一名	閩中校士錄	二七一
一四	〇五八六	子夏問曰巧 全	鄧中南	己酉科江西	九科墨卷經國集	二七五
一四	〇五八七	[子夏問曰巧笑倩兮美目盼兮]素以爲絢兮 後素（論語）	鄧允肅	雲南蔣宗師歲試彌勒州學第一名	小試利器	二七九
一四	〇五八八	[子夏問曰]巧笑倩兮 三句	廖開選	科試寧德縣學一等第一名	試牘	二八三
一四	〇五八九	[子夏問曰]巧笑倩兮（上論）	翟 英		近科小題文超	二八七
一四	〇五九〇	[子夏問曰]巧笑倩兮美目盼兮（論語）	蔣廷錫	癸未科	癸未科小題文選	二九一
一四	〇五九一	[子夏問曰]巧笑倩兮 三句（論語）	衛良佐		衛鶴洲先生稿	二九五
一四	〇五九二	[子夏問曰]巧笑倩兮 三句（論語）	賴若日		本朝考卷含真集補編（學稼軒定本）	二九九

卷次	篇序號	篇名	著者	說明	出處	頁碼
一四	〇五九三	子夏問曰巧笑倩兮 一章	錢爲光	丁卯科第五名	丁卯科鄉試文起	三〇三
一四	〇五九四	子夏問曰巧笑倩兮 一章	錢爲光	丁卯科江南第五名	五科鄉會墨選	三〇七
一四	〇五九五	子夏問曰巧笑 全章（論語）	錢萬選		錢弱梁四書文	三一一
一四	〇五九六	[子夏問曰]巧笑倩兮 三句	戴瀚		戴雪邨制義	三一三
一四	〇五九七	子夏問曰巧 全章（上論）	戴元璋		東江文砥	三一七
一四	〇五九八	[子夏問曰]巧笑倩兮（論語）	顧同根	江南揚州沈學師月課第一名	本朝考卷小題振芳集	三二一
一四	〇五九九	[子夏問曰]巧笑倩兮 絢兮	嚴桐	歲入仙遊縣學第一名	試牘	三二五
卷十五						
一五	〇六〇〇	子產使校人畜之池（孟子）	何大中	湖廣	薄聿口口考卷	三三一

卷次	篇序號	篇名	著者	說明	出處	頁碼
一五	○六一○	子產使校 命曰（下孟）	嚴恒（平遠）	第二名	韓江萃英錄	三七一
一五	○六一一	子路不對 至 不語（上論）	邱玉樹（爾弼）	於學院歲進海澄縣學第十九名	帽峰試草	三七五
一五	○六一二	子路不對 人也（論語）	邵嗣宗（鴻葴）		小題啓秀	三七九
一五	○六一三	子路不對 人也（上論）	陳璋		本朝小題一貫錄	三八三
一五	○六一四	子路不對 不語（上論）	陳義和（行中）	於學院歲入海澄學第十二名	霞嶠試草	三八七
一五	○六一五	子路不對子曰女奚不曰	張鐸（六諗）	仁和	西泠文粹	三九一
一五	○六一六	子路以告 有命	林佳	汪太宗師歲考福州府學一等第一名		三九五
一五	○六一七	子路以告（孟子）	周路	華亭林邑尊歲取本縣第六名	近科房考清卓集（福匯樓）	三九九

卷次	篇序號	篇名	著者	說明	出處	頁碼
一五	○六二六	子路拱而立　行矣（下論）	章鶴鳴		彰子愚真稿（聞遠堂自訂）	四三三
一五	○六二七	子路拱而立　以告（論語）	湯　誥		明人考卷	四三五
一五	○六二八	子路拱而　二句（論語）	陳章靈		薄聿修宗師考卷	四三九
一五	○六二九	子路拱而立　以告（論語）	張斗交		直省考卷六編	四四三
一五	○六三○	子路拱而　行矣（論語）	鄭　駰		歷科小題可人集	四四七
一五	○六三一	子路拱而　行矣（下論）	謝履忠		謝昆臯太史傳稿（碧桐堂）	四五一
一五	○六三二	子路拱而立　行矣（論語）	顧茲智		癸酉科小題文一集（匠門書屋）	四五五
一五	○六三三	子路拱而立止子路宿（下論）	鍾　惺		先正小題一編（可儀堂）	四五九
一五	○六三四	子路拱而立止子路宿（論語）	鍾　惺		明文得中集（愛吾廬）	四六三
一五	○六三五	子路拱而立　至則行矣（論語）	吳荊山		吳荊山真稿	四六七

卷次	篇序號	篇名	著者	說明	出處	頁碼
一五	〇六四七	子路問政　全章（論語）	張廷櫆	江蘇鄧宗師月課常州府學第一名	口口考卷文選	五一九
一五	〇六四八	子路問政　全章（論語）	張懋能	丙戌科	丙戌科大題文選	五二三
一五	〇六四九	子路問政　勞之	劉秉鈞		三科墨卷津梁	五二七
一五	〇六五〇	子路問政　全章（下論）	劉愈	丁巳科	飛俠樓墨選	五三一
一五	〇六五一	子路問政　全章（下論）	錢選	丁巳科湖廣	飛俠樓墨選	五三五
一五	〇六五二	子路問政　一章	顧縉		直省鄉墨翕雅口	五三九
一五	〇六五三	子路問政　全章（下論）	顧洪善	丙辰科	丙辰房書錄真	五四一
一五	〇六五四	子路宿於石門晨門曰（論語）	吳焻	辛未科	近科房行書菁華（浣花書屋）	五四五
一五	〇六五五	子路終身　一節（論語）	徐鎬（武京）	敷文	西泠三院會課二刻	五四九
一五	〇六五六	子路聞之喜（上論）	向日貞	康熙癸巳科	本朝小題文獻	五五三
一五	〇六五七	子路聞之　過我（論語）	李宗白	江南張學院歲考海州學一名	直省考卷篋中集	五五七

第六冊

卷十六

卷次	篇序號	篇名	著者	說明	出處	頁碼
一六	○六五八	子路從而後遇丈人以杖荷蓧（下論）	口口口		口洲存藝	○○五
一六	○六五九	子路從而 二句（論語）	高北侍		高北侍四書文	○○九
一六	○六六○	子路從而後 行矣	十二歲文		心水亭哂稿	○一三
一六	○六六一	[子路從而後]遇丈人以行矣（論語）	王者臣	辛未科	辛未十八房書選（志學堂）	○一七
一六	○六六二	[子路從而後]遇丈人以杖荷蓧（論語）	王祖修	江南李學院歲考取入儀貞縣學第一名	本朝直省考卷篋中集	○一九
一六	○六六三	[子路從而後]遇丈人以行矣	朱　衡		嵩南倣先正筆（嘯梅齋）	○二三
一六	○六六四	子路從而 一節（下論）	任蘭枝		任香谷稿	○二五
一六	○六六五	子路從而後（論語）	江世俊		歷科小題可人集	○二九
一六	○六六六	子路從而 全（論語）	李　蟠		李狀元真稿	○三三

卷次	篇序號	篇名	著者	說明	出處	頁碼
一六	○六六七	[子路從而後]遇丈人以以告（論語）	李冠國	山東富宗師歲試崗河縣學第三名	考卷鴻裁	○三七
一六	○六六八	子路從而後 全章（論語）	吳 熙	乾隆丁巳科	本朝小題文選	○四一
一六	○六六九	子路從而後遇丈人以杖荷蓧子路問曰見夫子乎（論語）	林鍾岷	乾隆甲午科	鄉試硃卷	○四五
一六	○六七○	子路從而後遇丈人（論語）	金觀光	國子監陸大司成錄科第一名	近科考卷雅潤二集	○四九
一六	○六七一	子路從而 荷蓧（論語）	周 琢	江蘇夢宗師歲入震澤縣學第一名	考卷鴻裁	○五三
一六	○六七二	子路從而 行矣（論語）	查雲標	海寧	浙江試牘	○五七
一六	○六七三	子路從而後 子焉（上論）	馬受曾		本朝小題一貫錄	○六一
一六	○六七四	子路從而後 行矣（論語）	夏 澍		本朝考卷行遠集	○六三

卷次	篇序號	篇名	著者	說明	出處	頁碼
一六	○六七五	[子路從而後]遇丈人以杖荷蓧（下論）	夏育萬	江蘇張宗師歲入金山縣學第三名	近科考卷辨體	○六七
一六	○六七六	[子路從而後]遇丈人以杖荷蓧（論語）	胡文照（繼明）		二刻西泠三院會課	○七一
一六	○六七七	[子路從而後]遇丈人以杖荷蓧（下論）	晏迪德	歲入上高縣學第一名	西江試錄	○七五
一六	○六七八	[子路從而後遇丈人]以杖荷蓧（下論）	莊光前	明中尊科取列同安縣學第一名	奮齋試草	○七九
一六	○六七九	子路從而　者也（論語）	郭嗣齡	壬辰科	壬辰科小題文選（斂光閣）	○八三
一六	○六八〇	[子路從而後]遇丈人以杖荷蓧（論語）	張敦履		考卷文衡	○八七
一六	○六八一	子路從而後　四節（論語）	彭澤令		莪園制義	○九一
一六	○六八二	[子路從而後]遇丈人以行矣（論語）	馮一鳳	四川方宗師科試新津第一名	近科考卷質疑集	○九五

卷次	篇序號	篇名	著者	說明	出處	頁碼
一七	〇七〇〇	子游子夏曰回也（論語）	周澧		周芑東聯捷文稿	一六五
一七	〇七〇一	子溫而厲威 一節（論語）	余祖訓	福建徐學使歲考南平縣學第一名	本朝直省考卷篋中集	一六九
一七	〇七〇二	子溫而厲威而不猛恭而安	邱煒	己卯科第二十四名	福建闈墨（第三房）	一七三
一七	〇七〇三	子溫而厲 一節（論語）	周翥	江南張學院科考太倉州學一名	直省考卷篋中集	一七七
一七	〇七〇四	子溫而厲威而不猛恭而安（論語）	孫翼隆	己卯科第二十七名	福建闈墨（第四房）	一七九
一七	〇七〇五	子溫而厲威而不猛恭而安（論語）	許柯		典制文琳續編	一八三
一七	〇七〇六	子溫而厲威而不猛恭而安（論語）	曾日三	己卯科第三十一名	福建闈墨（第九房）	一八七
一七	〇七〇七	子溫而厲威而不猛恭而安（論語）	黃起示	己卯科第二十三名	福建闈墨（第十房）	一九一

卷次	篇序號	篇名	著者	說明	出處	頁碼
一七	○七一九	子與人歌 一節（論語）	范允錡		本朝考卷大題篋中集	二四一
一七	○七二○	子與人歌而善 一章（上論）	曹一士	江南楊宗師考卷	國朝文選（松筠堂）	二四五
一七	○七二一	子與人歌（論語）	陳東旭	四川葛學院歲入岳池縣學第三名	近科考卷雅潤集	二四九
一七	○七二二	子與人歌而善 一節	聶大俠	歲覆漢川縣學一等三名	湖北試牘	二五三
一七	○七二三	子謂子貢曰 全章（論語）	孔毓功	江西綢臯臺觀風新城縣學第一名	直省考卷篋中集	二五七
一七	○七二四	子謂子貢曰 全章（論語）	程英銘	乾隆丙辰科湖北	鄉墨卷	二六一
一七	○七二五	子謂子賤 節（論語）	王紀		本朝考卷含真集（涵碧齋定本）	二六五
一七	○七二六	子謂子賤 一章 其二（論語）	王步青		王漢階時文	二六九

卷次	篇序號	篇名	著者	說明	出處	頁碼
一七	〇七三五	子謂子賤君 一節（論語）	鄭亦鄒	福建孫學使歲考詔安縣學第一名	本朝直省考卷篋中集	三〇三
一七	〇七三六	子謂子賤 一節（論語）	劉巗	甲戌科	甲戌科大題文選	三〇七
一七	〇七三七	子謂子賤君 一章 其二	劉巗		劉大山真稿	三一一
一七	〇七三八	子謂仲弓曰（論語）	王霱雲		考卷約選四集	三一五
一七	〇七三九	子謂仲弓 一節（論語）	吳竦		楊晚研宗師考卷	三一九
一七	〇七四〇	子謂仲弓 一節（論語）	宋志梁	康熙壬戌科	本朝歷科小題□□	三二三
一七	〇七四一	子謂仲弓曰（論語）	柏永烈		考卷約選四集	三二七
一七	〇七四二	子謂仲弓曰犁牛之子（上論）	孫　鵬	湖廣董宗師科入雲夢第一名	六科考卷（梅峰書屋）	三三一
一七	〇七四三	子謂仲弓 一節（上論）	熊伯龍		熊鍾陵先生全稿	三三五
一七	〇七四四	子謂仲弓曰犁牛之子騂且角	錢豫章（漁莊）		同懷制義（靜讀山房）	三三九
一七	〇七四五	子謂仲弓曰 一章（論語）	繆昌期	□□觀風江陰第一名	明人考□□	三四三

卷次	篇序號	篇名	著者	說明	出處	頁碼
一七	○七四六	子謂衛公 一節（論語）	錢兆鳳	丙辰科	近科房行書菁華（浣花書屋）	三四七
卷十八						
一八	○七四七	子擊磬於 一章（論語）	戴名世		戴田有時文全集	三五三
一八	○七四八	子擊磬於 一章（下論）	王安策		小題篋中集	三五七
一八	○七四九	子擊磬於衛（論語）	王淮光	歲入晉江學第一名	自為集	三六一
一八	○七五○	子擊磬於 全章（論語）	方苞		方靈皋全稿	三六五
一八	○七五一	子擊磬於衛 一節（孟子）	甘萬鎰	安徽嵩宗師歲試當塗縣學第一名	考卷鳴盛三集	三六九
一八	○七五二	子擊磬於 門者（論語）	朱志楫	江蘇夢學院月課吳江縣學第一名	近科考卷雅潤集	三七三
一八	○七五三	子擊磬於衛 二句（論語）	朱漢倬	江蘇夢學院月課元和縣第一名	近科考卷雅潤二集	三七七

卷次	篇序號	篇名	著者	說明	出處	頁碼
一八	○七五四	子擊磬於衛 章（論語）	伍超		伍驤雲稿	三八一
一八	○七五五	子擊磬於衛 一節（論語）	呂其樽	庚子科第八名四川	庚子科鄉墨選	三八三
一八	○七五六	子擊磬於衛 一節（論語）	何衢	庚子科第六名四川	庚子科鄉墨選	三八七
一八	○七五七	子擊磬於衛（下論）	何世堪		本朝小題一貫錄	三九一
一八	○七五八	子擊磬於衛 節（論語）	汪湄	江南鄭宗師科考泰州學第二名	近科試卷采珍集（太乙閣校本）	三九五
一八	○七五九	子擊磬於衛 一章（論語）	汪薇	乙丑科	六科文行遠集	三九九
一八	○七六○	子擊磬於衛（下論）	汪瀛		利試小題英雅集（求志堂選）	四○三
一八	○七六一	子擊磬於 全章（論語）	沈儼	分理河南二府季考鹽城縣學第一名	直省考卷篋中集	四○七
一八	○七六二	子擊磬於 全章（論語）	沈金瑜	錢塘	浙江試牘	四一一

卷次	篇序號	篇名	著者	說明	出處	頁碼
一八	○七六三	子擊磬於衛 二句（論語）	宋鳳翔（雝喈）	錢文宗科考取列莆田縣學一等一名		四一五
一八	○七六四	子擊磬於 難矣（論語）	宋霞蔚	錢塘	浙江試牘	四一九
一八	○七六五	子擊磬於衛 一節（論語）	金甡	壬戌科	墨卷扶質集	四二三
一八	○七六六	子擊磬於衛 二句（論語）	周瑗	江蘇夢宗師月課蘇州府學第二名	近科考卷純	四二七
一八	○七六七	子擊磬於衛（論語）	邵泰	辛卯科	本朝房行書歸雅集	四三一
一八	○七六八	子擊磬於衛 則揭（論語）	胡光億	江南法宗師歲入甯國第五名	近科考卷質疑集	四三五
一八	○七六九	子擊磬於衛 節（論語）	胡宗緒	癸未科	胡襲參時文	四三九
一八	○七七○	子擊磬於衛 二句（論語）	郟綿（東才）	江蘇吳縣	藜照書塾文錄	四四三
一八	○七七一	子擊磬於衛 節（論語）	姜本立	江南陳道臺觀風鎮江府學第一名	歷科考卷鳴盛集	四四七

卷次	篇序號	篇名	著者	說明	出處	頁碼
一八	○七七二	子擊磬於一節（論語）	馬俊良		小題繡虎	四五一
一八	○七七三	子擊磬於衛　二句（論語）	徐孝始	江蘇蔘宗師月課長洲縣一名	近科考卷純	四五五
一八	○七七四	子擊磬於衛（論語）	項煜		項太史傳稿	四五九
一八	○七七五	子擊磬於衛　一章（論語）	華宗源	辛酉科	六科文行遠集	四六一
一八	○七七六	子擊磬於衛（論語）	黄中	江南楊學院歲入上海縣學第一名	瑤林集（賜閒堂二編）	四六五
一八	○七七七	子擊磬於一節（下論）	黄勉	歲取郏縣一等第一名	試牘文升	四六九
一八	○七七八	子擊磬於一節（論語）	許琰		瑤洲時文	四七三
一八	○七七九	子擊磬於衛　全章（論語）	郭長源	江蘇鄧學院科覆江都縣學第一名	考卷清華三集	四七七
一八	○七八○	子擊磬於衛　二句（論語）	陳梓（文泉）	錢宗師科覆莆田縣學東金第一名	紫園試草	四八一

卷次	篇序號	篇名	著者	說明	出處	頁碼
一八	〇七九〇	子擊磬於衛 一章（論語）	徐引（蘭泉）	敷文	西泠三院會課二刻	五二一
一八	〇七九一	子擊磬於衛 一節（論語）	葉申	壬戌科試	墨卷扶質集	五二五
一八	〇七九二	子擊磬於 全章（下論）	趙若愚	福建趙太宗師歲試侯官學第三名	試牘	五二九
一八	〇七九三	子擊磬於衛 一節（論語）	劉一體	山東任學使科考文登縣學第一名	本朝直省考卷篋中集	五三三
一八	〇七九四	子擊磬於衛 一節（論語）	劉元亨	庚子科四川十名	庚子科鄉墨選	五三五
一八	〇七九五	子擊磬於衛（下論）	謝祚嘯（子口）	丙午科	小題文馨	五三九
一八	〇七九六	子擊磬於 全章（論語）	顧三典	乙丑科	顧有常真稿（德光堂）	五四一
一八	〇七九七	女與回也 全章（論語）	沈儼	張河臺觀風鹽城縣學第一名	直省考卷篋中集	五四五

卷次	篇序號	篇名	著者	說明	出處	頁碼
一九	○八○五	王者之民 一句（孟子）	田實發		田梅嶼書藝（玉禾堂草）	○二七
一九	○八○六	王者之民（孟子）	李弘祐		東江文砥	○三一
一九	○八○七	王者之民 一句（下孟）	李鶴翀	乙酉科	八科大題一貫錄	○三五
一九	○八○八	王者之民 二句（下孟）	祝　詒	壬午科浙江	七科墨卷得（愛吾廬選）	○三九
一九	○八○九	王者之民 二句（下孟）	倪國璉（紫珍）		近科房行書	○四三
一九	○八一○	王者之民皞皞如也（孟子）	黃　越		黃太史宦稿	○四七
一九	○八一一	王者之民皞皞如也（孟子）	莊紹巖（舜郎）	周學院歲取平和縣學第十一名	試草	○五一
一九	○八一二	王者之民 二句（下孟）	張　暎	壬午科 浙江	八科墨卷新編	○五五
一九	○八一三	王者之民皞皞如也（孟子）	蔡　璟	江南	張樸園宗師考卷	○五九
一九	○八一四	王者之民皞皞如也（孟子）	衛良佐		衛鶴洲先生稿	○六三

卷次	篇序號	篇名	著者	說明	出處	頁碼
一九	○八一五	王者之民皞皞如也（孟子）	劉麒（本姓段）	常州羅府尊季考武進縣學第一名	本朝直省考卷篋中集	○六七
一九	○八一六	王速出令（孟子）	吳柟	崇禎辛未科	增訂小題金丹	○七一
一九	○八一七	王速出令（上孟）	葛奇祚	庚辰科	小題尋秋集	○七五
一九	○八一八	天下之賤工 工也（孟子）	韓菼		本朝房行書歸雅集	○七九
一九	○八一九	天下有道 二句（論語）	方苞	康熙丙戌科	本朝房行書歸雅集	○八三
一九	○八二○	天下有道則禮樂征伐 一章（論語）	何東序		慶曆小題文行遠集（義門書塾）	○八七
一九	○八二一	天下有道 一節（論語）	季廷枝（榜名李）	壬申科	近科房行書菁華（浣花書屋）	○八九
一九	○八二二	天下固畏齊之彊也（孟子）	汪越		小題二集式法（家塾課本）	○九三
一九	○八二三	天下無道則禮樂征伐自諸侯出（論語）	高東生		慶曆小題文行遠集（義門書塾）	○九七

卷次	篇序號	篇名	著者	說明	出處	頁碼
一九	〇八二四	天下歸仁焉	袁德岐		利試小題英雅集（求志堂選）	一〇一
一九	〇八二五	天下歸仁焉（論語）	馮　詠	辛丑科	八科小題文編（白雪軒定本）	一〇五
一九	〇八二六	夫人蠶繅以爲衣服（孟子）	徐帛發	庚辰科	本朝房行書歸雅集	一〇九
一九	〇八二七	夫子之云（論語）	王步青		敦復堂稿	一一三
一九	〇八二八	夫子之云（論語）	安經傳	江蘇陳撫臺觀風金匱縣學第一名	近科考卷鈎元集	一一七
一九	〇八二九	夫子之云（論語）	胡　琯	江西金宗師歲入贛縣學第一名	近科考卷有神集	一二一
一九	〇八三〇	夫子之云（論語）	葉有聲		初學小題明文繡（華川書屋）	一二五
一九	〇八三一	夫子之道　二句（論語）	熊伯龍		本朝名家傳文	一二九
一九	〇八三二	夫子之牆　一節（論語）	戴名世		戴田有時文全集	一三一

卷次	篇序號	篇名	著者	說明	出處	頁碼
一九	○八三三	夫子之牆 升也（論語）	王銑	江蘇崔宗師歲入吳縣學第二名	近科考卷鈎元集	一三五
一九	○八三四	夫子之牆 一節（論語）	王曇	乾隆甲寅第十八名浙江	新科墨卷雅正	一三九
一九	○八三五	夫子之牆 一節	王曇		墨卷百篇	一四三
一九	○八三六	夫子之牆 一節	王武錫	浙江第六名	直省鄉墨奎光	一四七
一九	○八三七	夫子之牆 一節	石城	第十一名	直省鄉墨奎光	一五一
一九	○八三八	夫子之牆數仞（論語）	朱履泰	浙江竇宗師歲覆嘉興府學第三名	近科考卷清言	一五五
一九	○八三九	夫子之牆 一節（論語）	李祖惠	丁未科東海書樓	虹舟制義	一五九
一九	○八四○	夫子之牆 數仞（下論）	呂葆中（無黨）		竿木集	一六三
一九	○八四一	夫子之牆 四句（論語）	胡友信		□□先生傳稿	一六七
一九	○八四二	夫子之牆數 之富（論語）	梅之珩	乙丑科	六科文行遠集	一六九

卷次	篇序號	篇名	著者	說明	出處	頁碼
二〇	〇八六一	夫民今而後得反之 也（上孟）	陶元淳		小題二集式法（家塾課本）	二四七
二〇	〇八六二	夫如是故遠人不服 一節	翁若梅		二王堂文稿	二五一
二〇	〇八六三	夫如是故 一節（下論）	翁若梅		鼇峰課藝	二五五
二〇	〇八六四	夫如是故 一節	劉廷舉		鼇峰課藝	二六一
二〇	〇八六五	夫君子所過 三句（孟子）	向日貞		口口存庶常四書文	二六五
二〇	〇八六六	夫君子所過 者化（孟子）	周學健	癸卯科	近科小題丹液集	二六九
二〇	〇八六七	夫君子所過 一節（孟子）	袁　熹	金山衛顧學師月課本學一名	本朝直省考卷篋中集	二七三
二〇	〇八六八	夫君子所 者神	蔡以臺（季實）		蔡狀元稿	二七七
二〇	〇八六九	夫君子之居喪 五句	顏　璹		突山存稿	二八一
二〇	〇八七〇	夫物之不齊 千萬（孟子）	周金然	康熙壬戌科	本朝房行書歸雅集	二八五
二〇	〇八七一	夫焉有所倚（中庸）	戴名世		戴田有時文全集	二八九

卷次	篇序號	篇名	著者	說明	出處	頁碼
二〇	〇八七二	夫焉有所倚（中庸）	尤侗	沈中尊錄科第一名	尤西堂傳稿	二九三
二〇	〇八七三	夫焉有所倚（中庸）	高作霖		小題五集精詣集上（家塾課本）	二九七
二〇	〇八七四	夫焉有所倚	喻先孝	嘉慶庚申科湖南	兩科墨選	三〇一
二〇	〇八七五	夫婦之不肖（中庸）	焦袁熹	康熙丙子科	本朝房行書歸雅集	三〇五
二〇	〇八七六	夫達也者　一節（論語）	馮成修	己未科	近科房行書菁華（浣花書屋）	三〇九
二〇	〇八七七	夫道一而已矣	莊肇錦		圭臬集	三一三
二〇	〇八七八	五十以學　執禮（上論）	曾炳		懷古堂房書小題彙刪	三一七
二〇	〇八七九	五十畝餘夫	楊智水		浙江校士錄	三二一
二〇	〇八八〇	五旬而舉之（孟子）	□□□		據典古雅文	三二五
二〇	〇八八一	五旬而舉之（上孟）	□□□		變格文	三二九
二〇	〇八八二	五旬而舉　二句（上孟）	孔傳忠（中式）	浙江姜宗師歲考桐鄉縣一等第一名	本朝直省宗師考卷超	三三三

卷次	篇序號	篇名	著者	說明	出處	頁碼
二〇	〇八八三	五句而舉之 二句（孟子）	梁作屏	廣東惠宗師歲試新寧縣學第一名	小試利器二集	三三七
二〇	〇八八四	五穀不分 而芸（下論）	吳青崖		吳青崖文稿	三四一
二〇	〇八八五	五穀不分（下論）	詹胤昌		先正小題三編（丁儀堂）	三四五
二〇	〇八八六	五穀不分（下論）	蔡醇	辛未科	澹志齋辛未小題選	三四九
二〇	〇八八七	五穀熟而民人育（孟子）	儲在文	康熙己丑科	本朝房行書歸雅集	三五三
卷二十一						
二一	〇八八八	不曰白乎 二句（論語）	許邁	壬申科	近科房行書菁華（浣花書屋）	三五九
二一	〇八八九	不曰堅乎（論語）	祝駿聲	紫陽	西泠三院會課二刻	三六三
二一	〇八九〇	不以人廢言（論語）	程策		慶曆小題文行遠集（義門書塾）	三六七

卷次	篇序號	篇名	著者	說明	出處	頁碼
二一	○九○○	不知老之將至云爾（上論）	唐曾述		□□小題一貫錄	四○五
二一	○九○一	不知其仁（論語）	王鍾		考卷約選	四○九
二一	○九○二	不知其仁 仁也（論語）	顧我鈞		近科巧搭丹液集（忠孝堂）	四一三
二一	○九○三	不思則不得 我者	宋經綸（兼忠）	吳學院錄科興化府學貢生第一名	環翠軒試藝	四一七
二一	○九○四	不思則不得也此天之所與我者	薛士芳	吳學院科取仙遊學貢生第一名		四二一
二一	○九○五	不能使人巧（孟子）	顧沈士	康熙乙未科	本朝房行書歸雅集	四二五
二一	○九○六	不得其門而入 或寡矣	吳壽昌		虛白齋存稿（敝帚集）	四二九
二一	○九○七	不盈科不行	陳金章（汝佩）	戰中尊科考取六覆童生第九名	韞齋試草（葵社）	四三三

卷次	篇序號	篇名	著者	說明	出處	頁碼
二一	○九一八	不患寡而患不均（論語）	李祖惠		虹舟制義（戊辰耕餘草堂）	四七七
二一	○九一九	不患寡而患不均 二句（下論）	吳之昺		國朝制義所見集補	四八一
二一	○九二〇	不陵下在下位（中庸）	□□□		小題盛觀集二編	四八五
二一	○九二一	不陵下在下位（中庸）	□□□		巧搭文	四八九
二一	○九二二	不陵下在下位（中庸）	林　甲		應試小題及鋒集（精選定本）	四九三
二一	○九二三	不陵下在下位（中庸）	褚肇登		利試小題英雅集（求志堂選）	四九七
二一	○九二四	不紾（孟子）	王　澍	康熙壬辰科	本朝房行書歸雅集	五〇一
二一	○九二五	不圖為樂 君乎（論語）	許重熙（子洽）		虞山人文（遺稿）	五〇五
二一	○九二六	不誠無物（中庸）	汪　倓	康熙辛未科	本朝房行書歸雅集	五一一
二一	○九二七	不報無道（中庸）	郁士超	康熙乙卯科	本朝房行書歸雅集	五一五
二一	○九二八	不憂不懼（論語）	王步青	金壇倪學師月課本縣第一名	直省考卷篋中集	五一九

卷次	篇序號	篇名	著者	說明	出處	頁碼
二一	○九二九	不憂不懼（論語）	王步青		王漢階時文	五二三
二一	○九三○	不願乎其外（中庸）	戴名世		戴田有時文全集	五二七
二一	○九三一	不願乎其外（中庸）	徐　芳		留餘堂遺稿	五三一
二一	○九三二	不願乎其外（中庸）	錢世熹		本朝歷科小題文選	五三五
二一	○九三三	不議禮不　周禮（中庸）	余　甸	丙戌科	口科小題文編	五三九
第八冊						
卷二十二						
二二	○九三四	止子路宿　子焉（下論）	史　普		利試小題英雅集（求志堂選）	○○五
二二	○九三五	止子路宿（論語）	杜　蘅		考卷文衡續編	○○九
二二	○九三六	止子路宿　子焉（論語）	吳騰鳳	雲南王宗師宗師科入阿迷州第一名	考卷小題初學集二編	○一三
二二	○九三七	止子路宿（論語）	邵　玘		小題鋤經集	○一七
二二	○九三八	止子路宿　以告（下論）	盛懋功	戊午科江南邵宗師科入高安第三名	飛仙樓口小題選	○二一

卷次	篇序號	篇名	著者	說明	出處	頁碼
二二一	○九三九	止子路宿（論語）	馮　暠	癸巳科	十科小題是真集	○二五
二二一	○九四○	止子路宿殺雞（論語）	鄒祖頊		鄒蓮村四書文	○二九
二二一	○九四一	止子路宿　見之（論語）	葉　品	順天吳宗師科入左衛學第一名	考卷文選二集	○三三
二二一	○九四二	少師陽（下論）	林開秩	吳學院歲取龍溪縣學第十名	中洲振溪試草	○三七
二二一	○九四三	少師陽擊磬襄入　於海（論語）	李祖惠	乾隆壬申科	本朝小題文達	○四一
二二一	○九四四	少師陽擊　於海（下論）	紀　昀	山東唐宗師考入口縣第一名	試牘文衡五編（滄浪亭選）	○四五
二二一	○九四五	少師陽（下論）	郭　照（虛若）	吳學院取龍溪學第十六名	仰軒試草	○四九
二二一	○九四六	少師陽擊磬襄入　於海（論語）	陳世治		典制文環一集	○五三
二二一	○九四七	少師陽擊磬襄入於海	楊廷奮	朱太宗師取進連江縣學口名	科考試卷	○五七
二二一	○九四八	少師陽擊磬襄（論語）	程　珣	乙丑科	本朝歷科小題文選	○六一

卷次	篇序號	篇名	著者	說明	出處	頁碼
二二	○九四九	少師陽擊磬襄入於海	劉炳煥	朱文宗科試連江學第一名		○六五
二二	○九五○	曰夫子何哂 二節（下論）	于聲九	安徽劉宗師歲入當塗縣學第一名	考卷醇雅初集	○六九
二二	○九五一	曰夫子何哂由也 四節（論語）	尤世楠（人叔）		醴泉集	○七三
二二	○九五二	曰其言也訒（論語）	張永祺	順治壬辰科	小題文範	○七七
二二	○九五三	曰其言也訒（論語）	張永祺	壬辰科	本朝歷科小題文選	○八一
二二	○九五四	曰冠曰奚冠	黃連璧		清湘集	○八五
二二	○九五五	曰許子以釜甑 厲農夫哉	唐樹焜		觀海集	○八九
二二	○九五六	曰禮後乎 一節（論語）	戴名世		戴田有時文全集	○九三
二二	○九五七	[曰] 禮後乎子 合下章	□□□	漳州府學月課題	逢源亭擬課	○九七
二二	○九五八	[曰] 禮後乎 至 夏禮吾能言之（論語）	石成瑛	貴州徐學院歲入黎平府學第一	瑤林四集（嘯閣選）	一○一
二二	○九五九	曰禮後乎 商也（論語）	李汝梅	庚午科陝西	新科墨選	一○五

卷次	篇序號	篇名	著者	說明	出處	頁碼
二三一	〇九八一	內省不疚（論語）	印光任	江南法宗師歲考嘉定縣學第二名	本朝考卷文選	一九一
二三一	〇九八二	內省不疚 二句（論語）	楊名時		本朝考卷篋中集	一九五
二三一	〇九八三	內省不疚 二句（論語）	馮　詠	丙戌科 贛州文口	馮夔颺稿	一九九
二三一	〇九八四	內省不疚 二句	馮　詠		國朝制義存真集（自得齋）	二〇三
二三一	〇九八五	仁人心也 二節	黃允肅	張太宗師歲考泉州府學一等第一名	口祉試草	二〇七
二三一	〇九八六	仁人心也（孟子）	蔣拭之		蔣季眉稿	二一一
二三一	〇九八七	仁言不如 全章（孟子）	汪　琬	順治乙未科會試	本朝墨選	二一五
二三一	〇九八八	仁言不如 全章	徐旭齡	順治乙未科會試	本朝墨選	二一九
二三一	〇九八九	仁言不如 全章	許　獬		許鍾斗先生稿	二二三

卷次	篇序號	篇名	著者	説明	出處	頁碼
二三	〇九九八	[今天下車同軌]書同文	吳世學	第九名	（第五房）	二六三
二三	〇九九九	今天下車 一節（中庸）	周景灝（聖瀾）	永康	敷文書院會課	二六七
二三	一〇〇〇	[今天下車同軌]書同文行同倫（中庸）	胡友信		慶曆小題文行遠集（義門書塾）	二七三
二三	一〇〇一	今天下車 一節（中庸）	徐用錫	康熙己丑科	本朝歷科大題文鈔	二七七
二三	一〇〇二	今天下 一節（中庸）	徐葆光	甲戌科	二友齋訂存稿	二八一
二三	一〇〇三	[今天下車同軌]書同文	孫榮基	第六名	（第二房）	二八五
二三	一〇〇四	[今天下車同軌]書同文	張　藻	第一名	（第一房）	二八九
二三	一〇〇五	[今天下車同軌]書同文三字（中庸）	張蕚咸	江南張學院科入嘉定第一名	近科考卷文憲（雅集）	二九三
二三	一〇〇六	[今天下]車同軌書同文行同倫（中庸）	陸錫熊	己卯科江南	墨卷萬選	二九七
二三	一〇〇七	[今天下]車同軌（中庸）	陳基成	江蘇高撫院觀風長洲縣第一名	考卷清華三集	三〇一
二三	一〇〇八	今天下 一節（中庸）	陶汪鈺（爾音）	秀水	敷文書院會課	三〇五

卷次	篇序號	篇名	著者	說明	出處	頁碼
二三	一〇〇九	[今天下車同軌]書同文行同倫（中庸）	黄景昉		慶曆小題文行遠集（義門書塾）	三一一
二三	一〇一〇	[今天下車同軌]書同文	黄蕙田	己亥科第八十七名	福建闈墨（第十二房）	三一五
二三	一〇一一	[今天下車同軌]書同文（中庸）	馮得聞		典制題文函雅（亦囂閣）	三一七
二三	一〇一二	今天下車同軌　一節（中庸）	賈兆鳳		二賈太史合稿	三二一
二三	一〇一三	[今天下車同軌]書同文	葉修昌	己亥科第一名	福建闈墨（第四房）	三二五
二三	一〇一四	[今天下車同軌]書同文行同倫（中庸）	劉大輹		利試小題英雅集（求志堂選）	三二九
二三	一〇一五	[今天下車同軌]書同文	嚴民欽	第五名	（第二房）	三三三
二三	一〇一六	今夫顓叟　孫憂（下論）	周象賢	歲試德化縣學一等第一名	因宜集	三三七
二三	一〇一七	今夫顓臾固而近於費　筆勝（下論）	唐蕪蓮	山東李學院歲考德平縣學一等一名	考卷扆宧	三四一

卷次	篇序號	篇名	著者	說明	出處	頁碼
二三	一〇一八	今夫顓臾（下論）	虞文彪	丁未科	小題觀略	三四五
二三	一〇一九	今夫顓臾（論語）	繆昌期		明文初學讀本	三四九
二三	一〇二〇	今夫顓臾 今不取（下論）	饒 用		舫邨稿	三五三
二三	一〇二一	今不取	九歲文		心水亭哂稿	三五七
二三	一〇二二	今不取	李鍾莪		李□□□□	三六一
二三	一〇二三	今不取（下論）	吳 炳		明文先正讀本新編	三六五
二三	一〇二四	今不取（論語）	周振瑗		本朝歷科小題文選	三六九
二三	一〇二五	今不取（下論）	殷宜中		房書尋秋集（刪緣居選）	三七三
二三	一〇二六	今不取（下論）	高龍光	辛丑科	小題觀略	三七七
二三	一〇二七	今不取（下論）	劉 巖	康熙癸未科	本朝□□□	三八一
二三	一〇二八	今有無名 四章（孟子）	伍 鰲		西江試牘	三八五
二三	一〇二九	今有無名之指屈而不信非疾痛害事也如有能信之者則不遠秦楚之路為指之不若人也⋯	何應垣		欽定鄉會墨選	三八九

卷次	篇序號	篇名	著者	說明	出處	頁碼
二三	一〇三〇	今有無名之指 兩章（孟子）	吳 智		醴泉集	三九三
二三	一〇三一	今有無名 全章（孟子）	汪梧鳳		新安三子制義	三九七
二三	一〇三二	今有無名之指（孟子）	沈 鎬		今文定式	三九九
二三	一〇三三	今有無名之指 養其一指（孟子）	沈光熙		沈思凝文	四〇三
二三	一〇三四	今有無名 全	涂學詩		涂茗樵稿	四〇七
二三	一〇三五	今有無名之指	陳 達（德三）	劉中尊取惠安縣童生七覆第一名	脩園試草（頴社）	四一一
二三	一〇三六	今有無名 全章（孟子）	張以誠		慶曆文讀本新編	四一五
二三	一〇三七	孟子曰今 一章	張騰霄	王宗師歲考取仙遊縣學一等第一名廩		四一九
二三	一〇三八	今有無名之指 一章（下孟）	程 墫	揚州豫郡尊考覆儀徵第一名	直省考卷所見集	四二三

卷次	篇序號	篇名	著者	說明	出處	頁碼
一二三	一〇三九	孟子曰　今有無名　四章（孟子）	劉子衡	于宗師歲入安福縣學恩詔第一名	口口錄	四二七
一二三	一〇四〇	今有場師　師焉（孟子）	奚　寅	己卯科　順天府	墨卷萬選	四三一
一二三	一〇四一	公西華曰正　二句（上論）	狄　億		歷科小題卓編（紹衣堂課本）	四三五
一二三	一〇四二	[公西華曰]正唯弟子不能學也（論語）	胡紹安	丙子科	丙子科小題文選	四三九
一二三	一〇四三	[公西華曰]正唯弟子不能學也（上論）	秦大士	德制臺彙考書院超等第一名	栁泉近藝	四四三
一二三	一〇四四	公西華曰　一句（論語）	歸子慕		明文得　中集　醇（愛吾廬選）	四四五
一二三	一〇四五	公西華曰正唯弟子不能學也（論語）	歸子慕		小題初集啟蒙（塾課讀本）	四四九
一二三	一〇四六	公西華曰正　一句（論語）	歸子慕		慶曆文讀本新編	四五三

卷次	篇序號	篇名	著者	說明	出處	頁碼
二三	一〇五七	公孫衍張儀（孟子）	薛　煥	廣西衛宗師科入桂林府學第三名	考卷文選二集	四九七
二三	一〇五八	公都子曰　全章（孟子）	阮　珂	雍正丙午科雲南	鄉會墨卷讀本	五〇一
二三	一〇五九	公都子問曰鈞　全（孟子）	黃元吉	雍正丙午科雲南	近墨元魁秘笈（太乙閣校本）	五〇五
二三	一〇六〇	分人以財　謂之仁	馬祥齡		滙海集	五〇九
卷二十四						
二四	一〇六一	及其至也　察乎天地（中庸）	陶自悅	康熙戊辰科	本朝房行書歸雅集	五一五
二四	一〇六二	及其長也　二句（下孟）	□□□		槖中集（牆東草堂）	五一九
二四	一〇六三	及其聞一　江河（下孟）	王朝爕		嵩山課選	五二三
二四	一〇六四	及其聞一　禦也（下孟）	吳華孫		吳冠山時文	五二七
二四	一〇六五	及其聞一　江河（下孟）	高世課		嵩山課選	五三一

卷次	篇序號	篇名	著者	說明	出處	頁碼
二四	一〇六六	及其聞一善言見一善行（下孟）	唐應春	歲試莆田縣學一等第五名	向若編	五三五
二四	一〇六七	及其聞一善言見一善行（下孟）	黃世甲	歲試莆田縣學一等第三名	向若編	五三九
二四	一〇六八	[及階子曰階也及席子曰席也]皆坐（記事題）（下論）	□□□		小題從新錄第三冊	五四三
二四	一〇六九	[及階子曰]階也	□□□	永春州學一場東出七號		五四七
二四	一〇七〇	及階子曰 在斯	□□□		心水亭哂稿	五五一
二四	一〇七一	及階 在斯	戴文熾		秋潭艸	五五五
二四	一〇七二	[及階子曰]階也及席（下論）	王　昭（景南）	吳學院歲取入同安學第十二名	蕚園試草	五五九
二四	一〇七三	[及階子曰]階也	方雲錦	于學院歲取永春州學第一場東雨十二號	試草	五六一

卷次	篇序號	篇名	著者	說明	出處	頁碼
二四	一〇七四	[及階子曰]階也及席（論語）	朱春生	江蘇蓼宗師歲入嘉定縣學第二名	考卷鴻裁	五六五
二四	一〇七五	及階子曰 在斯（論語）	李夢登	癸酉科 福建	近科鄉會墨粹	五六九
二四	一〇七六	及階 皆坐（論語）	吳世重	歲入南安縣學第二名	閩中校士錄（泉州府）	五七三
二四	一〇七七	及席（論語）	吳志遠		小題初集啟蒙（塾課續）	五七七
二四	一〇七八	及階子曰階也及席子曰席也皆坐子告之曰某在斯某在斯	吳春元	乾隆癸酉科	硃卷	五八一
二四	一〇七九	及階子曰階也及席子曰席也皆坐子告之曰某在斯某在斯	吳學韓	乾隆癸酉科	硃卷	五八五
二四	一〇八〇	及階子曰階也及席子曰席也皆坐子告之曰某在斯某在斯	何恒漢	乾隆癸酉科	硃卷	五八九

卷次	篇序號	篇名	著者	說明	出處	頁碼
二四	一〇九〇	及階子曰階也及席子曰席也皆坐子告之曰某在斯某在斯	莊大圭	乾隆癸酉科	硃卷	六二七
二四	一〇九一	[及階子曰]階也及席（論語）	許萬春（志受）	吳學院歲取重進同安二場西巨四號	亦齋試草	六三一
二四	一〇九二	[及階子曰階也]及席（論語）	張王典		小題讀本	六三五
二四	一〇九三	[及階子曰階也]及席（論語）	張王典	丁口	本朝歷科小題文選	六三九
二四	一〇九四	[及階子曰階也及席子曰]席也皆坐（論語）	張景崧	己丑科	六科小題文编	六四三
二四	一〇九五	[及階子曰階也及席子曰]席也皆坐（下論）	陸輿	壬子科	壬子小題文鑑（曉園課業）	六四七
二四	一〇九六	及階（論語）	陳臨	科入晉江縣學第三名	向若編精選	六五一
二四	一〇九七	及席子曰席也	陳煥世	胡文宗月課咸寧生員	己未時文	六五五

卷次	篇序號	篇名	著者	說明	出處	頁碼
二四	二一〇五	及階子曰階也及席子曰席也皆坐子告之曰某在斯某在斯	鄭科捷（榜姓陳）	乾隆癸酉科	硃卷	六八五
二四	二一〇六	[及階子曰階也及席子曰席也]皆坐（論語）	劉巘		劉大山真稿	六九一
二四	二一〇七	[及階子曰階也及席子曰席也]皆坐（論語）	劉巘		應試小品觀	六九五
二四	二一〇八	[及階子曰階也及席子曰席也]皆坐子告之曰某在斯（論語）	歐陽鼎		本朝小題文行遠集（義門書塾）	六九九
二四	二一〇九	[及階子曰]階也及席（論語）	駱思濬	浙江李學臺科入武康縣學第六名	直省近科考卷孚新集	七〇三
二四	二一一〇	及階子曰階也及席子曰席也皆坐子告之曰某在斯某在斯	薛訓焯	乾隆癸酉科	硃卷	七〇七
二四	二一一一	及階子曰 皆坐（論語）	謝斗佐		本朝考卷含真集補編（學稼軒定本）	七一一

卷次	篇序號	篇名	著者	說明	出處	頁碼
二四	一一一二	及階　皆坐（論語）	謝斗佐	歲入南安縣學第三名	閩中校士錄（泉州府）	七一五
二四	一一一三	[及階子曰階也及席子曰席也]皆坐（下論）	繆錦宣	癸丑科	小題觀略	七一九
二四	一一一四	[及階子曰]階也	顏毓儁	于學院歲進永春州東生三號	試草	七二三
二四	一一一五	[及階子曰階也及席子曰席也]皆坐（下論）	顧　風（行口）		小題孚勝	七二七
第九冊						
卷二十五						
二五	一一一六	月攘一雞（孟子）	呂葆中	康熙丙戌科	本朝房行書歸雅集	〇〇五
二五	一一一七	父母俱存　三節（下孟）	王自超		王茂遠傳稿（秋巖選）	〇〇九
二五	一一一八	父母俱存（下孟）	馮千英		利試小題英雅集（求志堂選）	〇一三
二五	一一一九	父母俱存　二句（孟子）	陸寅亮		考卷文衡二集	〇一七

卷次	篇序號	篇名	著者	說明	出處	頁碼
二五	一一二〇	父作之（中庸）	唐德亮	順治壬辰科	本朝房行書歸雅集	〇二一
二五	一一二一	父命之女子之嫁也（上孟）	鄒爔		近科考卷文	〇二五
二五	一一二二	凶年饑歲 以告（孟子）	馮詠		國朝制義存真集（自得齋）	〇二九
二五	一一二三	文王之謂也子力行之	萬承蔭		從新集	〇三三
二五	一一二四	文王我師也周公	林國贊		觀海集	〇三七
二五	一一二五	文王之民 謂也（孟子）	狄億	康熙辛未科	本朝房行書歸雅集	〇四一
二五	一一二六	文理密察	王瑗	康熙癸巳科山東第十四名	歷科墨卷選（劒光閣）	〇四五
二五	一一二七	文理密察（中庸）	王希旦	壬申科山東第三名	墨翔	〇四九
二五	一一二八	文理密察（中庸）	王恒晉	壬申科 山東	近科鄉會墨粹	〇五三
二五	一一二九	文理密察（中庸）	王恒晉	壬申科	墨硎	〇五七
二五	一一三〇	文理密察 二句	方苞	庚午科	鄉試遺卷	〇六一
二五	一一三一	文理密察 二句（中庸）	呂葆中（無黨）		竿木二集	〇六五

卷次	篇序號	篇名	著者	說明	出處	頁碼
二五	一一三二	文理密察 二句	汪　倓	庚午科	手抄稿	〇六九
二五	一一三三	文理密察（試卷）	汪　新		汪會魁墨	〇七三
二五	一一三四	文理密察足以有別也	宋　衡		嵩南倣先正筆（嘯梅齋）	〇七七
二五	一一三五	文理密察 二句（中庸）	周思兼		成弘正嘉大小題文讀本	〇七九
二五	一一三六	文理密察	胡懋勳	康熙癸巳科山東第一名	歷科墨卷選（劔光閣）	〇八三
二五	一一三七	文理密察（中庸）	范聖功	河南王宗師歲入長葛學第二名	□□文庶	〇八七
二五	一一三八	文理密察 別也（中庸）	高層雲	丙辰科	丙辰房書錄真	〇九一
二五	一一三九	文理密察至如淵（中庸）	孫戰熙	江蘇張宗師科文江寧第十三名	考卷分類舉隅（墨溉堂選）	〇九五
二五	一一四〇	文理密察 別也	韓　菼		有懷堂增訂全稿	〇九九
二五	一一四一	文理密察 二句	儲　欣	庚午科 江南第四名	鄉墨時（敬日堂）	一〇三

卷次	篇序號	篇名	著者	說明	出處	頁碼
二五	一一四二	文猶質也 二句（論語）	任啟運		文英	一〇七
二五	一一四三	文猶質也 二句（下論）	易道沛	己丑科	口口偶評	一一一
二五	一一四四	文學（論語）	王謙吉	河南蔣宗師歲入澠池縣學第一名	小試利器二集	一一五
二五	一一四五	文學子游子夏（論語）	安潮		近科考卷挺秀	一一九
二五	一一四六	文學子游子夏	杜果	順治丁亥科	小題文範	一二三
二五	一一四七	文學子游子夏（論語）	李祖惠	乙卯科三原試署	虹舟制義	一二七
二五	一一四八	文學子游子夏	吳壽昌		虛白齋存稿（人海草）	一三一
二五	一一四九	文學子遊（下論）	張孝時	辛未科	辛未房書小題經國集	一三五
二五	一一五〇	文學（論語）	張景崧		（白雪軒定本）	一三九
二五	一一五一	文學子遊（論語）	叢澍	癸酉科	癸酉科小題文口集（匠門書屋）	一四三
二五	一一五二	[方里而井] 井九百畝	王岱東		圭臬集	一四七

卷次	篇序號	篇名	著者	說明	出處	頁碼
二六	一一八〇	[孔子曰]才難不其 為盛（上論）	李曹培	丙辰科第十二名山東	恩科鄉墨辨體	二五七
二六	一一八一	孔子曰才難 為盛（考卷猶戒）（上論）	吳祖命	吳江秦按院觀風第五名	國朝試牘珊（一畝花居）	二六一
二六	一一八二	[孔子曰]才難不其然乎（論語）	汪士鋐	康熙丁丑科	本朝房行書歸雅集	二六五
二六	一一八三	[孔子曰]才難不其然乎（論語）	汪士鋐	康熙丁丑科	歷科小題文讀本新編	二六九
二六	一一八四	[孔子曰]才難不其然乎（上論）	沈維基	署郴州知州歲覆本州童生擬作	近科考卷清音（郴江校士錄）	二七三
二六	一一八五	[孔子曰]才難不其然乎（論語）	金　聲		山輝閣啟禎文選	二七七
二六	一一八六	[孔子曰]才難不其 為盛	胡承宗		三科莫卷津梁	二八一
二六	一一八七	[孔子曰]才難不其然乎唐虞之際（論語）	秦大成		秦簪園稿	二八五
二六	一一八八	[孔子曰]才難不其然乎（論語）	袁　枚		袁太史時文	二八九

卷次	篇序號	篇名	著者	說明	出處	頁碼
二六	一一九八	孔子曰才難 二節	陳萬策	紫陽	太史家藁	三三一
二六	一一九九	[孔子曰]才難不其 為盛	楊　庚	順天 第十九名	直省鄉墨翕雅	三三五
二六	一二〇〇	孔子曰才 為盛（論語）	楊　炳		今文定式一冊	三三九
二六	一二〇一	[孔子曰]才難不其 為盛（上論）	翟廣仁	丙辰科第十一名山東	恩科鄉墨辨體	三四三
二六	一二〇二	[孔子曰]才難不其 為盛	蔣　燾（元揆）	丙午科江南	增訂和聲集（桐蔭書屋）	三四七
二六	一二〇三	[孔子曰]才難不其然 一節（論語）	潘葆光（本姓徐）	長洲縣錢學師月課外學第一名	本朝直省考卷篋中集	三五一
二六	一二〇四	孔子曰才難 二節（上論）	薛振聲		嵩山課選	三五五
二六	一二〇五	孔子曰才難 不其然乎（論語）	韓　獻	顏學院歲考	本朝考卷小題篋中集	三五九
二六	一二〇六	孔子曰求 二節（論語）	陸士紳	浙江鄧宗師歲入錢塘商籍第七名	直省考卷扶風集	三六三

卷次	篇序號	篇名	著者	說明	出處	頁碼
二六	一二二六	孔子曰君子 全章	郭元奕	科試永春縣學一等一名	八閩試牘（泉州府）	四〇三
二六	一二二七	孔子曰殷有三仁焉（論語）	周灃	辛未科	近科房行書菁華（浣花書屋）	四〇七
卷二十七						
二七	一二二八	孔子主我（孟子）	李枝桂		芹香文鈔	四一三
二七	一二二九	孔子主我 二句（下孟）	林儁	北直張宗師歲入大興縣學第三名	考卷醇雅初集	四一七
二七	一二三〇	孔子主我（孟子）	高景光		高自柏文	四二一
二七	一二三一	孔子主我（下孟）	劉象春	江蘇劉宗師歲入崑山縣學第二名	考卷醇雅初集	四二五
二七	一二三二	孔子退揖巫 進之（論語）	李叔元		慶曆小題文行遠集（義門書塾）	四二九
二七	一二三三	孔子進以 有命（孟子）	王慈	山東第六名		四三一

卷次	篇序號	篇名	著者	說明	出處	頁碼
二七	一二三四	孔子進以禮 有命（孟子）	王兆弘	乾隆丙辰山東第七名	四科鄉會墨粹	四三五
二七	一二三五	孔子進以 有命（下孟）	黃宗崇	□周宗師科歲即墨第一名	試牘□□（章溪書屋）	四三九
二七	一二三六	孔子進以 有命（下孟）	畢忠吉		戊□□□獨斷（介雅堂）	四四三
二七	一二三七	孔子進以禮退以義（下孟）	陳徵論	□□宗師科歲廣州第□名		四四七
二七	一二三八	孔子進以禮退以義（孟子）	蔡寅斗		考卷文衡	四五一
二七	一二三九	孔子進以 有命	黎敦簡	□戌科	彰憲堂	四五五
二七	一二三〇	孔子進以禮 有命（孟子）	謝一桂	福建車學院科考仙遊第一名	近科考卷凌雲	四五九
二七	一二三一	孔子進以禮 有命	顏　璹	于學院歲試永春州一等第一名		四六三
二七	一二三二	孔子登東山 節（孟子）	王步青		王漢階稿	四六七
二七	一二三三	孔子登東山 一節（孟子）	包爾庚	南直倪宗師考取上海卷	明人考卷搜玉集	四七一

卷次	篇序號	篇名	著者	說明	出處	頁碼
二七	一二三四	孔子登東 一節（孟子）	朱鑑	辛卯科鄉墨第三名	辛卯鄉墨選	四七五
二七	一二三五	孔子登東 二句（下孟）	周澎（于飛）	莫邑尊□□取興化府學第一名	□園試草（至山閣）	四七九
二七	一二三六	孔子登東 二句（下孟）	周學健（勿逸）	癸卯科	近科房行書	四八三
二七	一二三七	孔子登東 一章（下孟）	施鳳儀	丁丑科	大題傳文	四八七
二七	一二三八	孔子登東 不達（孟子）	姜日廣		慶曆文讀本新編	四九一
二七	一二三九	孔子登東山 其瀾（孟子）	梁尚秉	丙子科 廣東	新科墨選	四九五
二七	一二四〇	孔子登東 全章（孟子）	陳璸		□□科大題文選	四九九
二七	一二四一	孔子登東山 其瀾（孟子）	陳高飛	丙子科 廣東	新科墨選	五〇三
二七	一二四二	孔子登東 全章（孟子）	董其昌		慶曆文讀本新編	五〇七
二七	一二四三	孔子登東 一節（孟子）	潘士錦	沈學□□南安縣學第一名		五一一
二七	一二四四	孔子懼 節（孟子）	王庭	順治己丑科	本朝房行書歸雅集	五一五

卷次	篇序號	篇名	著者	說明	出處	頁碼
二七	一二五五	孔子嘗爲 已矣（下孟）	曾朝陽（侯官教諭）	歲考福州府屬儒學	因宜集	五五九
二七	一二五六	孔子嘗爲 二句	張鵬翀		口天扉稿	五六三
二七	一二五七	孔子嘗爲 一節（孟子）	陳　賓	甲戌科	甲戌科大題文選	五六七
二七	一二五八	孔子嘗爲委吏矣（孟子）	董毓靈	江蘇張學院科入太倉州學第一名	近科考卷雅潤集	五七一
二七	一二五九	孔子嘗爲 一節（孟子）	欽履健		時文隅二集	五七五
二七	一二六〇	孔子嘗爲 一節（下孟）	趙　炳	康熙丁未科	十三科大題文徵（雲居山房）	五七九
二七	一二六一	孔子嘗爲 一節（下孟）	應兆昌		口大題文徵（口居山房）	五八三
二七	一二六二	孔子嘗爲 一節（孟子）	鄭琨瑤	湖北第三名	墨卷大醇	五八七
二七	一二六三	孔子嘗爲 一節（孟子）	蕭　芝	湖北第一名	墨卷大醇	五九一

第十冊

卷二十八

卷次	篇序號	篇名	著者	說明	出處	頁碼
二八	一二七二	未若貧而 至 言詩已矣	黃 琮	王邑尊三覆第二名	玉堂草	○三七
二八	一二七三	未若貧而 如磨	黃鼎甲	葛宗師歲取進仙遊縣學第八名		○四一
二八	一二七四	未若貧而 如磨	黃燮理（榜名樣）	葛宗師歲入仙遊縣學第一名		○四五
二八	一二七五	未若貧而樂 合下節	郭 鎮（永善）	方府尊課外肄業超等第一名	鰲峰課藝尤雅前集	○四九
二八	一二七六	未若貧而 如磨	鄭重猷	葛學院歲取進仙遊縣學第口名	一篇手抄本	○五三
二八	一二七七	未若貧而 如磨	羅廷對（睿卿）	葛宗師歲取進仙遊縣學第四名		○五七
二八	一二七八	未聞下喬 魯頌曰	何丙光		新硎集	○六一

卷次	篇序號	篇名	著者	說明	出處	頁碼
二八	一二八八	去兵（下論）	朱鑑	康熙辛丑科	國朝文選（松筠堂）	一〇一
二八	一二八九	去兵（下論）	卓彝	丁未科	天蓋樓偶評（小題觀略）	一〇五
二八	一二九〇	去兵（論語）	曹之升		典制文琳	一〇九
二八	一二九一	去兵（論語）	張士毅		房書小題金丹	一一三
二八	一二九二	去兵（論語）	儲晉觀	癸丑科	八科小題文萃（介安堂）	一一七
二八	一二九三	去食自古 年饑（論語）	谷應泰		本朝名家傳文	一二一
二八	一二九四	去食（論語）	徐葆光		徐太史稿（歸雅集）	一二五
二八	一二九五	去食（論語）	張懋德	丁丑科	本朝歷科小題文選	一二九
二八	一二九六	去喪無所不佩（論語）	彭澤令		典制文環（桂岩居近編）一集	一三三
二八	一二九七	去聖人之世 二句（孟子）	史普	康熙庚辰科	本朝房行書歸雅集	一三七
二八	一二九八	去讒（中庸）	王希正	康熙辛卯科	本朝房行書歸雅集	一四一

卷次	篇序號	篇名	著者	說明	出處	頁碼
二九	一三〇八	古之賢士何獨不然	周日藻		周旭之時文	一八三
二九	一三〇九	古之賢士 三句（孟子）	徐陶璋		徐達夫真稿（瓜涇草堂）	一八七
二九	一三一〇	古之賢王 之勢（孟子）	黄利通		口口大題文選	一九一
二九	一三一一	古之賢士何獨不然（下孟）	陸　燦	丙申科 高沙	錢湘靈稿（調諢口）	一九五
二九	一三一二	古之賢士何獨不然（孟子）	蕭人龍		本朝考卷篋中集	一九九
二九	一三一三	古者民有 亡也（論語）	葉　藩	辛未科	近科房行菁華（浣花書屋）	二〇三
二九	一三一四	可也（論語）	趙　宣		口口科小題文選	二〇七
二九	一三一五	可以無大 執禮（上論）	應兆昌		歷科小題卓編（紹衣堂課本）	二一一
二九	一三一六	可者與之（下論）			啟秀集八編	二一五
二九	一三一七	可者與之 所聞（論語）	宗兆熊	兩江尹制臺會課鍾山書院第一名	近科考卷純	二一九

卷次	篇序號	篇名	著者	說明	出處	頁碼
二九	一三二九	平旦之氣（孟子）	吳士玉	康熙丙戌科	本朝房行書歸雅集	二六三
二九	一三三〇	切問（論語）	陳　雲（本名榕）	崇文	西泠三院會課二刻	二六七
二九	一三三一	以知十賜也聞一	宋遵路		小題文鋒	二七一
二九	一三三二	以佚君子　能之（下論）	陳　昌		利試小題英雅集（求志堂選）	二七五
二九	一三三三	以佚道使　二句（下孟）	金　鑑	乙卯科	近科房行書菁華（浣花書屋）	二七九
二九	一三三四	以佚道使民　二句（下孟）	施　燧	雍正癸卯科	國朝文選（松筠堂）	二八三
二九	一三三五	以追蠡（孟子）	楊飛熊	康熙己卯科	本朝房行書歸雅集	二八七
二九	一三三六	以粟易械器者不為厲陶冶	汪士鐸		蘭藻集	二九一
二九	一三三七	以粟易械器者　四句（孟子）	房蘭若	康熙戊辰科	本朝房行書歸雅集	二九五
二九	一三三八	以釜	魯慶元		小題約選	二九九
二九	一三三九	以順為正　二句（上孟）	吳華孫		吳冠山時文	三〇三

卷次	篇序號	篇名	著者	說明	出處	頁碼
二九	一三四〇	以順為正者妾婦之道也（孟子）	栢　謙（蘊高）	雍正庚戌科	初學金針（敬業齋）	三〇七
二九	一三四一	以順為正者　二句（孟子）	瞿覲光	江南鄭宗師錄遺常熟縣貢監第四名	小試利器二集	三一一
二九	一三四二	以萬乘之國　是也（孟子）	吳　連	萬曆丙午科	增訂小題金丹	三一五
二九	一三四三	以萬乘之　舉之	林荷香	沈文宗科試寧德縣學一等第一名	試草	三一九
二九	一三四四	以萬乘之　於此（上孟）	陳　萇（中式）	江南高宗師科考吳江一等第五名	本朝直省宗師考卷超	三二三
二九	一三四五	以鐵耕乎	吳之彥		俊雅集	三二七
二九	一三四六	且一人之身	范　均		貫珠集	三三一
二九	一三四七	且知方也（論語）	陳兆崙	丙辰科	近科房行書菁華（浣花書屋）	三三五

卷次	篇序號	篇名	著者	說明	出處	頁碼
二九	一三四八	且許子何不為陶冶	黎文輝	縣考南海第一名		三三九
二九	一三四九	且許子	錢亦昌		貫珠集	三四三
二九	一三五〇	兄弟（孟下）	于　旻	順天楊宗師歲入濬縣學第一名	六科考卷	三四七
二九	一三五一	兄弟也（孟子）	于　旻	順天楊學院歲入口縣學第一名	瑤林集（賜閒堂二編）	三五一
二九	一三五二	兄弟也（下孟）	王廣心		王農山稿	三五五
二九	一三五三	兄弟也	王廣心		半村半郭草堂（課業）	三五九
二九	一三五四	兄弟也（下孟）	沈之鉽		甲子小題文徵（雲居山房）	三六三
二九	一三五五	兄弟也	杭世駿		時文隅	三六七
二九	一三五六	兄弟也（孟子）	孫　奚	廣西許學院科入雲龍州學第二名	考卷新裁初集（久道草廬）	三七一

卷次	篇序號	篇名	著者	說明	出處	頁碼
三〇	一三六六	四飯缺適秦	陸建		西泠文萃	四一三
三〇	一三六七	四飯缺適秦（下論）	蔣鳴王	崇禎丁丑科	蘭堂先正小題選（家課定本）	四一七
三〇	一三六八	四飯缺適秦　於河（下論）	戴茗	湖南吳宗師歲覆入常德府學第一名	新科考卷和聲	四一九
三〇	一三六九	四飯缺適秦	舊藁		求是錄	四二三
三〇	一三七〇	出入相友守望相助	邱晉昕	科試一等		四二七
三〇	一三七一	出乎爾者　者也（孟子）	馬世奇		明人考卷	四三一
三〇	一三七二	出乎爾者（上孟）	徐斌		歷科小題卓編（紹衣堂課本）	四三五
三〇	一三七三	出門如見　二句（下論）	吳翺	順治乙未科	歷科房書選正集	四三九
三〇	一三七四	出門（論語）	金和源	江蘇李學院科覆入元和縣學第三名	近科考卷雅潤二集	四四三
三〇	一三七五	出門如見大賓　四句（論語）	唐冠賢		飲香堂制義	四四七

卷次	篇序號	篇名	著者	說明	出處	頁碼
三〇	一三七六	出門如見大賓（下論）	儲大文		儲氏六子文（□友齋）	四五一
三〇	一三七七	出於其類 二句（上孟）	宋懋春	福建丁宗師科考莆田第五名	試牘文萃	四五五
三〇	一三七八	出於其類 二句（上孟）	林 岃（子方）	福建丁太宗師科考莆田縣學一等第一名	寄園試艸	四五九
三〇	一三七九	出於其類 二句（上孟）	陸 毅		陸□□大題新稿	四六三
三〇	一三八〇	生乎今之世（中庸）	王 濴		□□小題文行遠集（義門書塾）	四六七
三〇	一三八一	生而知之者 一節	王恕菴	康熙□酉	增補程墨質疑集	四七一
三〇	一三八二	生而知之 一節	姜泰禎	乙酉科江西		四七七
三〇	一三八三	生而知之 一節（下論）	夏以澐	乙酉科江西第九名	鄉墨時（敬日堂）	四七九
三〇	一三八四	生而知之 一節（下論）	涂 圖	乙酉科江西第三名	鄉墨時（敬日堂）	四八三
三〇	一三八五	生而知之 一章（下論）	傅 昂	乙酉科江西第四十名	鄉墨時（敬日堂）	四八七

卷次	篇序號	篇名	著者	說明	出處	頁碼
三〇	一三八六	生而知之一節	陳賞	乙酉科浙江	八科墨卷新編	四九一
三〇	一三八七	生而知之一節（下論）	陳士垓	乙酉科江西第十二名	鄉墨時（敬日堂）	四九五
三〇	一三八八	生而知之一節	陶成	康熙乙酉科江西	歷科元墨（承美軒訂）	四九九
三〇	一三八九	生而知之一節（下論）	張芝宇	乙酉科江西第四名	鄉墨時（敬日堂）	五〇三
三〇	一三九〇	生而知之一章（下論）	葉自瑞	乙酉科江西第四十四名	鄉墨時（敬日堂）	五〇七
三〇	一三九一	生而知之一節（下論）	魏權	乙酉科江西第二名	鄉墨時（敬日堂）	五〇九
三〇	一三九二	丘之禱久矣（論語）	陳嵩		本朝考卷含真集（涵碧齋定本）	五一三
三〇	一三九三	丘也聞有一節（下論）	周鍾		周介生稿	五一七
三〇	一三九四	丘也聞有一節（論語）	李興棠	丙戌科	本朝歷科大題文選	五二一
三〇	一三九五	丘也聞有國二節（論語）	晏朝珍	順天吳宗師科試大興縣學第一名	考卷扶雅二集	五二五

卷次	篇序號	篇名	著者	說明	出處	頁碼
三〇	一三九六	丘也聞有國有家者 一節（下論）	翁佶	乙未科	（小題觀略）	五二九
三〇	一三九七	丘也聞有國有家者 一節（論語）	高永年		松雨堂考卷選	五三三
三〇	一三九八	丘也聞有國有家者（論語）	唐進賢	和州李太尊季考含山縣學第一名	五科考卷懷新集（竹林書屋）	五三七
三〇	一三九九	丘也聞有國有家者（下論）	唐進賢		小題會心錄	五四一
三〇	一四〇〇	丘也聞有 一節（論語）	張壎	癸酉科	本朝歷科大題文選	五四三
三〇	一四〇一	丘也聞有國有家者 一節（下論）	葉蔚林			五四七
三〇	一四〇二	丘也聞有 節（論語）	錢禧		山輝閣啟禎文選	五五一
三〇	一四〇三	丘也聞有國 一節（論語）	饒士上	國子監吳少司成月課第二名	本朝直省考卷篋中集	五五五
三〇	一四〇四	丘也聞有 二節	顧淵		芹香文鈔	五五九
三〇	一四〇五	丘也聞有 一節（論語）	顧三典	辛酉科	顧有常真稿（德光堂）	五六三

卷次	篇序號	篇名	著者	說明	出處	頁碼
三〇	一四〇六	丘也聞有 一節（下論）	戴名世	己丑科	八科大題一貫錄	五六七

第十一冊

卷三十一

卷次	篇序號	篇名	著者	說明	出處	頁碼
三一	一四〇七	仕非為貧 一節	吳鴻		吳狀元稿	〇〇五
三一	一四〇八	仕非為貧 全章（下孟）	何喬雲	丙辰科	口口房書大題選（丙辰新編）	〇〇七
三一	一四〇九	仕非為貧 全章（下孟）	狄億		狄立人真稿	〇一一
三一	一四一〇	仕非為貧也 一章（孟子）	狄億		口口科大題文篋中集	〇一五
三一	一四一一	仕非為貧 全章（孟子）	汪份		口口科小題文選	〇一九
三一	一四一二	仕非為貧 全章	郁世焜（本姓吳）		口口房書文徵（雲居山房）	〇二三
三一	一四一三	仕非為貧 全（孟子）	梁機	辛丑科	十科小題是真集	〇二七
三一	一四一四	仕非為貧也 一章（孟子下）	曹覺	口丑科	本朝科舉文行遠集	〇二九

卷次	篇序號	篇名	著者	說明	出處	頁碼
三一	一四二六	主司城貞　周臣（上孟）	李　葉	癸丑科	寶思堂小題選（癸丑新編）	○七七
三一	一四二七	主司城貞　周臣	李日焜		（曉園課業）	○八一
三一	一四二八	主司城貞子（下孟）	吳　涵	壬戌科	壬戌小題文徵（雲居山房）	○八五
三一	一四二九	主司城貞子（孟子）	周亦魯	江南趙學使歲考取入宜興縣學第八名	本朝直省考卷篋中集	○八九
三一	一四三○	主司城貞子　以其所主（孟子）	范宏星	吳縣第二名	紫陽書院課藝	○九三
三一	一四三一	主司城貞子　二句	俞元茂（勗再）	會稽	蕺山書院	○九七
三一	一四三二	主司城貞　所主（孟子）	曹仁虎	嘉定第口名	紫陽書院課藝	一○一
三一	一四三三	主司城貞　所主（下孟）	畢　亮		巧搭小題啟秀集（硯香堂選）	一○五
三一	一四三四	主司城貞　所主（孟子）	劉青震		口口行書小題卓口	一○九
三一	一四三五	主司城貞　二句（下孟）	魯德升	壬戌科	壬戌小題文徵（雲居山房）	一一三

卷次	篇序號	篇名	著者	說明	出處	頁碼
三一	一四三六	主忠信徙義（論語）	徐引（蘭泉）	敷文	西泠三院會課二刻	一一七
三一	一四三七	立天下之大本（中庸）	方苞		方靈臯全稿	一二一
三一	一四三八	立天下之大本 二句（中庸）	張江		張太史稿	一二五
三一	一四三九	立天下之大本（中庸）	陳紫芝		陳□□真稿	一二九
三一	一四四〇	立天下之大本（中庸）	陶望齡		陶石簣全稿	一三三
三一	一四四一	立天下之大本（中庸）	楊大鶴		楊芝田真稿	一三七
三一	一四四二	立天下之大本（中庸）	鄭尚麟	浙江王宗師科考秀水縣學第一名	考卷文選二集	一四一
三一	一四四三	立天下之正位（上孟）	黃藹臣		應試小題及鋒集（精選定本）	一四五
三一	一四四四	立乎人之本朝而道不行恥也（孟子）	吳智（始乾）		醴泉集	一四九
三一	一四四五	立乎人之本朝 恥也（孟子）	周振郃	江蘇尹宗師歲考新陽縣學第一名	近科考卷秀發集	一五三

卷次	篇序號	篇名	著者	說明	出處	頁碼
三一	一四四六	必不得已而去於斯二者何先（論語）	李枝桂		李健林時文（澹竹軒）	一五七
三一	一四四七	必不得已而去　去食（論語）	俞之琰		小題□□（家塾課本）	一六一
三一	一四四八	必不得已　三者何先（下論）	陳廷烈	粵西許宗師錄科鬱林州學第一名	近科考卷清音（粵西試牘）	一六五
三一	一四四九	必不得已而去　二段（下論）	喬之鼎	安定書院儲院長會課	直省考卷所見二集	一六九
三一	一四五〇	必不得已而去於斯二者何先（論語）	郭　蘭		今文定式一冊	一七五
三一	一四五一	必不得已而去於斯三者（論語）	劉光前（希迪）	韓宗師歲試取進漳平學第一名	試草	一七九
三一	一四五二	必有圭田	唐紹文		小不其集	一八三
三一	一四五三	必有我師焉（上論）	顧三典		歷科小題卓編（紹衣堂課本）	一八七
三一	一四五四	必自經界始	姚文柟		文存集	一九一

卷次	篇序號	篇名	著者	說明	出處	頁碼
三三一	一四六三	民日遷善　一句（孟子）	田嘉穀	戊子科鄉墨　山西第三名	鄉墨時（敬日堂）	二二九
三三一	一四六四	民日遷善　二句	吳　濬	庚子科　廣西第十四名	墨卷凌雲	二三三
三三一	一四六五	民日遷善而　一句（孟子）	吳士璉	山東朱學使歲考濟南府學第一名	本朝直省考卷篋中集	二三七
三三一	一四六六	民日遷善　同流（下孟）	吳華孫		吳冠山時文	二四一
三三一	一四六七	民日遷善　者化（孟子）	阮學聖（元朱）	葛學院歲取興化府學一等第一名廩		二四五
三三一	一四六八	民日遷善　之者（孟子）	尚　質	康熙戊子科　山西	增補程墨質疑集	二四九
三三一	一四六九	民日遷善　一句（孟子）	邱上峰	雍正甲辰科　江西	鄉會墨卷讀本	二五三
三三一	一四七〇	民日遷善　一句（孟子）	邱振芳	科試福清縣學一等一名	向若編精選	二五七
三三一	一四七一	民日遷善（孟子）	夏慶譽		循級集	二六一

卷次	篇序號	篇名	著者	說明	出處	頁碼
三三一	一四七二	民日遷善 同流（孟子）	陸秉笏		本朝考卷含真集補編（學稼軒定本）	二六五
三三一	一四七三	民日遷善而不知為之者（孟子）	陳世治		陳師洛時文（芙蓉居）	二六九
三三一	一四七四	民日遷善 者化（孟子）	郭韶	葛學院歲試興化府學一等第七名廩		二七三
三三一	一四七五	民日遷善 二句	黃琬	庚子科 廣西第九名	墨卷凌雲	二七七
三三一	一四七六	民日遷善 一句（孟子）	趙炳		本朝名家傳文	二八一
三三一	一四七七	民日遷善而不知為之者	賈國維		二賈太史合稿（王瑞貞）	二八五
三三一	一四七八	民日遷善 同流（孟子）	鄒旟	庚子科鄉墨第二十七名	庚子科鄉墨選	二八九
三三一	一四七九	民日遷善 之者（孟子）	范林嵋	戊子科 山西	八科墨卷新編	二九三
三三一	一四八〇	民日遷善 一句（孟子）	閻泰	戊子科鄉墨山西第二十名	鄉墨時（敬日堂）	二九七

卷次	篇序號	篇名	著者	說明	出處	頁碼
三三一	一四八一	民日遷善 一句（孟子）	劉啟江	甲辰科 江西	墨卷英華集（行素書屋）	三〇一
三三一	一四八二	民日遷善 之者（下孟）	應　露		遺卷（漁家塾合編）	三〇五
三三一	一四八三	民信之矣（論語）	華子周		華子周小題文（歲寒精舍）	三〇九
三三一	一四八四	民信之矣（下論）	王　普	蕺山書院徐山長會課第一名	直省考卷所見三集	三一三
三三一	一四八五	民信之矣（論語）	何應旂（榜名倬元）	佟道憲府試惠安縣童生第七名	試草	三一七
三三一	一四八六	民信之矣（論語）	陸　崑	江蘇張宗師月課鎮洋縣學第一名	五科考卷耡經集（皞塘家口）	三二一
三三一	一四八七	民信之矣（論語）	陸　崐		陸柱天文（嘯古堂）	三二五
三三一	一四八八	民信之矣	陸　崐	江蘇張學院月課鎮洋縣學第一名	直省考卷所見集	三二九

卷次	篇序號	篇名	著者	說明	出處	頁碼
三二	一四八九	民信之矣（論語）	熊之傑		本朝考卷小題篋中集	三三三
三二	一四九〇	民無信不立（論語）	許蘭	廣西沈宗師歲試臨桂縣學第一名	近科考卷歸真集	三三七
三二	一四九一	民無信不立（下論）	惲東生	辛未科	澹志齋辛未小題選一集	三四一
三二	一四九二	弗如也吾與女（上論）	俞兆曾	乙丑科	巧搭小題選	三四五
三二	一四九三	加我數年 一章（上論）	張照	康熙己丑科	國朝文選（松筠堂）	三四九
卷三十三						
三三	一四九四	圭田五十畝（孟子）	嚴沆		典制文環一集（桂岩居）	三五五
三三	一四九五	耳目之官不 得也（孟子）	王思訓		壽五稿	三五九

卷次	篇序號	篇名	著者	說明	出處	頁碼
三三	一四九六	耳目之官 於物（孟子）	張 璣	江南鄭宗師歲入嘉定縣學第二名	本朝考卷文選	三六三
三三	一四九七	[在上位不陵下]在下位不於人（中庸）	□□□		張太史塾課	三六七
三三	一四九八	在上位不陵下在下位不援上	□大□	丁丑科	會試硃卷	三七一
三三	一四九九	在上位不陵下在下位不援上	王朝翰	丁丑科	會試硃卷	三七五
三三	一五〇〇	[在上位不陵下]在下位不一段（中庸）	方 晉		應繩錄選	三七九
三三	一五〇一	在上位不陵下在下位不援上	李宜蕃	丁丑科	會試硃卷	三八三
三三	一五〇二	在上位不陵下在下位不援上	李應龍	丁丑科	會試硃卷	三八七
三三	一五〇三	在上位 無怨	沈斐然		三科墨卷津梁	三九一
三三	一五〇四	在上位不陵下在下位不援上	林衡瑞	丁丑科	會試硃卷	三九五

卷次	篇序號	篇名	著者	說明	出處	頁碼
三三	一五〇五	在上位不陵下在下位不援上	門鐘	丁丑科	會試硃卷	三九九
三三	一五〇六	[在上位不陵下]在下位一節（中庸）	周鍾		周介生稿	四〇三
三三	一五〇七	在上位不陵下 尤人（中庸）	周思兼		名文前選	四〇七
三三	一五〇八	[在上位不陵下]在下位不援上（中庸）	吳國華		房書尋秋集（刪緣居選）	四〇九
三三	一五〇九	[在上位不陵下]在下位不援上（中庸）	高賓	江蘇劉宗師歲覆鎮洋縣學第一名	近科考卷歸真集	四一一
三三	一五一〇	在上位不陵下 四句	張永祥	丁丑科	會試硃卷	四一三
三三	一五一一	在上位不陵 三節（學庸）	張景崧		張岳未制義	四一七
三三	一五一二	在上位不陵下在下位不援上	靳文遠	丁丑科	會試硃卷	四二一
三三	一五一三	在上位不 二節（中庸）	董其昌		慶曆文讀本新編	四二五

卷次	篇序號	篇名	著者	說明	出處	頁碼
三三	一五二四	有若曰豈 一節（孟子）	徐念祖		本朝考卷大題篋中集	四六七
三三	一五二五	有若曰豈 一節（上孟）	翁叔元	康熙	十三科大題文徵（雲居山房）	四七一
三三	一五二六	有若曰豈 一節	陸 毅		陸士迪大題口稿	四七五
三三	一五二七	有美玉於斯 三句（論語）	沈叔眉（少潭）	崇文	西冷三院會課二刻	四七九
三三	一五二八	有為者亦 我哉	祝桂榮		新穎集	四八三
三三	一五二九	有為者亦若是	魯世保		滙海集	四八七
三三	一五三〇	有為神農之言者許行	丁鍾藻		雋快集	四九一
三三	一五三一	有為神農之言者	孔昭乾		一貫集	四九五
三三	一五三二	有為神農 陳相見許行	孟廣乾		擷藻集	四九九
三三	一五三三	有為神農 自楚之滕	張選青		錢選集	五〇三
三三	一五三四	有為神農 之處	葛夏藩		文萃集	五〇七
三三	一五三五	有為神農之言 大悅（孟子）	錢名世	康熙庚辰科	本朝房行書歸雅集	五一一

卷次	篇序號	篇名	著者	說明	出處	頁碼
三三	一五三六	有荷簣而過孔氏之門者（論語）	黃越（際飛）		黃際飛小品	五一五
三三	一五三七	有荷簣而　一句（論語）	王可歌	科入安溪縣學第六名	向若編精選	五一九
三三	一五三八	有荷簣而　一句	宋衡		嵩南倣先生正筆（嘯梅齋）	五二三
三三	一五三九	有荷簣而　門者（下論）	趙炳	康熙丁未科	本朝小題文憲	五二五
三三	一五四〇	有荷簣而過孔氏之門者（下論）	趙炳	丁未科	（小題觀略）	五二九
三三	一五四一	有荷簣（下論）	蕭玉麟	歲入南靖縣學第一名	因宜集	五三三
三三	一五四二	有荷簣而　則揭（論語）	龔世佐	湖南習宗師歲試雲夢縣學第三名	直省考卷口風集	五三七
三三	一五四三	有業屨於牖上（孟子）	華希閔		八科小題文編（白雪軒定本）	五四一

卷次	篇序號	篇名	著者	說明	出處	頁碼
三四	一五五一	百官之富（論語）	鄭景星	歲入閩縣學第一名	福建試牘	〇二三
三四	一五五二	百姓足君 二句（論語）	陳作梅	壬戌科	近科房行書菁華（浣花書屋）	〇二七
三四	一五五三	而天下治（論語）	周孔璧		近科考卷挺秀	〇三一
三四	一五五四	而有時乎爲養（孟子）	李天爵		西江試牘	〇三五
三四	一五五五	而有時乎爲養	何　然	汪太宗師歲進福州府學第一名	口牘	〇三九
三四	一五五六	而有時乎爲養	林中桂	汪太宗師歲進福州府學第二名	口牘	〇四一
三四	一五五七	而有時乎爲養（孟子）	郭金鑑		應繩錄選	〇四五
三四	一五五八	而有時乎為養	郭金鑑	歲入閩縣學第一名	口口繩錄	〇四九
三四	一五五九	而有時乎爲養（下孟）	陳玉階	歲入仙遊縣學第一名	因宜集	〇五三

卷次	篇序號	篇名	著者	說明	出處	頁碼
三四	一五六九	而非邦也者（論語）	劉　泌	陝西武學使覆試涇陽縣學第一名	本朝直省考卷篋中集	〇九三
三四	一五七〇	而後和之　人也（上論）	邢　會	江南李宗師科入高淳第一名	試牘文萃	〇九七
三四	一五七一	而貢殷人	高鑾陞		揚華集	一〇一
三四	一五七二	而蔽於物物交物（孟子）	李雲倬	歲入汀州府學第九名	自爲集	一〇五
三四	一五七三	而蔽於物物交物（孟子）	傳應時（章士）	吳學院歲考南安學一等第九名	試草	一〇九
三四	一五七四	而謀動干　一節（論語）	王學震	江蘇夢宗師歲試南譙縣學第三名	考卷鴻裁	一一三
三四	一五七五	戎狄是膺	任　霈		採真集	一一七
三四	一五七六	戎狄是膺　膺之	伊樂堯			一二一
三四	一五七七	成覸謂齊景公曰	彭舒英		新硎集	一二五
三四	一五七八	匡之	莫啟賢	館課第一名		一二九

卷次	篇序號	篇名	著者	說明	出處	頁碼
三四	一五九〇	至則行矣（下論）	呂葆中		竿木集	一七九
三四	一五九一	至則行矣（論語）	時圮授		歷科小題可人集	一八三
三四	一五九二	至則行矣（下論）	黃思軒		辨真錄	一八七
三四	一五九三	至則行矣（論語）	陶　潤	江蘇劉宗師歲覆新陽縣學第一名	近科考卷鈎元集	一九一
三四	一五九四	至則行矣（論語）	葉　淳	戊辰科	本朝歷科小題文選	一九五
三四	一五九五	至則行矣（論語）	鄭金龍	科入仙遊縣學第二名	向若編精選	一九九
卷三十五						
三五	一五九六	此之謂大丈夫	□□□		雲臯四書論（就正集）	二〇三
三五	一五九七	此之謂大丈夫	□□□		啟秀集八編	二〇七
三五	一五九八	此之謂自謙 二句（大學）	馮　錕	浙江李宗師科試平湖縣學第一名	近科考卷雅正集	二〇九

卷次	篇序號	篇名	著者	說明	出處	頁碼
三五	一六一〇	此謂唯仁人 惡人（大學）	方應祥	丙辰科	同書（丙辰遙集□）	二五七
三五	一六一一	此謂惟仁人（大學）	王永祚	己未科	同書（遙集□）	二五九
三五	一六一二	此謂惟仁人為能愛人（大學）	朱陸燦		考卷約選二集	二六一
三五	一六一三	此謂唯仁 合下節（大學）	吳化鵬	江南考卷	本朝小題清雅集	二六五
三五	一六一四	此謂唯仁 二句（大學）	吳偉業		吳梅村先生全稿（七錄齋選本）	二六九
三五	一六一五	此謂唯仁人 過也	吳履泰	科試侯官縣學一等第一名	□□□□（福州）	二七三
三五	一六一六	此謂惟仁 惡人（大學）	汪　繹	丁丑科	丁丑科大題文選	二七五
三五	一六一七	此謂唯仁 惡人（大學）	林錫齡	廣東吳學院歲試廣州府學第一名	近科考卷秀幹集	二七九
三五	一六一八	此謂唯仁人 過也（大學）	周拱潞		本朝考卷行遠集	二八三

卷次	篇序號	篇名	著者	說明	出處	頁碼
三五	一六一九	此謂唯仁 過也（大學）	周拱潞		本朝考卷大題篋中集	二八七
三五	一六二〇	此謂唯仁 惡人（大學）	秘丕笈	癸丑科	天蓋樓偶評（小題觀略）	二九一
三五	一六二一	此謂唯仁人為能愛人	張翱		三科墨卷津梁	二九五
三五	一六二二	此謂唯仁至 命也（大學）	楊篔	山東彭宗師科入登州府學第一名	考卷分類舉隅（墨溉堂選）	二九九
三五	一六二三	此謂唯仁 命也（大學）	楊篔	山東彭宗師科入登州府學第一名	小試利器二集	三〇三
三五	一六二四	此謂唯仁 惡人（大學）	賀世壽	萬曆 庚戌科	皇明文韻三集（澹寧居選）	三〇七
三五	一六二五	此謂唯仁 三節（大學）	趙衍	癸丑科	天蓋樓偶評（小題觀略）	三一一
三五	一六二六	此謂唯仁 過也	葉修		慶曆大小題文讀本	三一五
三五	一六二七	此謂唯仁人 過也	葉夢龍	科試侯官一等第六名	閩中試錄（福州府）	三一九

卷次	篇序號	篇名	著者	說明	出處	頁碼
三五	一六二八	此謂惟仁人 合下節（大學）	盧鄭泓	福建程學院科考侯官第十名	近科考卷凌雲	三二一
三五	一六二九	曲肱而枕之（論語）	黃淳耀		明文得晚集雅（愛吾廬選）	三二五
三五	一六三〇	同養公田	葉煥新		粵秀上一	三二九
三五	一六三一	回也聞一以 合下節（論語）	吳　鐘	福建高學使月課漳州府學第一名	本朝直省考卷篋中集	三三三
三五	一六三二	回也聞一以 合下節（論語）	陸　師	浙江張撫臺月課歸安縣學第一名	本朝直省考卷篋中集	三三七
三五	一六三三	回也聞一 合下節（論語）	謝方琦	宜興楊學師月課本學第一名	直省考卷篋中集	三四一
卷三十六						
三六	一六三四	朱張（論語）	荊　琢		小題五集精詣（家塾課本）	三四七

卷次	篇序號	篇名	著者	說明	出處	頁碼
三六	一六四四	仲尼不可毀也（下論）	蔣縹	湖南阮宗師科覆益陽學一等第一名	考卷小題瓣香	三八三
三六	一六四五	仲尼日月（下論）	□□□		啟秀集	三八七
三六	一六四六	仲尼日月也（論語）	汪師韓		上湖草堂稿	三八九
三六	一六四七	仲尼日月 踰焉（下論）	馬世俊	鄉試第十四名	馬狀元傳稿	三九三
三六	一六四八	仲尼日月也（下論）	馮錕	浙江于宗師月課平湖縣學第一名	歷科考卷金鍼（敬業齋）	三九七
三六	一六四九	仲尼日月也	萬公云		心水亭哂稿	四〇一
三六	一六五〇	仲尼日月也（論語）	廖鴻章		典制文環（桂岩居）一集	四〇五
三六	一六五一	仲尼日月也（下論）	錢禧	己卯科	錢吉士稿	四〇九
三六	一六五二	仰之彌高（論語）	程世綏	康熙甲午科順天魁墨	增補程墨質疑集	四一三
三六	一六五三	仰不愧於天 二節（下孟）	任衡	己卯科浙江第七十八名	己卯鄉墨選	四一五

卷次	篇序號	篇名	著者	說明	出處	頁碼
三六	一六六四	仰不愧於天 二節（孟子）	薛觀光		薛上賓時文	四五七
三六	一六六五	仰不愧於 一節（孟子）	藍綿琛	福建宋道尊觀風漳浦第一名	近科考卷凌雲	四六一
三六	一六六六	仰不愧於 一節（孟子）	藍綿琛		石溪藏稿	四六五
三六	一六六七	自行束脩以上（論語）	王涵	康熙庚辰科	本朝小題文清華集	四六九
三六	一六六八	自行束修以 一節（論語）	陳際泰		啟禎文行遠集	四七三
三六	一六六九	自楚之滕踵門而告文公曰	張桂星		清雋集	四七七

第十三冊

卷三十六

卷次	篇序號	篇名	著者	說明	出處	頁碼
三七	一六七〇	行人子羽修飾之（論語）	王口口		本朝歷科小題文選	〇〇五

卷次	篇序號	篇名	著者	說明	出處	頁碼
三七	一六七一	行人子羽修飾之東里子產潤色之（論語）	杭世駿		鏤冰集	○○九
三七	一六七二	行人子羽 二句	周允中	江蘇夢宗師月課吳江縣學第一名	近科考卷純	○一三
三七	一六七三	行人子羽 二句	范□□		墨卷大醇	○一七
三七	一六七四	行人子羽 東里子產	陳 勳（伯因）	陸憲楊藩臺府試招覆同安第六名	鋤經堂試藝	○二一
三七	一六七五	行人子羽 二句（論語）	楊□□	康熙庚午科	本朝小題文清華集	○二五
三七	一六七六	行人子羽（論語）	楊繩武		典制文環（桂巖居）	○二九
三七	一六七七	行人子羽修飾 二句	雷□□	□□第一名	□□醇	○三三
三七	一六七八	行人子羽 二句（下論）	劉中仁	歲考德安縣學一等三名	試牘秋水堂	○三五
三七	一六七九	行人子羽修餙之	劉必達		慶曆文讀本新編	○三九
三七	一六八〇	行己有恥 四句（論語）	周龍章（芾堂）	敷文	西泠三院會課二刻	○四三

卷次	篇序號	篇名	著者	說明	出處	頁碼
三七	一六八一	行己有恥使於四方不辱君命（論語）	黃起熊（師南）	崇文	西泠三院會課二刻	〇四七
三七	一六八二	行天下之大道	李夢苡	月課武平縣學一等一名	向若編	〇五一
三七	一六八三	行而世為 四句	王恂		館課錄	〇五五
三七	一六八四	行而世為天下法 言而世為天下則	吳孫逢	第四名		〇五九
三七	一六八五	行而世為 二句（中庸）	狄億	康熙辛未科	本朝歷科大題文讀本	〇六三
三七	一六八六	行而世為天下法 二句（中庸）	狄億	康熙辛未科	本朝房行書歸雅集	〇六七
三七	一六八七	行而世為天下法 言而世為天下則	林奎			〇七三
三七	一六八八	行而世為天下法 言而世為天下則	韋基烈	第二名		〇七七
三七	一六八九	行而世為 下則	陳疇	覆入海澄縣學第一名	試牘（漳州府）	〇八一

卷次	篇序號	篇名	著者	說明	出處	頁碼
三七	一七〇一	多聞擇其 二句（論語）	吳韓起		明文得 晚集（愛吾廬選）	一二七
三七	一七〇二	色思溫 四句（論語）	沈德潛	己未科	近科房行書菁華（浣花書屋）	一三一
三七	一七〇三	色斯舉矣	焦袁熹	丙子科	□□行書歸雅集	一三五
卷三十八						
三八	一七〇四	亦曰殆哉唯仁人	張玉樞	歲試益都學一等第一名	山莊試牘二刻	一四一
三八	一七〇五	亦各言其志 已矣（論語）	章　芝	江南張學院科考取入涇縣學一名	本朝直省考卷篋中集	一四五
三八	一七〇六	亦各言其志 已矣（論語）	章　遇	□未科	歷科小題與巧集第十三冊	一四九
三八	一七〇七	衣敝緼袍（論語）	汪繼燝	康熙戊子科	本朝房行書歸雅集	一五三
三八	一七〇八	江漢以濯之秋陽以暴之	朱　英		驪海集	一五七
三八	一七〇九	江漢以濯 皜乎	胡兆春		清華集	一六一

卷次	篇序號	篇名	著者	說明	出處	頁碼
三八	一七一〇	守者曰（孟子）	馮汝軾	康熙壬辰科	本朝房行書歸雅集	一六五
三八	一七一一	守望	任式膺		啜茗軒集	一六九
三八	一七一二	守望相助	莊世驥		爨雋集	一七三
三八	一七一三	安 宰我章（論語）	何浩			一七七
三八	一七一四	安（論語）	許開基		許勛宗稿（德星堂）	一八一
三八	一七一五	安見方六 非邦也者	李金蓮（本姓黃）	吉文宗科取龍溪學一等第一名		一八五
三八	一七一六	安見方六 二句（論語）	儲欣		國朝制義存真集（自得齋）	一八九
三八	一七一七	安居而天下熄（孟子）	趙傑	山東陳宗師歲入金州衛學第一名	小試利器	一九三
三八	一七一八	安無傾夫 安之（論語）	張其哲		近科考卷質疑集	一九七
三八	一七一九	如之何孔子對曰君使臣	鄭雲從	□□大田第一名	南閩校士錄	二〇一

卷次	篇序號	篇名	著者	說明	出處	頁碼
三八	一七二〇	如之何其廢之（下論）	陳 書		近科小題新編（晚翠亭課本）	二〇五
三八	一七二一	如不勝上如揖（論語）	吳荊山		吳荊山真稿	二〇九
三八	一七二二	如不勝上如揖（上論）	林豐玉	福建司宗師科入同安第六名	考卷分類舉隅（墨溉堂選）	二一三
三八	一七二三	如不勝上如揖（論語）	陸景雲（靄山）	紫陽	西泠三院會課二刻	二一七
三八	一七二四	如不勝（論語）	張俊秀	浙江汪學院歲入桐鄉縣學第二名	聲振錄	二二一
三八	一七二五	如五六十 至禮樂（論語）	周錫章		典制文琳續編	二二五
三八	一七二六	如日月之 相害（中庸）	金和源	江蘇李學院月課元和縣學第二名	近科考卷雅潤二集	二二九
三八	一七二七	如水益深如火益熱（孟子）	戴名世		戴田有時文全集	二三三

卷次	篇序號	篇名	著者	說明	出處	頁碼
三八	一七二八	如水益深如火益熱（上孟）	王錫義	江蘇口學院科入金壇縣學第一名	直省考卷所見三集	二三七
三八	一七二九	如水益深如火益熱（孟子）	方天玉	安徽觀學院歲試婺源縣學第四名	考卷新裁初集（久道草廬）	二四一
三八	一七三〇	如水益深　二句（孟子）	唐冠賢	江南鄭宗師歲覆含山縣學第一名	五科考卷懷新集（竹林書屋）	二四五
三八	一七三一	如火益熱（孟子）	孫乾生		本朝考卷小題篋中集	二四九
三八	一七三二	如必自為	蔡拱宸	粵秀書院課上取		二五三
三八	一七三三	如必自為而後用之	顏以湘		腴快集	二五七
三八	一七三四	如有能伸之者（下孟）	李繼貞	萬曆癸丑科	皇明小題尋秋集（刪緣居選）	二六一
三八	一七三五	如有能信　之路（孟子）	李從周	山東彭學院歲入茌平縣學第三名	瑤林集（賜閒堂二編）	二六三

卷次	篇序號	篇名	著者	說明	出處	頁碼
三八	一七三六	如有能信之者（下孟）	黃汝翼		虛窖題文選	二六七
三八	一七三七	如有能信之者（下孟）	黃汝翼	江蘇張學院科入震澤縣學第十名	直省考卷所見二集	二七一
三八	一七三八	如有能信之者	童作霖	科入浦城縣學第二名	閩中校士錄	二七五
三八	一七三九	如有能信　人也（孟子）	劉逵奇	江西王宗師歲考廬陵第二名	聲振錄	二七九
三八	一七四〇	如有能信　若人（孟子）	劉雲華	湖北戊子科第二名	直省鄉墨得珠	二八三
三八	一七四一	如好好色	郭可敬	月課鼇峰書院一等一名	福建試牘	二八七
三八	一七四二	如好好色	趙士泉	月課鼇峰書院一等二名	福建試牘	二九一
三八	一七四三	如其禮樂　吾與點也（論語）	王步青		小題七集老境（塾課續編）	二九五

卷次	篇序號	篇名	著者	說明	出處	頁碼
三八	一七五五	好人之所惡 菑必逮夫身	潘思光	戊辰科	會試硃卷	三四三
三八	一七五六	好馳馬	仲如玉		驪海集	三四七
三八	一七五七	好馳馬試劍	戴錫均		一貫集	三五一
卷三十九						
三九	一七五八	形於外（大學）	蔡寅斗		國朝制義存真集（自得齋）	三五七
三九	一七五九	赤也束帶立於朝可使與賓客言也（論語）	王洄		典制文琳續編	三六一
三九	一七六〇	赤爾何如 一節（論語）	□□□			三六五
三九	一七六一	赤爾何如 點也（論語）	黃越（際飛）		黃際飛小品	三六九
三九	一七六二	赤爾何如 學焉（下論）	方樹謨	國子監曹少司成季考一等第一名	徵巖偶刊	三七三
三九	一七六三	赤爾何如 二節（論語）	尹寧璧	雍正甲辰科廣東	近墨元魁秘笈（太乙閣校本）	三七七

卷次	篇序號	篇名	著者	說明	出處	頁碼
三九	一七七五	赤爾何如 一節	陳大玠	李學院歲覆取惠安縣學一等第一名	□□內□（歷試草）	四二七
三九	一七七六	赤爾何如 點也（論語）	黃越（際飛）		黃際飛真稿	四三一
三九	一七七七	赤爾何如 一節	董行	李學院歲覆晉江縣學一等第六名廩		四三五
三九	一七七八	赤爾何如 節	詹王度	福建趙太宗師歲覆建陽一等第二名	試牘	四三九
三九	一七七九	赤爾何如 節	趙播	福建趙太宗師歲試建陽覆取一等第一名	試牘	四四三
三九	一七八〇	赤爾何如 相焉（下論）	蔡其默	福清縣覆試第二名	科試錄	四四七
三九	一七八一	赤爾何如對 一節（論語）	潘葆光（本姓徐）	蘇州李二府季考府學第一名	本朝直省考卷篋中集	四五三

卷次	篇序號	篇名	著者	說明	出處	頁碼
三九	一七八二	赤爾何如 一節（下論）	稽曾筠	丙戌科	丙戌房書論真集（學文堂）	四五七
三九	一七八三	赤爾何如 兩節	錢在培		西泠文萃三刻	四六一
三九	一七八四	赤爾何如 相焉	嚴從龍	歲考仙遊縣學一等一名	八閩校士錄（興化府）	四六五
三九	一七八五	赤爾何如 一節（論語）	魏銈		文江草	四六九
三九	一七八六	孝者所以 合下節（大學）	方苞	庚辰科	庚辰小題稿	四七三
三九	一七八七	孝者所以 求之	林廷選			四七七
三九	一七八八	孝者所以事君也 三句（大學）	笪重光		國初文選	四八一
三九	一七八九	孝者所以事君也 三句（大學）	張渶如		松雨堂考卷二集	四八五
三九	一七九〇	孝者所以 三句	陸燦	丙申科 高沙	口口靈稿（調運齋）	四八九
三九	一七九一	孝者所以事君也（大學）	湯新俞	寧國佟太尊季考太平縣學一名	墨溉堂考卷選一編	四九三

卷次	篇序號	篇名	著者	說明	出處	頁碼
三九	一七九二	孝者所以 合下節（兩截八股文）	黄 越		黄太史宦稿（兩截）	四九七
三九	一七九三	孝者所以 求之	黄允肅（元靜）	張太宗師歲取泉州府學一等第一名	周社試草	五〇一
三九	一七九四	孝者所以事君也（大學）	寧 熺	江南法宗師歲試青陽縣一名	近科考卷辨體二編	五〇五
三九	一七九五	志於道 一章（上論）	張永祺	順治 壬辰科	國朝文選（松筠堂）	五〇九
三九	一七九六	志於道據 全章（論語）	瞿景淳		明文得盛集（愛吾廬選）	五一三
三九	一七九七	抑為之不厭	孔典田	新城蕭學師月課本學第一名	直省考卷篋中集	五一七
三九	一七九八	抑為之不厭 學也（論語）	朱 錦	乾隆丙辰科浙江十二名	四科鄉會墨粹	五二一
三九	一七九九	抑為之不 二句（論語）	梁以樟	崇禎己卯科解元順天墨	明文得晚集（愛吾廬選）	五二五
三九	一八〇〇	抑為之不 二句（上論）	梁以樟	崇禎	□元墨遠路	五二九

卷次	篇序號	篇名	著者	説明	出處	頁碼
三九	一八〇一	抑為之不厭 誨人不倦（上論）	蔡寅斗	丁卯科	近科房行書菁華（浣花書屋）	五三三
三九	一八〇二	杞不足徵也殷禮 吾能言之	王聲振	科入仙遊縣學第二名		五三七
三九	一八〇三	杞不足徵 二句	林繼志	吳學院科考取入仙遊縣學	試草	五四一
三九	一八〇四	杞不足徵也殷禮	楊元芳（亞芝）	沈宗師歲試晉江縣學一等第口名		五四五
三九	一八〇五	杞不足徵也殷禮	黄念祖（以忱）	戊戌科 沈文宗歲試招覆晉江學一等第一名	培蘭堂試草	五四七
三九	一八〇六	杞不足徵也 二句（論語）	黄訓謨	吳學院科考取入興化府學第名		五五一
三九	一八〇七	杞不足徵 能言之	黄鳳池	吳學院科取興化府學	試草	五五五

卷次	篇序號	篇名	著者	說明	出處	頁碼
第十四冊						
卷四十						
四〇	一八〇八	求善賈而沽諸子曰沽之哉（論語）	沈叔眉（少潭）	敷文	二刻西冷三院會課	〇〇五
四〇	一八〇九	求善賈而沽諸（論語）	劉雲漢	康熙丁丑科	本朝房行書歸雅集	〇〇九
四〇	一八一〇	吾他日未 馳馬	貝信三		蘭藻集	〇一三
四〇	一八一一	吾何畏彼哉	金繼聲		雋快集	〇一七
四〇	一八一二	吾何畏彼哉 有為者	萬錕	館課第一名		〇二一
四〇	一八一三	吾甚恐（孟子）	史隨	康熙己丑科	初學金針（敬業齋）	〇二五
四〇	一八一四	吾聞出於幽谷 頌曰	李振山		貫珠集	〇二九
四〇	一八一五	吾聞出於幽谷 之學	來鴻瑨		綠香山館	〇三三
四〇	一八一六	吾聞夷子墨者	周書		小題約選	〇三七
四〇	一八一七	吾聞君子不黨（上論）	李若愚	己未科	同書（遙集居）	〇四一
四〇	一八一八	吾聞君子不黨 其二（上論）	李若愚	己未科	同書（遙集居）	〇四三

卷次	篇序號	篇名	著者	說明	出處	頁碼
四〇	一八一九	吾聞君子不黨（論語）	羅萬藻		羅文止文鈔	〇四五
四〇	一八二〇	吾聞其語矣（論語）	戈同	辛未科	近科房行書菁華（浣花書屋）	〇四九
四〇	一八二一	吾聞其語 合下節（論語）	湯先甲	辛未科	近科房行書菁華（浣花書屋）	〇五三
四〇	一八二二	吾聞觀近 所主（下孟）	楊國楨	口等第一名	歲試口口（長泰學）	〇五七
四〇	一八二三	吾聞觀近 一句（下孟）	黄暉烈	王戌科	王戌小題文徵（雲居山房）	〇六一
四〇	一八二四	吾聞觀近 節（下孟）	鄒弘	戊戌科	大口口口口	〇六五
四〇	一八二五	吾聞觀近臣 二句	戴澥（元滙）		（長泰學）	〇六九
四〇	一八二六	吾與女	瞿詰		小題文鋒	〇七三
四〇	一八二七	吾與點也 何如（下論）	口口口		張太史塾課	〇七七
四〇	一八二八	吾與點也（下論）	吳士玉		利試小題英雅集（求志堂選）	〇八一
四〇	一八二九	吾與點也（論語）	吳士玉		聯捷真稿	〇八五

卷次	篇序號	篇名	著者	說明	出處	頁碼
四〇	一八三〇	吾與點也 已矣	吳國棟	葛學院歲取進仙遊縣學		〇八九
四〇	一八三一	吾與點也（論語）	徐鳳池		甲口科小題文選	〇九三
四〇	一八三二	吾與點也 已矣	曾盛賢（榜姓陳）	葛宗師歲取進仙遊縣學		〇九七
四〇	一八三三	吾語子遊（孟子）	安于仁		口題讀本	一〇一
四〇	一八三四	吾嘗終日 一節	錢肅樂	丁丑科	大題傳文（雲石山居）	一〇五
四〇	一八三五	戒之戒之 三句（論語）	張雲鶚	浙江姜學院歲考建德縣學第一名	直省考卷篋中集	一〇九
四〇	一八三六	迅雷風烈必變（論語）	姚瀾	敷文	西泠三院會課二刻	一一三
四〇	一八三七	邦有道不廢（論上）	王德和	江南鄭宗師科入廣德州第十八名	六科考卷	一一七

卷次	篇序號	篇名	著者	說明	出處	頁碼
四一	一八四七	臣事君以忠 關雎（論語）	周 渼		近科巧搭丹液集（忠孝堂）	一五七
四一	一八四八	臣君事君以忠（論語）	胡友信		慶曆文讀本新編	一六一
四一	一八四九	臣事君以忠	侯長庚	辛卯科鄉墨山西第二名	辛卯鄉墨選	一六五
四一	一八五〇	臣事君以忠（上論）	俞 鐸（天木）	順治壬辰科應天府	嶺雲編	一六九
四一	一八五一	臣事君以忠	姚 炯	辛卯科鄉墨山西第三名	辛卯鄉墨選	一七三
四一	一八五二	臣事君以忠	姚 炯	康熙辛卯科山西	八科程墨商	一七七
四一	一八五三	臣事君以忠（上論）	唐德亮	崇禎壬午科應天	天崇文讀本新編（龍文書屋）	一八一
四一	一八五四	臣事君以忠（上論）	唐德亮		國初文選讀本	一八五
四一	一八五五	臣事君以忠（上論）	戚 藩		國朝文述	一八九
四一	一八五六	臣事君以忠（上論）	楊 成（端孝）	嘉靖丙辰科會墨	嶺雲編	一九三

卷次	篇序號	篇名	著者	說明	出處	頁碼
四一	一八六八	見其二子焉（下論）	秦宗游		房書小題文徵（雲居山房）	二四七
四一	一八六九	見其二子 之節（論語）	張宣		歷科小題可人集	二五一
四一	一八七〇	見其二子焉（論語）	張廷璐	戊戌科	十科小題是真集	二五五
四一	一八七一	見其二子 之節（下論）	張星煥	歲取嵩縣一等第一名	試牘文升	二五九
四一	一八七二	見其二子焉（論語）	楊名時	辛未科	辛未科小題文篋中集	二六三
四一	一八七三	見其二子 見之（論語）	謝誠	歲入建寧學第一名	自爲集	二六七
四一	一八七四	見賢而不 一節（大學）	王自超		王茂遠傳稿（秋巘選）	二七一
四一	一八七五	見賢而不能 一節（大學）	吳暻	戊辰科	戊辰科大題文行遠集	二七五
四一	一八七六	見賢而不 能退	施莊	吳宗師科試龍溪學一等第一名		二七九

卷次	篇序號	篇名	著者	說明	出處	頁碼
四二	一八八五	足以有敬也（中庸）	尤世楠（文叔）		醴泉集	三一九
四二	一八八六	足以有敬 不敬（中庸）	周夢麟		本朝考卷含真集補編（學稼軒定本）	三二三
四二	一八八七	足以有敬 不敬（下論）	周夢麟	江蘇張宗師歲入蘇州府學第一名	考卷文選二集	三二七
四二	一八八八	足以有敬也 不敬（中庸）	周夢麟		近科巧搭丹液集（文蔚堂）	三三一
四二	一八八九	足以有臨也（中庸）	王奕駒	壬子科 山西	九科墨卷經國集	三三五
四二	一八九〇	足以有臨也（中庸）	伍斯瓚		七業堂制義	三三九
四二	一八九一	足以有臨也（中庸）	陳祖法		本朝名家傳文	三四三
四二	一八九二	足食足兵 一節（論語）	王　庭		本朝名家傳文	三四七
四二	一八九三	足食	方壯猷	歲試閩縣學一等第二名	擇雅初編	三五一
四二	一八九四	足食足兵 三句（論語）	左總儒	丁未科	丁未科房書文粹	三五五
四二	一八九五	足食（論語）	任以治		怡山制義	三五九

卷次	篇序號	篇名	著者	說明	出處	頁碼
四二	一九〇四	[足食] 足兵民信　去兵（論語）	汪　琬	順治乙未科	小題文範	三九三
四二	一九〇五	足食足兵民信之矣（論語）	汪士鋐		松雨堂考卷二集	三九七
四二	一九〇六	足食足兵（論語）	汪師韓		上湖草堂稿	四〇一
四二	一九〇七	足食足兵民信之矣（論語）	沈慶曾	庚辰科	庚辰房書商	四〇五
四二	一九〇八	足（上論）	林學龍（聲岱）	本學課第一名	興安課業（仰止亭）	四〇九
四二	一九〇九	[足食] 足兵民信　去兵（下論）	周大璋		周聘侯時文（遂初堂）	四一三
四二	一九一〇	足食足兵　章（下論）	金　聲		金正希稿（越中口）	四一七
四二	一九一一	足食足兵　二句（論語）	金德嘉		本朝名家傳文	四二一
四二	一九一二	足食足兵民信之矣（論語）	胡宗緒		胡襲參時文	四二五
四二	一九一三	足食（論語）	姚昌時		姚拔丹稿	四二九

卷次	篇序號	篇名	著者	說明	出處	頁碼
第十五冊						
卷四十三						
四三	一九一四	足食足兵 三句（論語）	高北侍		高北侍四書文	○○五
四三	一九一五	足食（論語）	耿光	乙酉科	乙酉行書小題卓編	○○九
四三	一九一六	足食足兵民 二句（論語）	徐惇		直省考卷六編	○一三
四三	一九一七	[足食] 足兵民信 去兵	徐乾學	戊戌科	天蓋樓偶評（小題觀略）	○一七
四三	一九一八	足食足兵 一節（論語）	徐陶璋		徐達夫大小題文稿（瓜涇草堂）	○二一
四三	一九一九	足食（論語）	徐葆光		徐太史稿（歸雅集）	○二五
四三	一九二〇	[足食] 足兵（論語）	徐誥武	順治辛丑科	小題文範	○二九
四三	一九二一	[足食] 足兵民信 去兵（下論）	高斗階	戊戌科	天蓋樓偶評（小題觀略）	○三三
四三	一九二二	[足食] 足兵（論語）	唐文光	江南鄭宗師科入句容縣學第一名	考卷裁偽集（華陽山房）	○三七

卷次	篇序號	篇名	著者	說明	出處	頁碼
四三	一九二三	足食（論語）	孫 煥	江南俞學院科入青浦縣學第一名	瑤林四集（嘯閣選）	○四一
四三	一九二四	足食足兵 二句（上論）	戚 藩		戚蘧菴稿	○四五
四三	一九二五	足食足兵民信之矣（論語）	符之恒	浙江王宗師歲覆入杭州府學一名	新科考卷洪鈞	○四九
四三	一九二六	[足食] 足兵（下論）	許惟楷		本朝小題一貫錄	○五三
四三	一九二七	足食足兵 姓足（論語）	康 樵	癸未科	癸未科小題文選	○五七
四三	一九二八	[足食] 足兵（論語）	屠維城		典制文琳	○六一
四三	一九二九	足食（論語）	張懋德		本朝歷科小題文選	○六七
四三	一九三〇	足食 二字（論語）	陸 師		陸麟度制義（巢雲書屋）	○七三
四三	一九三一	[足食] 足兵（論語）	陸 煒	嘉定	陸志先文（嘯古堂）	○七七
四三	一九三二	足食	陳兆騏	歲試閩縣學一等第三名	擇雅初編	○八一

卷次	篇序號	篇名	著者	說明	出處	頁碼
四三	一九四二	[足食] 足兵	鄭為霖	歲試侯官縣學廩生一等第八名	擇雅初編	一二一
四三	一九四三	足食足兵 之矣（論語）	劉正遠		今文定式二冊	一二五
四三	一九四四	足食足兵 一節（論語）	劉丕謨	戊戌科	戊戌房書大題徵聖	一二九
四三	一九四五	足食足兵民信之矣（論語）	劉培元	江蘇鄧宗師科考山陽縣學第二名	近科試卷采珍集（太乙閣校本）	一三三
四三	一九四六	足食足兵民信之矣（論語）	瞿幽谷		瞿幽谷時文	一三七
四三	一九四七	[足食] 足兵（論語）	錢名世	癸未科	癸未科小題文選	一四一
四三	一九四八	[足食] 足兵	謝作舟	歲試侯官縣學一等二十三名	擇雅初編	一四五
四三	一九四九	足食足兵民信之矣（論語）	儲大文		儲會元真稿	一四九
四三	一九五〇	足食足兵 二句（論語）	儲在文		松雨堂考卷選	一五一
四三	一九五一	足食足兵 二句（論語）	儲在文		本朝考卷篋中集	一五五

卷次	篇序號	篇名	著者	說明	出處	頁碼
四四	一九六一	我則異於 二句（論語）	吳文鎮	江蘇鄧宗師科考儀徵縣學第一名	本朝考卷文選	一九五
四四	一九六二	我則異於 二句（論語）	吳文鎮		時文隅二集	一九九
四四	一九六三	[我則異於是]無可無不可（論語）	汪　郊		汪浚臣稿	二〇三
四四	一九六四	[我則異於是]無可無不可（論語）	沈元陽	江南謝宗師科考長洲縣學第二名	考卷文選□集	二〇七
四四	一九六五	我則異於 是 二句（論語）	周秉義	兩江那制臺觀風長洲貢監第一名	近科考卷有神集	二一一
四四	一九六六	我則異於 不可（論語）	周總濂	江南揚州孔郡尊歲取江都第三名	本朝考卷小題振秀集	二一五
四四	一九六七	我則異於是 二句（論語）	唐冠賢		飲香堂制義	二一九

卷次	篇序號	篇名	著者	說明	出處	頁碼
四四	一九八七	何為紛紛然	闕名		清華集	二九三
四四	一九八八	何敢望回回也	郭慶穗		小題文選	二九七
四四	一九八九	何器也（論語）	王蘭生（振聲）	康熙 辛丑科	發蒙小品	三〇一
四四	一九九〇	何器也（論語）	常生華	湖廣潘學院歲考取入漢陽府學二名	直省考卷篋中集	三〇五
四四	一九九一	伯夷叔齊與謂柳下惠少連	朱登甲	吉學院歲進興化府學 第口名	藜閣試草	三〇九
四四	一九九二	[伯夷叔齊與謂]柳下惠少連（論語）	曹烱		芹香文鈔	三一三
四四	一九九三	伯夷叔齊與謂柳下惠少連	黃作肅	吉宗師歲進莆田縣學 第一名		三一五
四四	一九九四	伯夷叔齊與謂柳下惠少連	羅熺生	吉宗師取進莆田縣學 第口名		三一九

卷次	篇序號	篇名	著者	說明	出處	頁碼
四四	一九九五	位卑而言高罪也（下孟）	周鍾		周介生稿	三二一
四四	一九九六	位卑爾言高罪也（下孟）	熊伯龍			三二五
四四	一九九七	位卑而言高罪也	儲在文		□□□□（三友齋）	三二九
四四	一九九八	位卑而言 一節（孟子）	魏銈		□□	三三三
四四	一九九九	身中清	□□□		啓秀六編	三三七
四四	二〇〇〇	身中清（論語）	胡維岳		□駿天稿	三三九
四四	二〇〇一	身中清（論語）	陳若儀	歲試古田縣學一等第二名	福建試牘惟是錄（福州府）	三四三
四四	二〇〇二	身中清（論語）	陳紹馨	歲試古田縣學一等第三名	福建試牘惟是錄（福州府）	三四七
四四	二〇〇三	身中清（論語）	顧遷	江蘇俞宗師科入無錫縣學第一名	本朝考卷文選	三四九

卷次	篇序號	篇名	著者	說明	出處	頁碼
卷四十五						
四五	二〇〇四	言之得無訒乎（論語）	王　興	歲入龍巖州第二名	福建試牘	三五五
四五	二〇〇五	言中倫行中慮	張　銓	丁卯科第六名	丁卯科鄉試文選	三五九
四五	二〇〇六	言中倫行中慮	陳宏衢		心白自訂稿	三六三
四五	二〇〇七	言中倫行中慮	賽學泌	丁卯科第八名	丁卯科鄉試文選	三六九
四五	二〇〇八	言中倫行中慮	韓作霖	丁卯科第一名	丁卯科鄉試文選	三七三
四五	二〇〇九	言而世為天下則（中庸）	王成高	乙酉科鄉試墨卷廣東第二十七名	鄉墨時（敬日堂）	三七七
四五	二〇一〇	言而世為天下則	史大範	第一名	鄉墨	三八一
四五	二〇一一	言而世為天下則	周渭熊（詩）	第三名	鄉墨	三八五
四五	二〇一二	言而世為天下則（中庸）	周瑞烺	乙酉科　廣東	墨卷凌雲	三八九
四五	二〇一三	言而世為天下則	周鳳來	廣東第一名	鄉墨求是	三九三
四五	二〇一四	言而世為天下則	金　聲		天崇	三九七

卷次	篇序號	篇名	著者	說明	出處	頁碼
四五	二〇一五	言而世為天下則	姚廷獻	壬午科福建第六十名	壬午墨卷卓編（紹衣堂課本）	四〇一
四五	二〇一六	言而世為天下則	馬綬	第五名	直省墨卷選	四〇五
四五	二〇一七	言而世為天下則	陳脩	第二名	鄉墨	四〇九
四五	二〇一八	言而世為天下則	陳汝禧	第四名	鄉墨	四一三
四五	二〇一九	言而世為天下則	楊振綱	壬午科福建	八科墨卷新編	四一七
四五	二〇二〇	言而世為天下則	蔡其默	壬午科福建	八科墨卷新編	四二一
四五	二〇二一	言而世為天下則	劉佩宗	山西第六名	直省墨卷選	四二五
四五	二〇二二	言而世為天下則	魏宗寅	壬午科福建第五十四名	壬午墨卷卓編（紹衣堂課本）	四二九
四五	二〇二三	言語宰我 白圭（下論）	□□□		小題醇英四集	四三三
四五	二〇二四	言語宰我 白圭（論語）	張煥	河南孫學院科覆孟津縣學第一名	近科考卷雅潤集	四三七
四五	二〇二五	言語宰我 白圭	鄭天策		口驪珠	四四一
四五	二〇二六	言語宰我 白圭（下論）	儲欣		儲氏六子文（三友齋）	四四五

卷次	篇序號	篇名	著者	說明	出處	頁碼
四五	二〇二七	辛	來鴻縉		綠香山館集	四四九
四五	二〇二八	序者射也	高鳳臺		萃華集	四五三
四五	二〇二九	弟子入則孝出則弟（上論）	陶自悅		國朝小題口覽	四五七
四五	二〇三〇	弟者所以事　宜弟　其一（大學）	李　紱		李巨來四書文（穆堂）	四五九
四五	二〇三一	弟者所以事　宜弟（大學）	李　紱		李巨來四書文（穆堂）	四六一
四五	二〇三二	弟者所以　赤子（大學）	晏能遠	江蘇張學院歲試儀真縣第五名	考卷奪錦初集	四六三
四五	二〇三三	弟者所以　興讓（大學）	徐本理	江蘇鄧宗師科入揚州府學第十名	本朝考卷文選	四六七
四五	二〇三四	弟者所以　宜弟	諸葛銘	丙戌科	丙戌科小題文選	四七一
四五	二〇三五	決汝漢	毛　猷		小題精選	四七五
四五	二〇三六	決汝	李承謨		清湘集	四七九

卷次	篇序號	篇名	著者	說明	出處	頁碼
四五	二〇三七	決汝漢排淮泗而注之江（孟子）	李鍾倫	康熙癸未科	本朝房行書歸雅集	四八三
四五	二〇三八	決汝漢排淮泗而注之江	錢亦昌		存真集	四八九
四五	二〇三九	承蜩賦（以用志不紛乃凝於神為韻）	李維垣（爾政）	朱學院科試招覆安溪學古口第六名	槐埜試草（龍社）	四九三

第十六冊

卷四十六

卷次	篇序號	篇名	著者	說明	出處	頁碼
四六	二〇四〇	君十卿祿卿祿三大夫	劉　豊	王大宗師歲試招覆長樂縣學一等第一名		〇〇五
四六	二〇四一	君子之仕也（論語）	呂元亮	山西蔣宗師歲試鳳臺縣學第一名	直省新科考卷	〇〇九
四六	二〇四二	君子之仕 二句（下論）	段丕承	裕州第一名	河洛文升	〇一三

卷次	篇序號	篇名	著者	說明	出處	頁碼
四七	二〇七〇	君子有三畏　一節（論語）	王　溥	壬申科會試	墨卷愜心集	一二五
四七	二〇七一	君子有三畏　一節（下論）	王士俊	壬子科薦卷	澹泉制義	一二九
四七	二〇七二	君子有三畏　一節（論語）	毛師灝	壬申科會試	墨硎	一三五
四七	二〇七三	君子有三畏畏天命畏大人畏聖人之言	毛師灝	第十六名	魁卷（書壹房）	一三九
四七	二〇七四	君子有三畏畏天命畏大人畏聖人之言	左　衢	第三名	魁卷（易一）	一四三
四七	二〇七五	畏天命畏　三句	史　勵	癸酉科第二十二名江南	癸酉鄉墨選	一四七
四七	二〇七六	君子有三畏　一節（論語）	包旭章	壬申科會試	口科墨選	一五一
四七	二〇七七	君子有三畏　之言（論語）	朱學泗	解元浙江	直省鄉墨觀	一五五

卷次	篇序號	篇名	著者	說明	出處	頁碼
四七	二〇八七	君子有三畏 一節（論語）	呂謙恒		青要山房	一九七
四七	二〇八八	畏天命畏大 三句（論語）	何如栻	癸酉科 江南	九科墨卷經國集	一九九
四七	二〇八九	君子有三畏 四句	汪師韓	第二十四名 浙江	鄉墨珠林	二〇三
四七	二〇九〇	[君子有三畏]畏天命畏大 三句（論語）	汪道謙		汪自牧時文（竹林書屋）	二〇七
四七	二〇九一	君子有三畏 一節	沈清	第十四名 浙江	鄉墨珠林	二一一
四七	二〇九二	[君子有三畏]畏天命（論語）	沈玉琪	敷文	西冷二刻三院會課	二一五
四七	二〇九三	君子有三畏 一節（論語）	沈廷標	第十五名浙江	鄉墨珠林	二一九
四七	二〇九四	君子有三畏 一節	沈清任	第十名	魁卷	二二三
四七	二〇九五	畏天命畏 三句（下論）	周鍾		周介生稿	二二七
四七	二〇九六	君子有三畏畏天命畏大人畏聖人之言	邵嗣宗	第一名	魁卷（詩三房）	二三一

卷次	篇序號	篇名	著者	說明	出處	頁碼
四七	二〇九七	君子有三畏 之言（論語）	查克覺	浙江第十名	鄉墨珠林	二三五
四七	二〇九八	君子有三畏 之言	俞鵰	浙江第五十七名	鄉墨珠林	二三九
卷四十八						
四八	二〇九九	君子有三畏畏天命畏大人畏聖人之言	紀昀（曉嵐）	壬申科薦卷		二四五
四八	二一〇〇	君子有三畏畏天命畏大人畏聖人之言	秦大士	第十五名	魁卷（詩二房）	二四九
四八	二一〇一	君子有三畏 一節（論語）	秦大士		秦狀元稿	二五三
四八	二一〇二	君子有三畏 一節（論語）	高恒懋	己亥科	今文大小題商	二五七
四八	二一〇三	君子有三畏畏天命畏大人畏聖人之言	孫道周	第十八名	魁卷（書二）	二六一
四八	二一〇四	[君子有三畏]畏天命畏三句（論語）	孫龍竹	己酉科陝西元	墨卷清華集（行素書屋）	二六五

卷次	篇序號	篇名	著者	說明	出處	頁碼
四八	二二〇五	[君子有三畏]畏天命畏三句	盛　度	康熙癸酉科江南	歷科元墨（承美軒訂）	二六九
四八	二二〇六	君子有三畏　一節（論語）	許時杰	雍正壬子科浙江第三名	鄉會墨	二七五
四八	二二〇七	畏天命畏　三句	陸廷璧	癸酉科　江南第三名	癸酉鄉墨選	二七九
四八	二二〇八	畏天命畏　三句	陸緝宗	癸酉科　江南第五名	癸酉鄉墨選	二八三
四八	二二〇九	君子有三畏　一節（論語）	陳師儉	丁未科	丁未科房書文粹	二八七
四八	二二一〇	君子有三畏　之言	陳萬策		太史家藁	二九一
四八	二二一一	君子有三畏畏天命畏大人畏聖人之言	楊有涵	第四名	魁卷（春二房）	二九五
四八	二二一二	君子有三畏畏天命畏大人畏聖人之言	黃　景	第十七名	魁卷（詩五房）	二九九
四八	二二一三	君子有三畏　全章（論語）	黃　滐	張中丞月課鼇峰書院超等第一名	晚翠亭試草	三〇三

卷次	篇序號	篇名	著者	說明	出處	頁碼
四八	二一一四	君子有三畏 一節（裁對八股文）	黃 超		黃太史宦稿	三〇七
四八	二一一五	君子有三畏畏天命畏大人畏聖人之言	黃恩錫	第十二名	魁卷	三一一
四八	二一一六	君子有三畏 一節（論語）	黃繩先	壬申科會試薦卷	三科墨選	三一五
四八	二一一七	君子有三畏畏天命畏大人畏聖人之言	張 垣	第七名	魁卷（詩一房）	三二一
四八	二一一八	[君子有三畏]畏天命畏三句（下論）	張 晸			三二五
四八	二一一九	[君子有三畏]畏天命畏三句	張 默	癸酉科 江南	八科墨卷新編	三二九
四八	二一二〇	[君子有三畏]畏天命畏三句	張 默	癸酉科第二十八名江南	癸酉鄉墨選	三三五
四八	二一二一	[君子有三畏]畏天命畏三句	張永銓	癸酉科第十一名江南	癸酉鄉墨選	三三九
四八	二一二二	[君子有三畏]畏天命畏三句（論語）	費洪學	癸酉科第八名	費巽來大題二集真稿（鄉試魁墨）	三四三

卷次	篇序號	篇名	著者	說明	出處	頁碼
四八	二一二三	君子有三畏畏天命畏大人畏聖人之言	趙佑	第八名	魁卷（書四）	三四七
四八	二一二四	君子有三畏 一節（論語）	趙佑	第八名壬申科會試	讀墨一隅	三五一
四八	二一二五	君子有三畏 一節（下論）	趙劍	雍正壬子科浙江第十一名		三五五
四八	二一二六	君子有三畏 一節（論語）	厲清來	雍正壬子科浙江第七名	鄉會墨	三五九
四八	二一二七	君子有三畏 一節（下論）	厲清來	雍正壬子科浙江第七名	口口墨	三六三
四八	二一二八	君子有三畏畏天命畏大人畏聖人之言	鄭天錦	第五名	魁卷（禮二）	三六七
四八	二一二九	君子有三 全章（論語）	劉巘	癸酉科	本朝歷科大題文選	三七一
四八	二一三〇	君子有三畏畏天命畏大人畏聖人之言	謝墉	第六名	魁卷（易二）	三七五
四八	二一三一	畏天命畏 三句	顧茲智	癸酉科第二十九名江南	癸酉鄉墨選	三七九

卷次	篇序號	篇名	著者	說明	出處	頁碼
四九	二一三九	君子坦蕩蕩（論語）	艾南英	天啟甲子科江西	明文得晚集（愛吾廬選）	○一一
四九	二一四○	君子坦蕩蕩（論語）	吳士枚	浙江汪宗師科入湖州府一名	六科考卷文編（白雪軒定本）	○一五
四九	二一四一	君子坦蕩 二句（論語）	袁宏道		明文得中集真（愛吾廬選）	○一九
四九	二一四二	君子坦蕩蕩（論語）	張天顏	廣東翁學使科考取入合浦縣學一名	直省考卷篋中集	○二三
四九	二一四三	君子坦蕩蕩（上論）	張天顏		利試小題英雅集（求志堂選）	○二七
四九	二一四四	君子所其無逸	秦靖然		書經文銳	○三一
四九	二一四五	君子哉若 三句（論語）	宋　筠	河南胡學使月課歸德府學第一名	直省考卷篋中集	○三三
四九	二一四六	君子哉若 一節（論語）	顧三典	辛酉科	顧有常真稿（德光堂）	○三七

卷次	篇序號	篇名	著者	說明	出處	頁碼
四九	二二四七	君子素其位而行（中庸）	許承蒼	乾隆丁丑科	本朝小題文達	○四一
四九	二二四八	君子素其位而行（中庸）	謝人驥		榕江會課初刻	○四五
四九	二二四九	君子素其位而行（中庸）	羅世璋	湖南攸縣胡學師月課第一名	考卷小題瓣香	○四九
四九	二二五〇	君子矜而 一節（論語）	陳作梅	王戌科	近科房行書菁華（浣花書屋）	○五三
四九	二二五一	君子疾夫 之辭（論語）	王　靜		本朝考卷含真集（涵碧齋定本）	○五九
四九	二二五二	君子疾夫舍曰欲之	王大海（漢通）	汪文宗歲取進惠安縣學第十名	梅園試草	○六三
四九	二二五三	君子疾夫舍曰欲之	方　元（壇長）	汪宗師歲取入惠安縣學王辰科第十九名	巖陵試草	○六七
四九	二二五四	君子疾夫舍曰欲之（下論）	朱　嵩	辛未科	澹志齋辛未小題選	○七一

卷次	篇序號	篇名	著者	說明	出處	頁碼
四九	二二五五	君子疾夫舍曰欲之	李培元（振初）	汪學院歲進惠安縣學壬辰科二十名	介山試草	〇七五
四九	二二五六	君子疾夫舍曰欲之	吳啓會（嘉懷）	汪文宗歲試取進惠安學第八名	青峯試草	〇七九
四九	二二五七	君子疾夫舍曰欲之	何步蟾（鼎元）	朱文宗歲試上杭縣學一等第三名廩	鏡亭試草	〇八三
四九	二二五八	君子疾夫舍曰欲之（下論）	英　敦（謹懷）	汪宗師歲試備取惠安童生東化十一	文峯試草	〇八七
四九	二二五九	君子疾夫舍曰欲之	陳士任（仁侯）	汪文宗歲試取進惠安縣學第十三名	衡堂試草	〇九一
四九	二二六〇	君子疾夫舍曰欲之	陳金章（汝佩）	汪文宗歲備取東後廊駒二十四號	韞齋試草（葵社）	〇九五

卷次	篇序號	篇名	著者	說明	出處	頁碼
卷五十						
五〇	二一六八	君子動而 三句	王 祁			一二九
五〇	二一六九	君子動而世為天下道（中庸）	王詒燕		國朝制義所見集	一三三
五〇	二一七〇	君子動而 一句（中庸）	張子芳		槖中集（牆東草堂）	一三七
五〇	二一七一	君子動而世為天下道 三句（中庸）	陳世治		陳師洛時文（芙蓉居）	一四一
五〇	二一七二	君子動而世 一節（中庸）	費洪學		費巽來□□	一四五
五〇	二一七三	君子動而 一節（中庸）	謝履忠	昆明張學師月課本學第一名	歷科考卷□	一四九
五〇	二一七四	君子動而 一節（中庸）	藍綿琛	沈學院月課第一名		一五三
五〇	二一七五	君子喻於義 一節（論語）	戴名世		戴田有時文全集	一五七
五〇	二一七六	君子喻於 一節（上論）	王 濚	萬曆戊戌科	嶺雲編	一六一
五〇	二一七七	君子喻於義 二句	王世棠	第九名		一六五

卷次	篇序號	篇名	著者	說明	出處	頁碼
五〇	二一七八	君子喻於義 二句（論語）	王蔚宗		考卷約選	一六九
五〇	二一七九	君子喻於 一節（論語）	孔傳綸	嘉慶 己巳科會試	墨卷精選	一七三
五〇	二一八〇	君子喻於 一節 其三（論語）	汪份		汪武曹真稿	一七七
五〇	二一八一	君子喻於義（單句題）	沈開	國子監張大司成考□□第一名	歷科考卷文滙	一八一
五〇	二一八二	君子喻於 一節（上論）	宋衡	康熙庚午科順天	國朝程墨迴瀾	一八五
五〇	二一八三	君子喻於義 二句	那峨	第八名	闈墨（十四房）	一八九
五〇	二一八四	君子喻於 一節（上論）	唐順之	嘉靖 己丑科	嶺雲編	一九三
五〇	二一八五	君子喻於 二句	唐煥章	李學院月課興化府學第□名	藻□居試□	一九七
五〇	二一八六	君子喻於義 一節	高于嵋		六科文行遠集	二〇一
五〇	二一八七	君子喻於義小人喻於利	張□	第十四名	闈墨（十一房）	二〇五
五〇	二一八八	君子喻於 一節	張虞惇	庚午科 順天	本朝歷科墨卷選	二〇九

卷次	篇序號	篇名	著者	說明	出處	頁碼
五〇	二一八九	君子喻於義（上論）	陸九淵		□家制義	二一三
五〇	二一九〇	君子喻於義小人喻於利	陳春申（學正）	第十名	（十三房）	二一五
五〇	二一九一	君子喻於義 一節	陳拱子（苞）	李學院月課莆田縣學第二名 廩	紹庭試藝	二一九
五〇	二一九二	君子喻於 一節（上論）	楊以任（維斗）	崇禎辛未科	嶺雲編	二二三
五〇	二一九三	君子喻於 一節（上論）	黃淳耀		黃陶菴稿	二二七
五〇	二一九四	君子喻於義	湛開漣	辛酉科 湖南	□□□編	二三一
五〇	二一九五	君子喻於義（上論）	錢　禧（吉）	崇禎文學	嶺雲編	二三五
五〇	二一九六	君子喻於義小人喻於利（論語）	顧元熙	嘉慶己巳科會試第二名	墨卷精選	二三九
五〇	二一九七	君子無入而不自得焉（中庸）	□□□		啓秀集八編	二四三

卷次	篇序號	篇名	著者	說明	出處	頁碼
五一	二三〇六	君子創業垂統 二句（孟子）	俞顯祖		俞挹霖時文	二七七
五一	二三〇七	君子創業 繼也（孟子）	章金牧		章雲李先生傳稿	二八一
五一	二三〇八	君子創業垂 二句（孟子）	陳際泰		慶曆小題文行遠集（義門書塾）	二八五
五一	二三〇九	君子創業 已矣（孟子）	陳遷鶴		太史家藁	二八九
五一	二三一〇	君子創業垂統為可繼也（上孟）	張　綿	超等第四名	攻玉集	二九三
五一	二三一一	君子創業 天也	盧應鴻（輝緒）	陸大宗師歲試招覆汀州府學第二名	逵村試草	二九七
五一	二三一二	君子創業垂統為可繼也（上孟）	簡　書（聖徽）	超等第一名	攻玉集	三〇一
五一	二三一三	君子尊賢 二句（論語）	史大範	康熙壬午科福建	本朝鄉會墨繩（紫玉堂）	三〇五
五一	二三一四	君子尊賢 二句	汾淖文	壬午科第七名	鄉墨	三一一

卷次	篇序號	篇名	著者	說明	出處	頁碼
五一	二三二三	君子尊賢 二句（論語）	楊開沅	癸酉科	癸酉科小題文一集（匠門書屋）	三四七
五一	二三二四	君子尊賢 二句（論語）	蔡其默	康熙壬午科福建	本朝鄉會墨繩（紫玉堂）	三五一
五一	二三二五	君子尊賢 不能	鄧文鼎	閩學 第五名	十魁硃卷	三五五
五一	二三二六	君子尊賢 二句（論語）	鄭亦鄒	壬午科福建擬墨其一	後編	三五九
五一	二三二七	君子尊賢 二句（下論）	錢三錫		錢宸安大題真稿（西澗自訂）	三六三
五一	二三二八	君子尊賢而容衆（下論）	錢世熹		錢進士真稿（錢紹文傳稿）	三六七
五一	二三二九	君子尊賢 不能	蘇圻	壬午科 福建第五十七名	壬午科鄉試墨卷選	三七一
五一	二三三〇	君子敬而無失（下論）	司馬毅		小題課本初刻	三七五
五一	二三三一	君子敬而 二句（論語）	劉子壯		本朝名家傳文	三七九
五一	二三三二	君子義以爲上（論語）	丁縉	湖廣繆學院考試應城第一名	試牘泠音	三八三

卷次	篇序號	篇名	著者	說明	出處	頁碼
五一	二三三三	君子義以爲上（論語）	王錫爵		明文初學讀本	三八七
五一	二三三四	君子義以爲上（論語）	馬世奇		馬君常先生稿	三九一
五一	二三三五	君子義以爲上	莊斗寅（玉衡）	汪文宗歲取漳州府學一等第一名甲戌科	聚奎社試草	三九五
第十八冊						
卷五十二						
五二	二三三六	君子篤於 一節（論語）	□□□		在陸草堂遺稿	○○五
五二	二三三七	君子篤於親 一節	王士俊（克三）	丙辰科會墨錢塘	西泠文萃（謙受堂）	○○九
五二	二三三八	君子篤於親 一節	王今遠	第十三名	會闈元魁墨	○一五
五二	二三三九	君子篤於 一節（上論）	王廣心		王農山稿	○一九
五二	二三四○	君子篤於親 一節	史圜	第七名	會闈元魁卷	○二三
五二	二三四一	君子篤於親 一節（論語）	史圜	乾隆丙辰科會試第七名	鄉會墨	○二七

卷次	篇序號	篇名	著者	說明	出處	頁碼
五二	二三四二	君子篤於親　全節	史　圜	乾隆丙辰科會試	墨程（尚友堂課本）	○三一
五二	二三四三	君子篤於親　一節	麦應龍	第十六名	會闈元魁卷（詩四）	○三五
五二	二三四四	君子篤於親　一節	李　果	第十名	會闈元魁卷（禮壹房）	○三九
五二	二三四五	君子篤於親　一節	吳　鼐	乾隆丙辰科會試第三十九名	四科鄉會墨粹	○四五
五二	二三四六	君子篤於親　一節（論語）	吳　鼐	乾隆丙辰科會試第三十九名	鄉會墨	○四七
五二	二三四七	君子篤於親　二句（論語）	周質先		周質先文編	○五一
五二	二三四八	君子篤於親　一節	胡中藻	第六名	會闈元魁卷（詩五）	○五五
五二	二三四九	君子篤于親　一節	袁　枚（簡齋）		西泠□□　二刻	○五九
五二	二三五○	君子篤于親　一節	袁承猷	第九名	會闈元魁卷（書二）	○六三

卷次	篇序號	篇名	著者	說明	出處	頁碼
五二	二三六一	君子篤於親 不偷	葉 昱	乾隆丙辰科會試	墨程（尚友堂課本）	一〇七
五二	二三六二	君子篤於 二句（論語）	潘□□		誠一堂存稿	一一一
五二	二三六三	君子篤于親 一節	燕候然	第十一名	會闈元魁卷（書一）	一一五
五二	二三六四	君子篤於親 節（論語）	錢萬選		錢弱梁四書文	一一七
五二	二三六五	君子篤於親 一節	錢應霖	第四名	會闈元魁卷（春一）	一一九
五二	二三六六	君子篤于親 一節	顧之麟	第十四名	會闈元魁（詩一）	一二三
卷五十三						
五三	二三六七	君子質而已 一章（論語）	汪學舒	吳縣吳學師月課本學第一名	本朝直省考卷篋中集	一二九
五三	二三六八	君子質而 二節（論語）	沈德潛	丙申科 湧塔庵課	竹嘯軒四書文	一三三
五三	二三六九	君子質而 全章（論語）	高 炳	江南劉道臺觀風金壇縣學第一名	直省考卷篋中集	一三七

卷次	篇序號	篇名	著者	說明	出處	頁碼
五四	二三二五	其事則齊 一節	丁岳（唐采）	高太宗師覆取晉江縣學一等第二名補廪	綠照亭試牘	三五三
五四	二三二六	其事則齊桓晉文（下孟）	王掞		王太史真稿（德隅自訂）	三五七
五四	二三二七	其事則齊桓 一節（下孟）	王康		子丑大題文徵	三六一
五四	二三二八	其事則齊 則史（下孟）	王應弼	一等第四名潮州	韓江萃英錄	三六五
五四	二三二九	其事則齊 則史	正謙	湖南 第三名	鄉墨淳風	三六九
五四	二三三〇	其事則齊 節（下孟）	呂葆中（無黨）		竿木二集	三七三
五四	二三三一	其事則齊 一節（孟子）	杜天培	康熙己卯科山東	本朝鄉會墨繩（紫玉堂）	三七七
五四	二三三二	其事則齊 一節（孟子）	狄億		本朝歷科大題文選	三八一
五四	二三三三	其事則齊 二句（孟子）	宮建章	丙子科	丙子科小題文選	三八五

卷次	篇序號	篇名	著者	說明	出處	頁碼
五四	二三三四	其事則齊 二句（孟子）	宮建章	江南張宗師科考鳳陽第三名	考卷小題初學集	三八九
五四	二三三五	其事則齊 一句（下孟）	徐旭齡	乙未科	天蓋樓偶評（小題觀略）	三九三
五四	二三三六	其事則齊 則史（下孟）	許文侯	特等第七名海陽	韓江萃英錄	三九七
五四	二三三七	其事則齊 一節（下孟）	許應元		龍山文瀹	四○一
五四	二三三八	其事則齊桓晉文	曾捷科	科試漳浦縣學一等第二名	試牘	四○五
五四	二三三九	其事則齊桓晉文（下孟）	張九葉	江南張學院科考吳縣學一名	直省考卷所見集	四○九
五四	二三四○	其事則齊桓晉文（孟子）	張九葉		時文隅二集	四一三
五四	二三四一	其事則齊 一節（孟子）	張需訥	康熙己卯科山東	本朝鄉會墨繩（紫玉堂）	四一七
五四	二三四二	其事則齊 則史（下孟）	張應勝		天蓋樓偶評（小題觀略）	四二一

卷次	篇序號	篇名	著者	說明	出處	頁碼
五四	二三四三	其事則齊　則史（下孟）	陳士規	特等第五名海陽	韓江萃英錄	四二五
五四	二三四四	其事則齊桓晉文	陳光濠	科試漳浦縣學一等一名	試牘	四二九
五四	二三四五	其事則齊　其義（下孟）	楊際盛	歲取鹿邑一等第一名	試牘文升	四三三
五四	二三四六	其事則齊　則史（下孟）	蔡錫疇	特等第二名澄海	韓江萃英錄	四三七
五四	二三四七	其事則齊　至　則史（下孟）	鄒文煥	觀風特集第一名	韓江萃英錄	四四一
五四	二三四八	其事則齊桓晉文（孟子）	蔣疑錫	康熙己卯科	小題文範	四四五
五四	二三四九	其事則齊桓晉文（下孟）	賴呈蕙	汪學院科試漳浦縣學一等第三名		四四九
五四	二三五〇	其事則齊桓晉文其文則史	劉口口	湖南	鄉墨淳風	四五一

卷次	篇序號	篇名	著者	說明	出處	頁碼
五四	二三六二	其徒數十人 以為食	李啟榮	館課第一名		四九五
五四	二三六三	其徒數十 大悅	封 泰		揚華集	四九九
五四	二三六四	其徒	黃 仁		揚華集	五〇三
五四	二三六五	其斯之謂與（論語）	戴 瀚		初學瀹靈	五〇七

第十九冊

卷五十五

卷次	篇序號	篇名	著者	說明	出處	頁碼
五五	二三六六	取之而燕民 兩段（孟子）	黃逢春		閩海偉觀	〇〇五
五五	二三六七	取於民有制陽虎曰	來鴻瑨		文準集	〇〇九
五五	二三六八	取於民有制 助者藉也	黃孚文	胡宗師試取		〇一三
五五	二三六九	武王曰予 才難（論語）	陳棟南	歲入興化府學一名	自為集	〇一七
五五	二三七〇	武王曰予有亂臣十人	劉鍾嵩	吉宗師歲試取進閩清縣學第一名		〇二一

卷次	篇序號	篇名	著者	說明	出處	頁碼
五五	二三七一	武王曰予有 事殷（論語）	鄭　覲	□酉科	□酉科小題文一集（匠門書屋）	〇二五
五五	二三七二	長一身有半（論語）	徐葆光	康熙壬辰科	本朝房行書歸雅集	〇二九
五五	二三七三	長幼之節 四句（論語）	陳　龍		小題□集□境（塾課續編）	〇三三
五五	二三七四	長沮桀溺 一節（論語）	沈德潛	己未科	近科房行書菁華（浣花書屋）	〇三七
五五	二三七五	長短同則 重同	蔣誼紙		擷藻集	〇四一
五五	二三七六	昔者太王 二節（孟子）	邢曰玫	山東徐學使歲考歷城縣學第一名	直省考卷篋中集	〇四五
五五	二三七七	昔者太王居邠 居焉（孟子）	湯顯祖	萬曆癸未科	增訂小題金丹	〇四九
五五	二三七八	昔者太王 二節（孟子）	許　獬		許鍾斗先生稿（續古堂）	〇五三
五五	二三七九	昔者太王 居焉（上孟）	陸　培	庚辰科	小題尋秋集（敬業齋）	〇五七

卷次	篇序號	篇名	著者	說明	出處	頁碼
五五	二三八〇	昔者有饋 所哉（孟子）	許詒孫		許詒孫稾（硃園藏本）	〇六一
五五	二三八一	昔者有饋生魚 所哉（孟子）	王葉滋	丁未科	師竹齋選小題文	〇六五
五五	二三八二	昔者有饋生魚 所哉（孟子）	吳靈英	安徽鄭宗師歲試全椒第三名	墨溉堂考卷選	〇六九
五五	二三八三	昔者有饋生魚 而逝	林之瑾	徐大宗師歲取閩縣學一等第一名	試艸	〇七三
五五	二三八四	昔者有饋 子產（下孟）	林光遠	口學院歲試口和學第四名	泰社試草	〇七七
五五	二三八五	昔者有饋 而逝	林嗣英（其宸）	徐大宗師歲試閩縣學一等第五名	試艸	〇八一
五五	二三八六	昔者有饋生魚於鄭子產（下孟）	法　櫺		房書小題文徵	〇八五

卷次	篇序號	篇名	著者	說明	出處	頁碼
五五	二三八七	昔者有饋 一句（孟子）	胡兆熊	江西金學院歲覆入南昌府學第一名	近科考卷雅潤集	〇八九
五五	二三八八	昔者有饋生 所哉（孟子）	姚培益		姚巽齋大小題稿（迪惠堂）	〇九三
五五	二三八九	昔者有饋 一句（下孟）	紀人龍		歷科小題卓編（紹衣堂課本）	〇九七
五五	二三九〇	昔者有饋生魚 一句（孟子）	孫 雲		本朝考卷□□（涵碧齋定本）	一〇一
五五	二三九一	昔者有饋 一句（孟子）	許 琰（保生）		瑤洲時文	一〇五
五五	二三九二	昔者有饋生魚 得其所哉得其所哉（下孟）	陳宏衢		心白自訂稿	一〇九
五五	二三九三	昔者有饋生魚 得其所哉得其所哉（下孟）	陳宏衢		嵩山課選	一一三
五五	二三九四	昔者有饋生魚 全段（孟子）	彭澤令		莪園制義	一一七

卷次	篇序號	篇名	著者	說明	出處	頁碼
五五	二三九五	昔者有饋　所哉	萬中侃		本朝考卷大題篋中集	一二一
五五	二三九六	昔者有饋　子產（孟子）	翟正經	王辰科	劒光閣小題文選	一二五
五五	二三九七	昔者有饋生魚於鄭子產十六句（孟子）	劉文蔚（豹君）	山陰	會課	一二九
五五	二三九八	昔者有饋生魚　所哉（孟子）	劉惇典		考卷芳潤集	一三三
五五	二三九九	昔者有饋　一段（下孟）	潘樹枏	辛未科	澹志齋辛未小題選	一三七
卷五十六						
五六	二四〇〇	直之輔之	彭大齡		揚華集	一四三
五六	二四〇一	直之	劉兆全		玉茗集	一四七
五六	二四〇二	直而無禮　於親（論語）	汪虞炳		近科巧搭丹液集（忠孝堂）	一五一
五六	二四〇三	抱關擊柝（孟子）	彭翰文		彭翰文聯捷文稿（欣對閣）	一五五

卷次	篇序號	篇名	著者	說明	出處	頁碼
五六	二四〇四	抱關擊柝（孟子）	朱景頤	江南鄭宗師科入長洲縣學	小試利器二集	一五九
五六	二四〇五	抱關擊柝（孟子）	金桂枝	江蘇雷學院科入吳縣學第十七名	近科考卷雅潤二集	一六三
五六	二四〇六	抱關擊柝（孟子）	高顯宗	乙丑科	近科房行書菁華（浣花書屋）	一六七
五六	二四〇七	抱關擊柝（下孟）	張嘉璨		歷科小題卓編（紹衣堂課本）	一七一
五六	二四〇八	抱關擊柝（下孟）	程　鳳	江南鄭學院科入蘇州府學第二名	直省考卷所見集	一七五
五六	二四〇九	抱關擊柝（孟子）	程正儀	江南鄭宗師科入長洲縣學	小試利器二集	一七九
五六	二四一〇	抱關擊柝（孟子）	程錢鳳	江南鄭宗師科入蘇州府學第二名	小試利器二集	一八三

卷次	篇序號	篇名	著者	說明	出處	頁碼
五六	二四一一	林屋洞賦：以石室銀房金庭玉柱為韻	陸以烜（庭午）		正修書院課藝（附賦）	一八七
五六	二四一二	雨我	李延祉		驪海集	一九一
五六	二四一三	事君盡禮 一節（論語）	許獬		（續古堂）	一九五
五六	二四一四	事君盡禮 一節（論語）	陳兆崙		星齋文稿	一九七
五六	二四一五	事君盡禮 一節（上論）	葉修（永溪）	萬曆癸未科	嶺雲編	二〇一
五六	二四一六	東面而征 雲霓也（上孟）	沈演		明文治	二〇五
五六	二四一七	東里子產潤色之	弓獻廷	第二十名	直省鄉墨國華	二〇九
五六	二四一八	東里子產潤色之或問子產	甘立筌	科入南昌府學一名	江西試牘	二一三
五六	二四一九	東里子產潤色之	李楷	懷太尊歲試晉江縣童生第一名	鴈峰試草	二一七
五六	二四二〇	東里子產（論語）	何焯	癸未科	十科小題是真集	二二一
五六	二四二一	東里子產（論語）	汪繹		應試小品觀	二二五

卷次	篇序號	篇名	著者	說明	出處	頁碼
五六	二四三二	東里子產潤色之	許天口	辛卯科第六名河口	新墨存真	二六九
五六	二四三三	東里子產 惠人也（論語）	張 爔	安徽劉學院歲試宣城縣學第一名	近科考卷雅潤二集	二七三
五六	二四三四	東里子產潤色之（下論）	張于宣	歲入武進縣學第六名	新試牘玉筍二集	二七七
五六	二四三五	東里子產潤色之	陳嵩毓	辛卯科第四名河口	新墨存真	二八一
五六	二四三六	東里子產	黃時實	汪文宗科取進漳浦學第口名	十科小題是真集	二八五
五六	二四三七	東里子產 一句	馮 堂	第口名	直省鄉墨國華	二八七
五六	二四三八	東里子產潤色之	賀太平	辛卯科第八名河口	新墨存真	二九一
五六	二四三九	東里子產潤色之	閻曾履	辛卯科河口	新墨存真	二九五

卷次	篇序號	篇名	著者	說明	出處	頁碼
五七	二四五一	或謂孔子 全章（孟子）	淩紹焻		本朝考卷大題篋中集	三四五
五七	二四五二	或謂寡人勿取（上孟）	□□□		應試小題	三四九
五七	二四五三	或謂寡人取之	王詒燕		四逸簡存	三五三
五七	二四五四	或謂寡人 二句（上孟）	朱　綸		利試小題英雅集（求志堂選）	三五七
五七	二四五五	或謂寡人 取之（上孟）	江殷道		本朝小題一貫錄	三六一
五七	二四五六	或謂寡人勿取（孟子）	汪　琬（苕文）	順治乙未科	初學金針（敬業齋）	三六五
五七	二四五七	或謂寡人 取之（孟子）	唐登儁	萬曆丙辰科	增訂小題金丹	三六九
五七	二四五八	來百工則財用足（中庸）	馮　謙	康熙癸巳科	本朝房行書歸雅集	三七三
五七	二四五九	妻妾之奉（孟子）	仇邦楷		應試小品觀	三七七
五七	二四六〇	叔孫武叔毀尼（下論）	□□□		家訓一貫錄	三八一
五七	二四六一	叔孫武叔毀仲尼 其一（論語）	方　苞		方靈皋全稿	三八五

卷次	篇序號	篇名	著者	說明	出處	頁碼
五八	二四九一	非禮勿視 四句（論語）	尹明廷	己丑科	本朝歷科大題文讀本	〇七三
五八	二四九二	非禮勿聽（論語）	周經	歲試建安縣學一等第一名	向若編精選	〇七九
五八	二四九三	非禮勿視 四句（論語）	許獬		許鍾斗先生稿（續古堂）	〇八五
五八	二四九四	非禮勿聽（論語）	張進	江南俞宗師科試吳縣第一名	近科考卷凌雲	〇八九
五八	二四九五	非禮勿視 四句（下論）	張對墀		同江四書文	〇九三
五八	二四九六	果能此道矣雖愚必明雖柔必強	左衢	第三名	魁卷・易一房	〇九七
五八	二四九七	果能此道矣雖愚必明雖柔必強	李祖惠	第二名	魁卷・書三房	一〇一
五八	二四九八	果能此道矣雖愚必明雖柔必強	李蘊芳	十三名	魁卷・易五房	一〇五
五八	二四九九	果能此道矣 一節	沈清任	第十名	魁卷・易三房	一〇九

卷次	篇序號	篇名	著者	說明	出處	頁碼
五八	二五〇〇	果能此道矣雖愚必明雖柔必強	邵嗣宗	第一名	魁卷・詩三房	一一三
五八	二五〇一	果能此道矣雖愚必明雖柔必強	秦大士	十五名	魁卷・詩二房	一一七
五八	二五〇二	果能此道矣雖愚必明雖柔必強	楊有涵	第四名	魁卷・春二房	一二一
五八	二五〇三	果能此道矣雖愚必明雖柔必強	黃恩錫	第十二名	魁卷・禮二房	一二五
五八	二五〇四	果能此道矣一節	董元度	第十一名	魁卷・春一房	一二九
五八	二五〇五	果能此道矣雖愚必明雖柔必強	鄭天錦	第五名	魁卷・禮一房	一三三
五八	二五〇六	果能此道矣（中庸）	戴京曾	乙丑科	天蓋樓偶評（小題觀略）	一三五
五八	二五〇七	固	吳大成（幼童）	陳宗師歲取進興化府學四名		一三七
五八	二五〇八	固（論語）	林滋榮		近科考卷挺秀	一四一

卷次	篇序號	篇名	著者	說明	出處	頁碼
五九	二五二三	明日子路（下論）	馮明玠		先正小題一編（可儀堂）	二〇七
五九	二五二四	明日子路行以告（下論）	戴 縱	癸丑科	天蓋樓偶評（小題觀略）	二一一
五九	二五二五	明日子路 行矣（下論）	饒 用		舫邨稿	二一五
五九	二五二六	明日子路行 行矣	謝春暉	第十名	魁墨	二二一
五九	二五二七	明日子路行 行矣	龔景瀚	第三名	魁墨	二二五
五九	二五二八	明辨之篤行之（中庸）	柯 煜		理題初學集	二二九
五九	二五二九	明辨之（中庸）	湯步昌	山東李學院歲入新泰縣學第一名	直省考卷所見二集	二三一
五九	二五三〇	朋友之饋 一節（論語）	胡 杭（潔齋）	崇文	二刻西泠三院會課	二三五
五九	二五三一	朋友有信放勳曰	筱巖氏	友教甄別內正第一名		二三九
五九	二五三二	朋友有信放勳曰勞之	黎朝書		文萃集	二四三
五九	二五三三	肫肫其仁 一節（中庸）	戴名世		戴田有時文全集	二四七

卷次	篇序號	篇名	著者	說明	出處	頁碼
五九	二五三四	肫肫其仁　一句（中庸）	王　庭		國初文選	二五一
五九	二五三五	肫肫其仁　三句（中庸）	方　苞		方靈皋全稿	二五五
五九	二五三六	肫肫其仁　三句	吳　襄	康熙癸巳科順天	歷科墨卷同風集（古香書屋）	二五九
五九	二五三七	肫肫其仁　一節（中庸）	沈巍皆	第一名 江南	直省口口口雅	二六三
五九	二五三八	肫肫其仁　一節（中庸）	沈巍皆	癸酉科 江南	歷科元墨文鈔	二六七
五九	二五三九	肫肫其仁　三句（中庸）	周　鍾		周介生稿	二七一
五九	二五四〇	肫肫其仁（中庸）	周振采		本朝三十家（通志堂）	二七五
五九	二五四一	肫肫其仁　一節（中庸）	胡友信		胡思泉先生傳稿（口尺樓）	二七九
五九	二五四二	肫肫其仁	傅　焯	口口縣第三名	試牘（漳州府）	二八一
五九	二五四三	肫肫其仁　三句（中庸）	張名品	癸巳科順天第一百二十九名	墨卷凌雲	二八五
五九	二五四四	肫肫其仁　一節（中庸）	陸　師		陸麟度制義（巢雲書屋）	二八九

卷次	篇序號	篇名	著者	說明	出處	頁碼
五九	二五四五	肫肫其仁 三句（中庸）	陳紫芝		陳太史真稿	二九三
五九	二五四六	肫肫其仁 三句（中庸）	費洪學		費巽未真稿	二九七
五九	二五四七	肫肫其仁 二節（學庸）	蔡世遠		梁邨時文	三〇一
五九	二五四八	肫肫其仁 其天	厲士貞	庚戌科	（大題觀略）	三〇五
五九	二五四九	肫肫其仁 一節（中庸）	劉崇敬	第三名 江南	直省鄉墨翕雅	三〇九
五九	二五五〇	肫肫其仁 一節（中庸）	歸有光		歸震川稿	三一三
五九	二五五一	肫肫其仁 二節（中庸）	顧三典	乙丑科	顧有常真稿（德光堂）	三一七
卷六十						
六〇	二五五二	周人百畝而徹	周　路		揚華集	三二三
六〇	二五五三	周人百畝 徹也	徐應祺		三江邁口集	三二七
六〇	二五五四	周人百畝 一也	常　豫		新穎集	三三一
六〇	二五五五	周人百畝 貢者	蔣適用		新硎集	三三五
六〇	二五五六	周曰庠	黎宗鑅		存真小抄	三三九
六〇	二五五七	周曰庠學則三代共之	繆文溶		從新集	三四三

卷次	篇序號	篇名	著者	說明	出處	頁碼
六〇	二五六九	知天地之化育（中庸）	李廷樞		本朝小題文行遠集（義門書塾）	三八九
六〇	二五七〇	知天地之化育（中庸）	徐陶璋		徐達夫真稿（瓜涇草堂）	三九三
六〇	二五七一	知天地之化 二句	黃蘭谷	癸卯科江南第一百五名	鄉墨質疑集	三九七
六〇	二五七二	知天地之 至 達天德者（中庸）	馮貞吉	江南俞學院科覆入無錫第六名	近科考卷凌雲	四〇一
六〇	二五七三	知天地之化育	黎 靖	庚午科四川第一名	□省鄉墨□□	四〇五
六〇	二五七四	知天地之化育 其二（中庸）	劉 巘		劉太史新稿	四〇九
六〇	二五七五	知天地之化育（中庸）	戴名世		戴田有時文全集	四一三
六〇	二五七六	知者樂水 一節（論語）	儲在文		儲中于時文	四一七
六〇	二五七七	知柳下惠之賢（下論）	□□□		家訓一貫錄	四二一

卷次	篇序號	篇名	著者	說明	出處	頁碼
六〇	二五七八	知柳下惠之賢（論語）	方棨如		本朝小題文行遠集（義門書塾）	四二五
六〇	二五七九	知柳下惠 一句（孟子）	邵捷春		口文初學讀本	四二九
六〇	二五八〇	知柳下惠之賢（下論）	林豸冠		房行小題新編（蘭堂選本）	四三三
六〇	二五八一	知柳下惠之賢（論語）	宮懋賢		近科考卷有神二集	四三七
六〇	二五八二	知柳下惠之賢（下論）	許虬	戊戌科	（小題觀略）	四四一
六〇	二五八三	知柳下惠之賢（下論）	龔超聘	安徽劉宗師歲試合肥縣學第一名	近科考卷清音（上江試牘）	四四五
六〇	二五八四	知虞公之 一節（孟子）	吳甫生（戴田有）	甲戌科	甲戌科小題文選	四四九
六〇	二五八五	物交物則引之而已矣（孟子）	王澍		王太史稿（歸雅集）	四五三
六〇	二五八六	物交物則引之而已矣（孟子）	王澍	壬辰科	本朝房行書歸雅集	四五七

卷次	篇序號	篇名	著者	說明	出處	頁碼
六〇	二五八七	物交物則引之而已矣（孟子）	王步青		國朝制義存真集（自得齋）	四六一
六〇	二五八八	物交物　二句（下孟）	吳　雲		欽定正嘉四書文	四六五
六〇	二五八九	物交物　二句（孟子）	高作霖		高蘇生文鈔	四六九
六〇	二五九〇	物交物　二句（下孟）	唐　龍		欽定正嘉四書文	四七三
六〇	二五九一	物交物則引　則思（孟子）	陳鳳超		陳宗唐文（樹德堂）	四七五
六〇	二五九二	物交物（孟子）	陳義龍		近科考卷挺秀	四七九
六〇	二五九三	物交物則引之而已矣（孟子）	鈕汝騏（駕仙）	桐鄉	浙西文滙	四八三
六〇	二五九四	物交物（下孟）	熊宗彥	戊戌科	天蓋樓偶評（小題觀略）	四八七
六〇	二五九五	物交物	厲清來		應試小品觀	四九一
六〇	二五九六	物交物（孟子）	顧　景	甲午科	六科小題文編	四九五
六〇	二五九七	物交物（孟子）	顧　景		口雪軒定本	四九九

卷次	篇序號	篇名	著者	說明	出處	頁碼
六一	二六〇六	季康子問政 二章（論語）	陳國楨	江南鄭宗師歲考金山衛學二名	本朝考卷文選	〇三一
六一	二六〇七	季路文學（論語）	吳成志	江南許宗師科入建平縣學第三名	考卷有神集	〇三五
六一	二六〇八	侍食於君君祭先飯（論語）	潘　瑋	紫陽	二刻西冷三院會課	〇三九
六一	二六〇九	使子路反見之（下論）	王際虞		口試小題及鋒集（精選定本）	〇四三
六一	二六一〇	使子路反見之至則行矣子路曰（下論）	來文爆	戊子科	戊子科小題文選	〇四七
六一	二六一一	使天下之人 一節（中庸）	冷宗昱	康熙辛未科	本朝房行書歸雅集	〇五一
六一	二六一二	使民如承大祭（論語）	周玉章	丁巳科	近科房行書菁華（浣花書屋）	〇五五
六一	二六一三	使民盼盼然 轉乎溝壑	劉　勤		滙海集	〇五九
六一	二六一四	使自得之 民如此	姚兆元		滙海集	〇六三

卷次	篇序號	篇名	著者	說明	出處	頁碼
六一	二六一五	使於四方不辱君命（論語）	高瀾（荻浦）	崇文	西冷三院會課二刻	○六七
六一	二六一六	使契為司徒教以人倫	楊延俊		擷藻集	○七一
六一	二六一七	使畢戰問井地	龔漢欽		新硎集	○七五
六一	二六一八	彼　丈夫也			銜華集	○七九
六一	二六一九	彼丈夫也	錢中青		新硎集	○八三
六一	二六二○	近之則不孫（論語）	徐孝始	江蘇夢學院月課長洲縣學一名	近科考卷雅潤二集	○八七
六一	二六二一	近之	翁逢春	沈學院歲取進龍溪縣學第二名		○九一
六一	二六二二	近之則不孫（論語）	楊日熺	江蘇李宗師科覆淮安府學三名	近科考卷清言	○九五
六一	二六二三	近之則不孫（論語）	趙琰（玉岑）		友鄉書塾初集	○九九

卷次	篇序號	篇名	著者	說明	出處	頁碼
六一	二六二四	近之則不 二句（論語）	鄭王臣	福建于宗師科覆興化府學第一名	近科考卷歸真集	一〇三
六一	二六二五	近者說遠者來（論語）	徐引（蘭泉）	敷文	西泠三院會課二刻	一〇七
六一	二六二六	所不慮而知 知也（孟子）	陳奇猷	歲入大田縣學第六名	八閩試牘（延平）	一一一
六一	二六二七	[所過者化]所存者神（孟子）	甘其潔	廣東翁學使歲考取入長樂縣學第一名	直省考卷篋中集	一一五
六一	二六二八	所過者化 二句（孟子）	朱涵	壬戌科會試	墨卷扶質集	一一九
六一	二六二九	[所過者化]所存者神（下孟）	吳煒（覲陽）		近科房行書	一二三
六一	二六三〇	[所過者化]所存者神（孟子）	陸晟		應試小品觀	一二七
六一	二六三一	所過者化所存者神	黃觀清		會試硃卷	一三一
六一	二六三二	[所過者化]所存者神 二句（孟子）	程鴻桂	江蘇胡宗師科考金山縣一等一名	近科房考清卓集（翦水山口）	一三五

卷次	篇序號	篇名	著者	說明	出處	頁碼
六一	二六三三	所過者化 二句（續孟子）	葉 申	壬戌科會試	墨卷扶質集	一三九
六一	二六三四	所過者化所存者神（孟子）	廖運芳	壬戌科會試	墨卷愜心集	一四三
六一	二六三五	所謂誠其意者毋自欺也	王敦敏	第二名		一四七
六一	二六三六	所謂誠其意者毋自欺也	鄒石麟	第一名		一五一
六一	二六三七	所謂誠其 二句	壽 昌	第三名		一五五
六一	二六三八	所識窮乏者得我與（孟子）	戴名世		戴田有時文全集	一五九
六一	二六三九	所識窮乏者得我與（孟子）	宗孔授		本朝考卷行遠集	一六三
六一	二六四〇	所識窮乏者得我與（孟子）	宗孔授		本朝考卷小題篋中集	一六七
六一	二六四一	舍瑟而作 而歸	伍祥麟	歲入寧化縣第十名	八閩校士錄（汀州府）	一七一
六一	二六四二	命也 單句斷制題 六股份承格（學庸）	李景嶧		初學從風錄	一七三

卷次	篇序號	篇名	著者	說明	出處	頁碼
卷六十二						
六二	二六四三	享禮有容色（上論）	口口口		課業小題口	一七九
六二	二六四四	享禮有容色 二節（上論）	吉口口	江蘇劉學院歲覆丹陽縣學第四名	直省考卷所見二集	一八三
六二	二六四五	享禮有容色	李　煌	甲午科江南第二名	甲午墨卷鴻裁	一八七
六二	二六四六	[享禮]有容色私覿（上論）	何一碧	江蘇張宗師科入奉賢縣第一名	考卷分類舉隅（墨溉堂選）	一九一
六二	二六四七	[享禮有容色]私覿（上論）	何正名	歲試桂陽縣學一等第一名	楚南試牘	一九五
六二	二六四八	享禮有容色	汪　鋼	甲午科江南第十名	甲午墨卷鴻裁	一九九
六二	二六四九	享禮有容色	汪朝鼎	甲午科江南第十二名	甲午墨卷鴻裁	二〇三
六二	二六五〇	享禮有容色	林帝選	汪學院歲進興化府學第口名		二〇七

卷次	篇序號	篇名	著者	說明	出處	頁碼
六二	二六五九	享禮有容色	張曾枚	甲午科江南第六名	甲午墨卷鴻裁	二四三
六二	二六六〇	[享禮有容色]私覿（上論）	陸賓		瀛嶼堂小題選	二四七
六二	二六六一	享禮（論語）	陳秋水		典制文琳四集	二五一
六二	二六六二	享禮有容色	黃桂發	汪學院歲試興化府學第口名		二五五
六二	二六六三	享禮有容色	程青東	汪學院歲招覆莆田第口名		二五九
六二	二六六四	享禮有容色	管世銘	甲午科江南第三名	甲午墨卷鴻裁	二六三
六二	二六六五	享禮有容色	檀成	甲午科江南第四名	甲午墨卷鴻裁	二六七
六二	二六六六	享禮	闞道南	科試上杭縣學一等一名	試牘	二七一
六二	二六六七	放於利而行 一章（論語）	王紹隆			二七五
六二	二六六八	放於利而行多怨（論語）	李祖惠	丁巳科興安試署	虹舟制義	二七九

卷次	篇序號	篇名	著者	說明	出處	頁碼
六二一	二六八〇	[放勳曰勞之] 來之匡之直之輔之	張大經		萃華集	三二七
六二一	二六八一	[放勳曰] 勞之	楊繼楨	成都府學一等		三三一
六二一	二六八二	放勳曰	雷 斌		錢選集	三三五
六二一	二六八三	於人何所不容（論語）	儲龍光	癸巳科	本朝房行書歸雅集	三三九
六二一	二六八四	於女安乎（論語）	汪振甲	庚戌科	近科小題丹液集	三四三
六二一	二六八五	於我如浮雲（論語）	馮汝軾		馮太史稿（歸雅集）	三四七
六二一	二六八六	於斯三者何先（論語）	秦應陽	江南張學院科考取入長洲縣學一名	直省考卷篋中集	三四九
六二一	二六八七	於斯三者何 何先（論語）	孫岳頒	康熙壬戌科	本朝小題定編	三五三
六二一	二六八八	於衛主顏讎由（孟子）	胡紹安	庚辰科	庚辰科小題文選	三五七
六二一	二六八九	於衛主癰疽 二句（孟子）	儲元賁	江蘇宜興縣喬中尊季試一名		三六一
六二一	二六九〇	於衛主顏讎由（孟子）	楊天培		閩海偉觀	三六五

卷次	篇序號	篇名	著者	說明	出處	頁碼
六三	二六九八	[宗廟之事]如會同端章甫（論語）	林墀		閩海偉觀	三九九
六三	二六九九	宗廟之事 二句	林朝陽		近藝新裁	四〇三
六三	二七〇〇	宗廟之事 章甫（論語）	林儕鶴	福建黃學院歲試漳浦縣學第九名	近科考卷雅潤集	四〇七
六三	二七〇一	[宗廟之事]如會同端章甫（下論）	周行	福建高宗師歲入閩縣第二名	試牘名文	四一一
六三	二七〇二	宗廟之事如會同（論語）	邵雲清		考卷連城	四一五
六三	二七〇三	[宗廟之事]如會同端章甫（論語）	胡曾肇		考卷芳潤集	四一九
六三	二七〇四	[宗廟之事]如會同端章甫（論語）	殷輅	錢邑唐中尊科覆第三名	直省考卷扶風集	四二三
六三	二七〇五	宗廟之事 章甫（論語）	徐士芳	歲試漳浦縣學一等第五名	閩中校士錄（漳州府）	四二七
六三	二七〇六	宗廟之事 相焉（論語）	徐用錫	癸未科	徐壇長稿	四三一
六三	二七〇七	宗廟之事 相焉（論語）	徐用錫	己丑科	本朝房行書歸雅集	四三五

卷次	篇序號	篇名	著者	說明	出處	頁碼
六三	二七〇八	宗廟之事　相焉（下論）	徐昂發	江南李宗師月課 長洲一等第一名	本朝直省宗師考卷	四三九
六三	二七〇九	［宗廟之事］如會同（論語）	孫　詒	江南鄭宗師科入江陰縣學	小試利器二集	四四七
六三	二七一〇	宗廟之事　三句（論語）	孫廷銘	山東彭宗師歲試東平州學第一名	小試利器二集	四五三
六三	二七一一	宗廟之事　四句	莊承祚	宮撫臺觀風取惠安學一等第一名	□□□牘	四五七
六三	二七一二	宗廟之事　章甫（論語）	陳　益	歲試漳浦縣學一等第二名	閩中校士錄（漳州府）	四六一
六三	二七一三	［宗廟之事］如會同端章甫（論語）	張　詒	江蘇謝宗師月課崇明縣一名	直省新科考卷	四六五
六三	二七一四	［宗廟之事］如會同（論語）	張若潭		典制備類初編	四六九

卷次	篇序號	篇名	著者	說明	出處	頁碼
六三	二七一五	[宗廟之事]如會同（論語）	張若潭	安徽李宗師月課桐城縣學第一名	考卷文選二集	四七五
六三	二七一六	宗廟之事 四句（下論）	趙　閬	歲取胙城一等第一名	試牘文升	四七九
六三	二七一七	宗廟之事 四句（論語）	管昂發（本姓徐）		本朝考卷大題篋中集	四八三
六三	二七一八	宗廟之事 章甫（論語）	蔡長淳	歲試漳浦縣學一等第一名	閩中校士錄（漳州府）	四八七
六三	二七一九	宗廟之事 章甫（論語）	蔡長淳	福建黃學院歲試漳浦第一名	近科考卷凌雲	四九一
六三	二七二〇	宗廟之事 章甫（論語）	蔡長淳	口學院歲試漳浦學第口名		四九五
六三	二七二一	宗廟之事如會同（論語）	范永壽		小題繡虎	四九九
六三	二七二二	宗廟之事如會同（論語）	劉敬祖		典制文環（桂岩居）一集	五〇三
六三	二七二三	宗廟之禮（中庸）	儲大文	康熙甲午科	本朝房行書歸雅集	五〇七

第二十二冊

卷六十四

卷次	篇序號	篇名	著者	說明	出處	頁碼
六四	二七三二	孟子之滕館於上宮有業屨於牖上館人求之弗得或問之曰若是乎從者之廋也	王　欽	第十四名	魁卷（易四房）	○○五
六四	二七三三	孟子之滕　全章（孟子）	王荀鶴	金壇許學師月課本學第一名	直省考卷篋中集	○○九
六四	二七三四	孟子之滕　廋也	左　衢	第三名	魁卷（易一房）	○一三
六四	二七三五	孟子之滕　廋也（孟子）	李　炯	壬申科　會墨	古愚堂制義	○一七
六四	二七三六	孟子之滕館於上宮有業屨於牖上館是求之弗得或問之曰若是乎從者之廋也	李祖惠	第二名	魁卷（書三房）	○二一
六四	二七三七	孟子之滕　廋也	李章堉	乾隆壬申恩科	恩科會試墨卷（藜照堂）	○二五
六四	二七三八	孟子之滕館於上宮有葉屨於牖上館人求之弗得或問之曰若是乎從者之廋也	李蘊芳	第十三名	魁卷（易五房）	○二九
六四	二七三九	孟子之滕　廋也	吳雲步	第九名	魁卷（詩四房）	○三三
六四	二七四○	孟子之滕館於上宮有業屨於牖上館人求之弗得或問之曰若是乎從者之廋也	邵嗣宗	第一名	魁卷（詩三房）	○三七

卷次	篇序號	篇名	著者	說明	出處	頁碼
六四	二七五二	孟子曰仁言 一章（孟子）	朱仕琇	科試建寧縣學一等第一名	向若編精選	〇八五
六四	二七五三	孟子曰古之 二章（下孟）	吳青崖		吳青崖文稿	〇八九
六四	二七五四	[孟子曰] 民事不可 于茅	王煥庚		腴快集	〇九一
六四	二七五五	[孟子曰] 民事不可緩也	林贊邦		觀海集	〇九五
六四	二七五六	[孟子曰] 民事不可 乘屋	周　杰		採真集	〇九九
六四	二七五七	[孟子曰] 民事不可緩也詩云	賀　銓		清穎集	一〇三
六四	二七五八	[孟子曰] 民事不可緩也有恒心	詹自修		觀靈集	一〇七
六四	二七五九	孟子曰民事不可緩也	楊丙鼐	館課第一名		一一一
六四	二七六〇	[孟子曰] 附之以韓魏之家（下孟）	江　漢	科入古田縣學第一名	因宜集	一一五
六四	二七六一	[孟子曰] 附之以韓 一節（孟子）	宋廷爵	吳學院科試興化府學一等七名廩		一一九
六四	二七六二	[孟子曰] 附之以韓 節（下孟）	范廷鼐	浙江楊宗師歲試鄞縣一名	試牘文衡五編（滄浪亭選）	一二三

卷次	篇序號	篇名	著者	說明	出處	頁碼
六四	二七六三	[孟子曰]附之以韓 遠矣	張然明		口科墨卷津梁	一二五
六四	二七六四	[孟子曰]附之以韓魏之家一章（孟子）	陸以烜	第一名	王脩書院課藝	一二九
六四	二七六五	[孟子曰]附之以韓魏 一節（孟子）	黄 甲（集夫）	吳學院科試興化府學一等第六名廩	淇亭試草	一三三
六四	二七六六	[孟子曰]附之以韓 一節（下孟）	黄道周		初學文得	一三七
六四	二七六七	[孟子曰]附之以韓 節（下孟）	蔣邦彥	浙江楊宗師歲試奉化一名	試牘文衡五編（滄浪亭選）	一四一
六四	二七六八	孟子曰附之 遠矣	蔣洽秀	辛卯科第一名	辛卯鄉墨選	一四五
六四	二七六九	[孟子曰]附之以韓 一節（孟子）	鄭帝眷	吳學院科試興化府學一等第八名	噴香亭試草	一四九
六四	二七七〇	[孟子曰]附之以韓 一節（孟子）	顧 瀛	江南張學院科考泰州學第一名	直省考卷篋中集	一五五

卷六十五

卷次	篇序號	篇名	著者	說明	出處	頁碼
六五	二七七一	孟子曰禹 善言	□□□		□墨	一六一
六五	二七七二	[孟子曰]禹惡旨酒而好善言（孟子）	于 仔		本朝考卷小題篋中集	一六五
六五	二七七三	[孟子曰]禹惡旨酒 一節	王 寰	辛未科	澹志齋辛未小題選	一六九
六五	二七七四	孟子曰禹 一節	王 漪	乙酉科 順天三十七名	墨選程才集	一七三
六五	二七七五	[孟子曰]禹惡旨酒 三節	王之醇	江蘇鄧宗師月課崑山縣學第一名	近科考卷知言集	一七七
六五	二七七六	[孟子曰]禹惡旨酒	毛一鳴		今文定式	一八一
六五	二七七七	[孟子曰]禹惡旨酒 善言	仇兆鰲		雲居淺業（□溪訂正）	一八五
六五	二七七八	[孟子曰]禹惡旨酒 一節	及 絳	乙酉科 順天第五十一名	乙酉科墨卷卓編	一八九
六五	二七七九	[孟子曰]禹惡旨酒而好善言 四節	孔毓璣		孔象九真稿二集	一九三
六五	二七八〇	孟子曰禹 一節	史尚節	乙酉科 順天第十八名	墨選程才集	一九七
六五	二七八一	[孟子曰]禹惡旨酒	呂葆中		本朝房行書歸雅集	二〇一

卷次	篇序號	篇名	著者	說明	出處	頁碼
六五	二七八二	[孟子曰]禹惡旨酒（下孟）	呂葆中（無黨）		呂榜眼真稿（竿木集）	二〇五
六五	二七八三	孟子曰禹惡 一節（孟子）	江 普		增補程墨質疑集	二〇九
六五	二七八四	[孟子曰]禹惡旨酒 全章	李光地		李厚菴稿（質疑集）	二一三
六五	二七八五	孟子曰禹 一節	李嗣發	乙酉科順天五十五名	鄉墨時（敬日堂）	二一七
六五	二七八六	孟子曰禹 一節（下孟）	吳 翊	乙酉科順天三十三名	鄉墨時（敬日堂）	二二一
六五	二七八七	孟子曰禹 一節	吳 翊	乙酉科順天三十三名	鄉墨時（敬日堂）	二二七
六五	二七八八	孟子曰禹 一節	吳 翊	乙酉科順天第三十三名	墨選程才集	二三一
六五	二七八九	孟子曰禹 一節（孟子）	吳世標		增補程墨質疑集	二三七
六五	二七九〇	[孟子曰]禹惡旨酒而好善言（孟子）	汪 浩	辛卯科 江西	墨卷鴻裁	二四一
六五	二七九一	[孟子曰]禹惡旨酒 二節（孟子）	汪師韓	會墨	二湖草堂稿	二四五

卷次	篇序號	篇名	著者	說明	出處	頁碼
六五	二七九二	[孟子曰]禹惡旨酒 二節（孟子）	汪師韓	雍正癸丑科會試	鄉會墨	二四九
六五	二七九三	[孟子曰]禹惡旨酒 二節（孟子）	沈文鎬	雍正癸丑科會試	鄉會墨	二五三
六五	二七九四	孟子曰禹 一節	沈廷藻	乙酉科順天第十四名	墨選程才集	二五七
六五	二七九五	孟子曰禹 一節	沈廷藻	乙酉科順天第十四名	乙酉科墨選卓編	二六一
六五	二七九六	[孟子曰]禹惡旨酒 全章（孟子）	林龍樓	福建張學院科入同安第一名	聲振錄	二六五
六五	二七九七	[孟子曰]禹惡旨酒而好善言	周弘勳	歲考廣信府學一等第一名	二周合稿	二六九
六五	二七九八	孟子曰禹 一節	邵起新	乙酉科 順天第二名	墨選程才集	二七三
六五	二七九九	孟子曰禹 一節	馬金泰	乙酉科 順天第二百四名	墨選程才集	二七七
六五	二八〇〇	[孟子曰]禹惡旨酒	袁邦鼎	江蘇張宗師歲試通州學第一名	近科考卷鳴□□	二八一

卷次	篇序號	篇名	著者	說明	出處	頁碼
六六	二八一〇	[孟子曰]禹惡旨酒 二節	許 集	雍正癸丑科會試	五科墨存	三二三
六六	二八一一	[孟子曰]禹惡旨酒 全章(下孟)	傅光遇	乙丑科	乙丑房書選	三二七
六六	二八一二	孟子曰禹 一節	張南齡	乙酉科 順天第一名	墨選程才集	三三一
六六	二八一三	孟子曰禹 一節	張鵬翮	乙酉科 順天第三十名	乙酉科墨卷卓編	三三五
六六	二八一四	孟子曰禹惡 一節	張鵬翮	康熙 乙酉科順天	增補程墨質疑集	三三九
六六	二八一五	[孟子曰]禹惡旨酒 二節	陳 倓	雍正癸丑科會試第一名	五科墨存	三四三
六六	二八一六	[孟子曰]禹惡旨酒而好善言湯執中立賢無方(孟子)	陳 倓	第一名	會墨賞口口	三四七
六六	二八一七	[孟子曰]禹惡旨酒 二節	陳 琦	雍正癸丑科會試	五科墨存	三五一
六六	二八一八	[孟子曰]禹惡旨酒而好善言	陳大章		陳夔石傳稿	三五五

卷次	篇序號	篇名	著者	說明	出處	頁碼
六六	二八三〇	[孟子曰]禹惡旨酒（孟子）	程　敏	四川曾宗師科入綏陽縣學第一名	歷科考卷鳴□□	四〇三
六六	二八三一	[孟子曰]禹惡旨酒（孟子）	程　敏	四川曾宗師科入綏陽縣學第一名	□卷小題初學集	四〇七
六六	二八三二	[孟子曰]禹惡旨酒（下孟）	程　敏		近科考卷新編	四一一
六六	二八三三	[孟子曰]禹惡旨酒　四節	費洪學		九科墨卷經國集	四一五
六六	二八三四	[孟子曰]禹惡旨酒　二節	董淑昌	雍正癸丑科會試	五科墨存	四一九
六六	二八三五	[孟子曰]禹惡旨酒　全章（孟子）	衛良佐		衛鶴洲先生稿	四二三
六六	二八三六	[孟子曰]禹惡旨酒而好善言	熊之理	辛卯科江西第五十二名	新墨存真	四二七
六六	二八三七	[孟子曰]禹惡旨酒而好善言	劉　焜	辛卯科江西第三十五名	新墨存真	四三一
六六	二八三八	孟子曰禹　一節	劉大馥	乙酉科順天	墨選程才集	四三五

卷次	篇序號	篇名	著者	說明	出處	頁碼
六七	二八四八	[孟子曰]拱把之桐梓 一章（孟子）	方棨如		集虛齋藁	○○九
六七	二八四九	[孟子曰]拱把之桐 一節（孟子）	杜光先		今文定式三冊	○一三
六七	二八五○	[孟子曰]拱把之桐梓之者（孟子）	李雲錦	福建李學院歲試福清縣第一名	直省考卷篋中集	○一七
六七	二八五一	孟子曰拱把 甚也（孟子）	吳　乾	江南謝宗師歲入江陰縣學第十名	歷科考卷鳴盛集	○二一
六七	二八五二	[孟子曰]拱把之桐梓（孟子）	余廷烈		典製備類初編初集	○二五
六七	二八五三	[孟子曰]拱把之桐 一章	沈世晉	庚口科 江南	五科墨選（芳草堂）	○二九
六七	二八五四	[孟子曰]拱把之桐梓 一章（孟子）	周振采		周白民四書文	○三三
六七	二八五五	孟子曰拱 一章（下孟）	金廷濬	安徽姚學院科入池州府八名	考卷製錦錄	○三七

卷次	篇序號	篇名	著者	說明	出處	頁碼
六七	二八六五	[孟子曰] 拱把之桐梓 一章（孟子）	馮孝言	江南 庚午科	墨卷萬選	○七七
六七	二八六六	孟子曰拱把 甚也	羅景陽	歲入侯官縣學第四名	向若編精選	○八一
六七	二八六七	[孟子曰] 拱把之桐梓（孟子）	嚴 源	江蘇張學院科入蘇州府學第二名	近科考卷雅潤二集	○八五
六七	二八六八	孟子曰許子必種粟 易之	林星衢		玉茗集	○八九
六七	二八六九	孟子曰許子必種粟 不自織	黄之霖		滙海集	○九三
六七	二八七○	[孟子曰] 舜之居深山之中一章（孟子）	王簵林	辛巳科	王簵林句心集	○九七
六七	二八七一	[孟子曰] 舜之居深 幾希	朱 林		朱鄧雲遺文	一○一
六七	二八七二	孟子曰舜之居 一章（下孟）	全天敘		初□□□□（愛吾廬選）	一○五
六七	二八七三	孟子曰舜之 一章（孟子）	吳 鴻	辛未科會試	墨卷愜心集	一○七

卷次	篇序號	篇名	著者	說明	出處	頁碼
六七	二八九五	孟子謂宋 一章（孟子）	陳子龍		大題傳文	一九五
六七	二八九六	孟子謂宋 二節（孟子）	陰正爕		應繩錄選	一九九
六七	二八九七	孟武伯問子 二節（論語）	李文煌	湖廣薄宗師歲考長沙府學第一名	本朝考卷定編	二〇三
卷六十八						
六八	二八九八	居天下之 節（下孟）	古慥四	丁卯科四川第三十八名	寄園鄉墨選	二〇九
六八	二八九九	居天下之廣居 三句（孟子）	朱佩蓮	王戌科	五科房行選（青雲閣）	二一三
六八	二九〇〇	居天下之 大道（孟子）	周毓祺	戊子科山東第十八名	鄉墨時（敬日堂）	二一七
六八	二九〇一	居天下之廣居 三句（孟子）	周毓真	戊子科 山東	墨卷凌雲	二二一
六八	二九〇二	居天下之廣 三句（孟子）	柯龍章		鰲峰課藝	二二五
六八	二九〇三	居天下之廣居立天下之正位行天下之正道（上孟）	孫　奏	順治 口子科江南	程墨選（懷古堂）	二二九

卷次	篇序號	篇名	著者	說明	出處	頁碼
六八	二九〇四	居天下之 三句（孟上）	盛符升	庚子科 江南	文鑑墨選	二三三
六八	二九〇五	居天下之 三句（上孟）	趙樹聲（玉公）	福建徐太宗師科試興化府學一等第三名補廩	寄園試草（翠薌亭）	二三七
六八	二九〇六	居天下之廣居 三句（孟子）	蔣拭之		蔣季眉稿	二四三
六八	二九〇七	居天下之 一節（下孟）	劉鵬翥	丁卯科 四川解元	寄園鄉墨選	二四七
六八	二九〇八	居天下之 由之（上孟）	錢義上	江蘇張宗師科試江寧第十五名	考卷分類舉隅（墨溉堂選）	二五一
六八	二九〇九	居天下之 三句（上孟）	歸有光		歸震川稿	二五五
六八	二九一〇	居天下之 一節（孟子）	顧一乾	江蘇張宗師科覆無錫縣學第一名	近科考卷純	二五九
六八	二九一一	居則曰不 一節（論語）	潘宗洛		誠一堂存稿	二六三
六八	二九一二	亟其乘屋 有恒心	周星彩		文萃集	二六七

卷次	篇序號	篇名	著者	說明	出處	頁碼
六八	二九二五	始舍之圉圉焉（孟子）	沈　英	江南鄧學院科入元和縣學第二名	瑤林四集（嘯閣選）	三一三
六八	二九二六	始舍之圉圉焉（孟子）	宋宗元	江蘇鄧宗師科入元和縣學第九名	考卷文選二集	三一七
六八	二九二七	始舍之（下孟）	法　橒		房書小題文徵（雲居山房）	三二一
六八	二九二八	[始舍之]圉圉焉（孟子）	宮廷樑	安徽觀宗師歲試懷遠縣學第一名	近科考卷秀發集	三二五
六八	二九二九	始舍之圉　三句（下孟）	曹辰容		時習錄（鶴和庭讀本）	三二九
六八	二九三〇	始舍之圉圉焉（孟子）	陸稼書		陸稼書先生真稿	三三三
六八	二九三一	始舍之圉圉　所哉（孟子）	莊廷偉	辛未科	辛未科小題文篋中集	三三七
六八	二九三二	始舍之　得其所哉	張　信	壬午科　山西	鄉墨	三四一
六八	二九三三	始舍之圉　三句（孟子）	陳豫朋	甲戌科	本朝歷科小題文選	三四五

卷次	篇序號	篇名	著者	說明	出處	頁碼
六九	二九四三	春秋修其 所親	吳玉鎔	丁卯科 第二名	丁卯科鄉試	三八七
六九	二九四四	春秋修其 二節	林正青	歲覆龍溪縣學第一名	八閩校士錄	三九一
六九	二九四五	春秋（中庸）	杭　樫		典制小題尋真集（雙松閣）	三九五
六九	二九四六	春秋（中庸）	杭建高		本朝考卷含真集（涵碧齋定本）	三九九
六九	二九四七	春秋（中庸）	金誠萬		金迴一時文	四〇三
六九	二九四八	春秋脩其 所親（中庸）	金誠萬		金迴一時文	四〇七
六九	二九四九	春秋修其 一節	周士璵	丙子科湖廣	丙子鄉墨求是編	四一一
六九	二九五〇	春秋修其 一節（中庸）	周春先	寧波	浙江試牘	四一五
六九	二九五一	春秋（中庸）	祝　封		小題圖南集	四一九
六九	二九五二	春秋修其 一節（中庸）	孟　楨	戊午科河南六十二名	戊午鄉墨矩矱	四二三
六九	二九五三	春秋修其 一節（中庸）	邵祖節		椒石山房制藝	四二七
六九	二九五四	春秋修其 二節	洪世澤	歲覆南安縣學一等一名	向若編精選	四三一

卷次	篇序號	篇名	著者	說明	出處	頁碼
六九	二九五五	春秋	高霆	葉大宗師歲考取進邵武府學第五名		四三五
六九	二九五六	春秋修其 一節（中庸）	孫見龍		孫叶飛四書文	四三九
六九	二九五七	春秋修其 一節	孫枝喬	康熙丙子科湖廣	本朝歷科墨卷選（文成定本）	四四三
六九	二九五八	春秋（中庸）	符渭英		以秋集	四四七
六九	二九五九	春秋修其 先也（中庸）	張模	壬申科	近科房行書菁華（浣花書屋）	四五一
六九	二九六〇	春秋修其 一節	張世任	丙子科湖廣	丙子鄉墨求是編	四五五
六九	二九六一	春秋修其 一節（中庸）	張爾銘	戊午科 河南第一名	戊午鄉墨矩矱	四五九
六九	二九六二	春秋修其祖 一節	張爾銘	第一名 河南	直省鄉墨觀	四六三
六九	二九六三	春秋脩其所親	陸士坊	丁卯科第三名	丁卯科鄉試文起	四六七
六九	二九六四	春秋（中庸）	陳璋		時令小箋	四七一
六九	二九六五	春秋脩其二節	陳科捷		太史家藁	四七七
六九	二九六六	春秋（中庸）	陳祖范		陳亦韓稿	四八一

卷次	篇序號	篇名	著者	說明	出處	頁碼
六九	二九六七	春秋	楊九雲		本朝考卷小題篋中集	四八五
六九	二九六八	春秋脩其 二節	賈餘勇	湖南阮宗師歲入益陽縣學第一名	近科考卷純	四八九
六九	二九六九	春秋脩其 二節	黄尚忠（原姓顔）	福建楊學院歲試取進漳州府學第一名	周社試艸	四九三
六九	二九七〇	春秋脩其祖 二節	程光瓛	乾隆丙辰科湖北	墨口璘⿰王扁	四九七
六九	二九七一	春秋脩其祖 二節	程英銘	乾隆丙辰科湖北	墨口璘⿰王扁	五〇一
六九	二九七二	春秋修其祖廟 一節（中庸）	喬永湜	戊午科河南第二名	戊午鄉墨矩矱	五〇五
六九	二九七三	春秋修其 二節	廖瑞蒲	歲覆安溪縣學一等第四名	向若編精選	五〇九
六九	二九七四	春秋脩其 所親	范曾輝	丁卯科第三十二名	丁卯科鄉試文起	五一三

第二十四冊

卷七十

卷次	篇序號	篇名	著者	說明	出處	頁碼
七〇	二九八六	南人有言 一節（論語）	曹錫寶	辛酉科	近科房行書菁華（浣花書屋）	〇〇五
七〇	二九八七	南蠻鴃舌之人 喬木者	韓希鳳		靈觀集	〇〇九
七〇	二九八八	郁郁乎文哉（上論）	宋體道（宗欽）	超等第一名	興安課業（仰止堂）	〇一三
七〇	二九八九	政事冉有季路	伍其坤	月課延平府學口口	八閩試牘（延平府）	〇一七
七〇	二九九〇	[政事冉有]季路（論語）	任啓運		任翼聖稿	〇二一
七〇	二九九一	政事冉有季路文學子游子夏（論語）	江　筠	乾隆壬午科	本朝小題文達	〇二五
七〇	二九九二	政事（論語）	李甡麟	丁丑科	本朝歷科小題文選	〇二九
七〇	二九九三	政事冉有季路	卓　超	月課延平府學一等第二名	八閩試牘（延平府）	〇三三
七〇	二九九四	政事冉有 二段（論語）	孟超然		榕江會課（初刻）	〇三七
七〇	二九九五	政事冉有季路	賴道來	月課永安縣學一等第一名	八閩試牘（延平府）	〇四一

卷次	篇序號	篇名	著者	說明	出處	頁碼
七〇	二九九六	故至誠如神（中庸）	劉 捷	康熙辛卯科	本朝房行書歸雅集	〇四五
七〇	二九九七	故君子不 興讓	李廷機		百煉草	〇四九
七〇	二九九八	故君子不出 於國（大學）	黃世輝	江南謝宗師歲入蘇州府五名	六科考卷文編（白雪軒定本）	〇五一
七〇	二九九九	故君子不出 於國（大學）	錢兆鳳	江南謝宗師歲入無錫縣學	小試利器	〇五五
七〇	三〇〇〇	故君子居易 二句（中庸）	丁雲錦	乙酉科 順天	墨卷正鵠	〇五九
七〇	三〇〇一	故君子居易以俟命	林人櫆	科入侯官第二名	閩中試錄（福州府）	〇六三
七〇	三〇〇二	[故]君子居易以俟命（中庸）	秦大士	單巡道會課鍾山書院超等□□	劍泉□□	〇六七
七〇	三〇〇三	故君子居易 一節（中庸）	孫 梅	乙酉科 順天第二名	墨卷愜心集	〇七一
七〇	三〇〇四	故君子居易以俟命	陳花開	科入侯官第一名	閩中試錄（福州府）	〇七五
七〇	三〇〇五	故君子居易以俟命（中庸）	蔣元益（時菴）	乾隆乙丑科	初學金針（敬業齋）	〇七七

卷次	篇序號	篇名	著者	說明	出處	頁碼
七〇	三〇〇六	故君子居易以俟命	顏聖恩	科入俟官第四名	閩中試錄（福州府）	〇八一
七〇	三〇〇七	故君子居易以俟命	鍾兆相	科入俟官第十六名	閩中試錄（福州府）	〇八五
七〇	三〇〇八	故君子居 一句（中庸）	魏時應	萬曆甲午科江西	慶曆文讀本新編	〇八九
七〇	三〇〇九	故君子居 一句（中庸）	魏時應	萬曆甲午科江西第二名	口墨讀本前集	〇九三
七〇	三〇一〇	故觀於海 物也（孟子）	王渫	戊戌科	天蓋樓偶評（小題觀略）	〇九七
七〇	三〇一一	故觀於海者	王朝琛（玉如）	胡中尊科考惠安縣取列壬寅科第七名	璐霞試草	一〇一
七〇	三〇一二	故觀於海者難為水（下孟）	李鏘		東江文集	一〇五
七〇	三〇一三	故觀於海者 二句（孟子）	吳昺		本朝考卷行遠集	一〇九
七〇	三〇一四	故觀於海 不行（孟子）	吳繡琥		考卷芳潤集	一一三

卷次	篇序號	篇名	著者	說明	出處	頁碼
七〇	三〇一五	故觀於海　一句（孟子）	宋兆元	毛撫院觀風莆田縣學超等一名	青壁齋試藝	一一七
七〇	三〇一六	故觀於海　不行（孟子）	袁鴻魁	江蘇李學院歲入吳縣學十六名	近科考卷秀幹集	一二一
七〇	三〇一七	故觀於海　二句（孟子）	許基口		考卷中聲	一二五
七〇	三〇一八	故觀於海　二句（孟子）	張　煒		應繩錄選	一二九
七〇	三〇一九	故觀於海　不行（孟子）	陸肇堅	江蘇李學院歲入吳縣學第十七名	近科考卷秀幹集	一三三
七〇	三〇二〇	故觀於海　不行（孟子）	陳　森	江蘇李學臺歲入吳縣學	直省近科考卷孚新集	一三七
七〇	三〇二一	故觀於海者　其瀾	陳敬仁	歲覆莆田縣學一等四名	向若編	一四一
七〇	三〇二二	故觀於海　一句（孟子）	喬之劭	戊子科河南第一名	直省鄉墨得珠	一四三
七〇	三〇二三	故觀於海者　為言（孟子）	湯秉禮	福建張宗師科入長汀七名	直省考卷選	一四七

卷次	篇序號	篇名	著者	說明	出處	頁碼
七〇	三〇二四	故觀於海者 照焉	楊昌霖		巧搭驪珠	一五一
七〇	三〇二五	故觀於海者難為水 二句（孟子）	萬年書	口酉科 湖北		一五五
七〇	三〇二六	故觀於海 不行	劉元口	月課侯官一等第一名	三山月課	一五九
七〇	三〇二七	故觀於海者難為水（孟子）	謝人驥		榕江會課（初刻）	一六三
卷七十一						
七一	三〇二八	指不若人 二句（下孟）	沈麟詩		塾課初學指要	一七一
七一	三〇二九	指不若人 類也（孟子）	胡心安	庚午科 湖北	新科墨選	一七五
七一	三〇三〇	指不若人 四句（孟子）	蔣拭之		蔣季眉稿	一七九
七一	三〇三一	指不若人則知惡之（下孟）	潘明祚		本朝小題一貫錄	一八三
七一	三〇三二	指不若人 一節（孟子）	瞿覲光	江南鄭宗師錄遺常熟縣貢監三名	小試利器	一八七
七一	三〇三三	指不若人 三句（孟子）	藍綿琛		東江文砥	一九一

卷次	篇序號	篇名	著者	說明	出處	頁碼
七一	三〇三四	若大旱之望雲霓也（孟子）	徐　斌		本朝小題文行遠集（義門書塾）	一九五
七一	三〇三五	若大旱之　弗止（孟子）	鄭遠芳	福建沈宗師月課莆田縣第一名	直省新科考卷	一九九
七一	三〇三六	若夫成功則天也（孟子）	吳仲澄		應繩錄選	二〇三
七一	三〇三七	若夫成功	孫鯤化	浙江于宗師歲試長興縣學第一名	近科考卷樞中集	二〇七
七一	三〇三八	若夫成功則天也（孟子）	許　菼		考卷文衡續編	二一一
七一	三〇三九	若夫潤澤之　皆衣褐	馬椿齡		衒華集	二一五
七一	三〇四〇	若夫潤澤之	蒙金奎	肇慶府優生		二一九
七一	三〇四一	若夫潤澤之　楚之滕	鍾國英	東莞縣學第一名		二二三
七一	三〇四二	若藥	吳英藻		俊雅集	二二七
七一	三〇四三	若孔子主　瘠環（孟子）	高以宩	江蘇景宗師科入吳縣學第一名	近科房考清卓集（翦水山莊）	二三一

卷次	篇序號	篇名	著者	說明	出處	頁碼
七一	三〇四四	若決江河 二句	吳 獻	歲覆龍嚴州學一等第一名	自為集	二三五
七一	三〇四五	若決江河 二句（孟子）	陳 珽	歲覆漳平學一等第二名	自為集	二三九
七一	三〇四六	若決江河（孟子）	單思邁		應試小品觀	二四三
七一	三〇四七	若是乎從者之（下孟）	□□□		□格文	二四七
七一	三〇四八	若是乎從 之心（下孟）	李敷榮	河南王宗師□科覆入武安第一名	試牘行遠（□巳新編）	二五一
七一	三〇四九	若是乎從者之（下孟）	周季琬		小題初學集（義塾課本）	二五五
七一	三〇五〇	若是乎從者之廋也（孟子）	萬 經		考卷中聲	二五九
七一	三〇五一	苟不固聰 一節（中庸）	汪培祖	丁丑科	丁丑科大題文選	二六三
七一	三〇五二	苟不固聰節（中庸）	張 敘	戊戌科	（大題觀略）	二六七
七一	三〇五三	苟不固聰 一節（中庸）	歸有光		歸震川稿	二七一
七一	三〇五四	苟為善逅 一節（上孟）	周 鍾		周介生稿	二七五
七一	三〇五五	是以若彼 二句（孟子）	韓 菼	康熙癸丑科	本朝房行書歸雅集	二七九

卷次	篇序號	篇名	著者	說明	出處	頁碼
七二	三〇六六	則不遠秦楚之路（孟子）	李　濤	江北李學院歲入全椒縣學第一名	瑤林四集	三二五
七二	三〇六七	則不遠秦楚之路（孟子）	鄒　嶧	江蘇張學院科入金匱第五名	聲振錄	三二九
七二	三〇六八	則可謂云爾已矣（論語）	張文耀	江南謝宗師科試無錫一等第六名	六科考卷文編（白雪軒定本）	三三三
七二	三〇六九	則可謂云爾已矣（論語）	顧棟高	康熙辛丑科	本朝小題文清華集	三三七
七二	三〇七〇	則市賈不貳　或欺布帛	伍燊垚	新會縣學		三四一
七二	三〇七一	則在君與子　農之言者	林國璋		觀海集	三四五
七二	三〇七二	則在君與子矣　問君行仁政	楊渙元		揚華集	三四九
七二	三〇七三	則百姓親睦	馮一梅		蕙林軒集	三五三
七二	三〇七四	則有饋其兄生鵝者（孟子）	王　澍	康熙壬辰科	本朝房行書歸雅集	三五七
七二	三〇七五	則安之（論語）	李鍾僑		應繩錄選	三六一
七二	三〇七六	則安之（論語）	林應兆		應繩錄選	三六五

卷次	篇序號	篇名	著者	說明	出處	頁碼
七二	三〇九〇	乘殷之輅（論語）	杭世駿	丙辰科	近科房行書菁華（浣花書屋）	四二一
七二	三〇九一	秋陽	王　藻		貫珠集	四二五
七二	三〇九二	禹吾無間然矣（論語）	方　苞	康熙丙戌科	本朝房行書歸雅集	四二九
七二	三〇九三	信近於義言可復也恭近於禮遠恥辱也	焦有森	江西第二十名	直省鄉墨	四三三
七二	三〇九四	禹疏九河　瀹濟漯	芮曾麟		滙海集	四三五
七二	三〇九五	禹疏九河　而民人育	洪調緯		紅藥館集	四三九
七二	三〇九六	禹疏九河	莊世驥		釁雋集	四四三
七二	三〇九七	禹疏九河　注之江	錢廷薰		精粹集	四四七
七二	三〇九八	禹疏九河　注之江	顧有棨		滙海集	四五一
七二	三〇九九	禹稷躬稼而有天下（論語）	羅　枚	敷文	二刻西泠三院會課	四五五
七二	三一〇〇	卑宮室而盡力乎溝洫（論語）	沈榮河		龍山遺文（著者十一歲作）	四五九
七二	三一〇一	待其人而後行　兩節	徐廷槐			四六一
七二	三一〇二	後世子孫　者矣（孟子）	口口口		與齋試草	四六五

卷次	篇序號	篇名	著者	說明	出處	頁碼
七三	三一三三	為宮室之 為之（孟子）	周蘭馨	江蘇李臬臺觀風蘇州府學第四名	近科考卷秀幹集	〇七三
七三	三一三四	為能經綸天下之大經（中庸）	馮詠	馬撫臺月課特等第一名	試草	〇七七
七三	三一三五	為能經綸 一句（中庸）	馮諶	馬撫臺月課特等第三名	試草	〇八一
七三	三一三六	為能經綸天 三句（中庸）	蔡世遠		東江文砥	〇八五
七三	三一三七	為能經綸天下之大經（中庸）	劉巗	康熙癸未科	本朝房行書歸雅集	〇八九
七三	三一三八	為能經綸天下之大經	劉巗		劉太史新稿	〇九一
七三	三一三九	爲能聰明睿知（中庸）	周德孚	廣西徐宗師歲試陽朔縣學第一名	五科考卷懷新集（口林書屋）	〇九五
七三	三一四〇	為國以禮（下論）	宋鳳翔	萬曆壬子科順天	口弋（城西草堂）	〇九九
七三	三一四一	為國以禮	周兆鰲（駕山）	杭州	西泠文萃二刻	一〇三

卷次	篇序號	篇名	著者	說明	出處	頁碼
七三	三一四二	為國以禮 一節（論語）	唐冠賢	鄭學院歲試四名	飲香堂制義	一〇七
七三	三一四三	為國以禮 一節（論語）	唐冠賢		芹香文鈔	一一一
七三	三一四四	為國以禮（下論）	鄧之澄	江西金宗師科試南城一等四名	考卷小題瓣香（麗古）	一一五
七三	三一四五	爲貧者 三節（孟子）	徐　芳		留餘堂遺稿	一一九
七三	三一四六	爲貧者 三節 其二（孟子）	徐　芳		留餘堂遺稿	一二三
七三	三一四七	爲貧者辭尊 已矣（孟子下）	陳　萇		本朝科舉文行遠集	一二五
七三	三一四八	爲貧者辭尊 一節（下孟）	陳玉言	廣西沈學院歲試隆安縣學第一名	直省考卷所見二集	一三一
七三	三一四九	為陳侯周臣	倪師曾（祖望）	杭州	西泠文萃二刻	一三五
七三	三一五〇	為富不仁矣為仁	葉大同	鳳池書院月課		一三九

卷七十四

卷次	篇序號	篇名	著者	說明	出處	頁碼
七四	三二六〇	洋洋乎發 二節（中庸）	宋兆元	金中尊三覆莆田第八名	青璧齋試藝	一八一
七四	三二六一	[洋洋乎發育萬物]峻極于天 大哉	林應鈃（文美）	徐太宗師歲入龍巖學第一名	雙桂試草	一八五
七四	三二六二	[洋洋乎發育萬物]峻極于天（中庸）	周 欽	甲辰科		一八九
七四	三二六三	[洋洋乎發育萬物]峻極于天（中庸）	邵祖節		椒石山房制藝	一九三
七四	三二六四	[洋洋乎]發育萬物（中庸）	柳昌澍	湖南倪宗師科入長沙第一名	考卷小題瓣香	一九七
七四	三二六五	[洋洋乎發育萬物]峻極於天（中庸）	馬 緩	安徽姚宗師歲試祁門縣學第一名	考卷小題瓣香	二〇一
七四	三二六六	洋洋乎發 一節（中庸）	徐陶璋			二〇五
七四	三二六七	洋洋乎發育萬物（中庸）	張書紳	戊子科 江西第四名	直省鄉墨得珠	二〇九
七四	三二六八	[洋洋乎發育萬物]峻極於天	陸秉鑑			二一三
七四	三二六九	洋洋乎發育萬物（中庸）	黃汝亨			二一七

卷次	篇序號	篇名	著者	說明	出處	頁碼
七四	三一七〇	洋洋乎發 一節（中庸）	黃師瓊		□□文稿	二一九
七四	三一七一	洋洋乎發 二節（中庸）	黃道周	天啟 壬戌科	名文彙選探徵（名家卓編）	二二三
七四	三一七二	洋洋乎發育萬物峻極於天（中庸）	賈兆鳳			二二七
七四	三一七三	洋洋乎發 一句（中庸）	葉向榮	戊子科 江西第二名	直省鄉墨得珠	二三一
七四	三一七四	洋洋乎發 問學（中庸）	蔣世基		近科考卷的	二三五
七四	三一七五	洋洋乎發 一節（中庸）	蔣拭之		蔣季眉稿	二三九
七四	三一七六	[洋洋乎]發育萬物（中庸）	劉永標	福建汪宗師歲試長樂縣學一等第一名	近科考卷純	二四三
七四	三一七七	洋洋乎發育 一節（中庸）	潘安禮		□□□文稿	二四七
七四	三一七八	洋洋乎發育萬物（中庸）	蘇國梁	江南張宗師歲考合肥縣學第四名		二五一
七四	三一七九	神（論語）	沈錫輅	康熙 戊戌科	本朝小題文清華集	二五五

卷次	篇序號	篇名	著者	說明	出處	頁碼
七四	三一九一	孩提之童 二句（孟子）	顧建昌	江蘇張學院科入嘉定縣學五名	考卷清華三集	三〇三
卷七十五						
七五	三一九二	耕也餒在 四句（論語）	殷兆燕	丁卯科	近科房行書菁華（浣花書屋）	三〇九
七五	三一九三	泰山之於 行潦（孟子）	李祖惠	口酉科	虹舟制義（稻香書屋）	三一三
七五	三一九四	泰山之於 二句	周學健		八家制藝雅宗	三一七
七五	三一九五	泰山之於丘垤（上孟）	馮雲會		應試小題及鋒集（精選定本）	三二一
七五	三一九六	貢者校數 為常	章錫金		文組集	三二五
七五	三一九七	素貧賤行乎貧賤（中庸）	陳長鈞	湖南阮宗師歲試武陵第三名	考卷小題瓣香（雋韻）	三二九
七五	三一九八	素貧賤行 句（學庸）	董斯張		初學小題明文繡（華川書屋）	三三三
七五	三一九九	素富貴行乎富貴（中庸）	秦　擴		口口科小題文行遠集	三三七

卷次	篇序號	篇名	著者	說明	出處	頁碼
七五	三三一三	校以教之 夏曰校	史應蘭		小題約選	三九一
七五	三三一四	校者教也	林國賡		觀海集	三九五
七五	三三一五	校者教也	陳明曦	長沙縣學壹等		三九九
七五	三三一六	校者教也 殷曰序	陳觀圻		邁倫集	四〇三
七五	三三一七	校者教也 曰校	程佑孫		古歡堂	四〇七
七五	三三一八	捆屨	毛松年		新硎集	四一一
七五	三三一九	夏曰校殷曰序	徐梅生		清雋集	四一五
七五	三三二〇	夏曰校	湛宗和	科考湘陰縣學一等		四一九
七五	三三二一	夏后氏五十而貢	宋德宜		紅藥館集	四二三
七五	三三二二	夏后氏以松	潘步淳	吳宗師科考取進福寧府學第二名		四二七
七五	三三二三	夏后氏以松	潘履□	吳文宗科試取進福寧府學第六名		四三一
七五	三三二四	致廣大而 句（中庸）	□□□		□□□□稿	四三五
七五	三三二五	致廣大而盡精微（中庸）	方苞		方靈皋稿	四三九

卷次	篇序號	篇名	著者	說明	出處	頁碼
七五	三二二六	致廣大而盡精微	方棨如		集□□□ 續藁	四四三
七五	三二二七	致廣大而盡 二句（中庸）	周大璋	癸卯正科第三十二名	□□□□（遂初堂）	四四七
七五	三二二八	致廣大而 四句（中庸）	徐陶璋		徐達夫大小題文稿（瓜涇草堂）	四五一
七五	三二二九	致廣大而 四句（中庸）	黄師瓊		黄□□□文稿	四五五
七五	三二三〇	致廣大而盡精微 二句	賈國維		二賈太史合稿	四五九
七五	三二三一	致廣大而盡精微（中庸）	劉巘		劉太史新稿	四六三

第二十六册

卷七十六

卷次	篇序號	篇名	著者	說明	出處	頁碼
七六	三二三二	柴也愚參也魯	王廣佑	第二名	會墨	〇〇五
七六	三二三三	草木生之 三句（中庸）	儲雄文	康熙戊子科	本朝房行書歸雅集	〇〇七
七六	三二三四	草木暢茂禽獸繁殖	來鴻縉		綠香山館集	〇一一
七六	三二三五	悦周公仲尼之道	吴時化		楊華集	〇一五
七六	三二三六	悦周公仲 士也	周杰		觀海集	〇一九
七六	三二三七	悦周公仲尼 中國	黄劭獻		文組集	〇二三

卷次	篇序號	篇名	著者	說明	出處	頁碼
七六	三一三八	悅周公仲尼之道（孟子）	馬世俊	順治辛丑科	本朝房行書歸雅集	〇二七
七六	三一三九	豈不爾思室是遠而（論語）	黃叔琳	康熙辛未科	本朝房行書歸雅集	〇三一
七六	三一四〇	豈曰小補之哉（下孟）	□□□		□□題醇英	〇三五
七六	三一四一	豈以為非是而不貴也	曹　成		清湘集	〇三九
七六	三一四二	豈有他哉（孟子）	方楘如		集虛齋藁	〇四三
七六	三一四三	豈惟民哉　一節	汪　份		本朝考卷大題篋中集	〇四七
七六	三一四四	豈惟民哉	章大來	浙江汪學院科考山陰第二名	近科考卷凌雲	〇五一
七六	三一四五	豈惟民哉	黃允肅	施三尊吊取南安縣童生第三名	□社試草	〇五五
七六	三一四六	豈惟民哉　一節	楊希魯		本朝歷科大題文選	〇五九
七六	三一四七	豈惟民哉	熊衛聖		近科考卷文	〇六三
七六	三一四八	豈愛身不若桐梓哉	沈　瞻	歲入漳州府學第二名	福建試牘	〇六七

卷次	篇序號	篇名	著者	說明	出處	頁碼
七六	三三六一	殺雞爲黍而食之	柳世銘（箴元）	李宗師歲入大田學第十名	試草	一一七
七六	三三六二	殺雞爲黍而食之	柳兆潆（景旋）	李宗師歲入大田學第五名	試草	一二一
七六	三三六三	殺雞（論語）	范榕		咫聞書塾初刊	一二五
七六	三三六四	殺雞（論語）	俞文源		今文大小題商	一二九
七六	三三六五	殺雞（論語）	姚宏森	江蘇開宗師覆入松江府學第三名	近科考卷歸真集	一三三
七六	三三六六	殺雞爲黍 一句（下論）	孫卓	己未科	房書小題文徵	一三七
七六	三三六七	殺雞爲黍而食之（論語）	韓步雲	山西勵宗師歲入浮山縣學第一名	考卷文選二集	一四一
七六	三三六八	狼戾	韓騰茂		啜茗軒集	一四五
七六	三三六九	猶可以為 若藥	楊湘		文組集	一四九
七六	三三七〇	猶以一杯水（孟子）	方椠如		四名家合選	一五三

卷次	篇序號	篇名	著者	說明	出處	頁碼
七七	三三八二	師冕見及 全章（下論）	林錫齡		東江文砥	二〇一
七七	三三八三	師冕見及階 全章（下論）	金　鑑	己卯科	近科房行書菁華（浣花書屋）	二〇五
七七	三三八四	師冕見 全 其一（論語）	胡宗緒		胡襲參時文	二〇九
七七	三三八五	師冕見 全 其二（論語）	胡宗緒		胡襲參時文	二一三
七七	三三八六	師冕見 一章（下論）	胡宗緒		國朝制義所見集補	二一七
七七	三三八七	師冕見及階 一節	姚黃甲	嚴學師會課與化府學第一名	濯錦川試藝	二二一
七七	三三八八	師冕見 子曰然（論語）	馬世奇		馬君常先生稿	二二五
七七	三三八九	師冕見 全章（論語）	孫　灝	庚戌科	新科小題洪鈞	二二九
七七	三三九〇	師冕見及 一章（論語）	孫見龍	辛卯科	孫叶飛四書文	二三一
七七	三三九一	師冕出 二節（論語）	孫承福	敷文	西冷三院會課二刻	二三五
七七	三三九二	師冕見及 一章（下論）	常　住	庚辰科	口大題口	二三九
七七	三三九三	師冕見及 道也（下論）	陳　甡	山東趙宗師月課濰縣一等第一名	近科考卷賞心集	二四一

卷次	篇序號	篇名	著者	說明	出處	頁碼
卷七十八						
七八	三三〇三	席也皆坐	陳應龍（朝袞）	汪口宗師科試莆田縣學一等第一名補廩	翼亭試草	二八五
七八	三三〇四	唐棣之華 章（論語）	狄億	康熙辛未科	本朝房行書歸雅集	二八九
七八	三三〇五	益曰（學庸）	章振先（集初）		增訂小題秘訣	二九三
七八	三三〇六	益者三友損者三友（論語）	孫承福	紫陽	二刻西冷三院會課	二九七
七八	三三〇七	益烈山	李鳳祺		貫珠集	三〇一
七八	三三〇八	[益] 烈山	張桂星		清雋集	三〇五
七八	三三〇九	[益] 掌火	王國楠		萃華集	三〇九
七八	三三一〇	浩浩其天（中庸）	何陳調（守之）	錢塘	桐音課選	三一三
七八	三三一一	浩浩其天	施翔鳳	雍正王子科江南	歷科墨卷同風集（古香書屋）	三一七
七八	三三一二	浩浩其天 合下節（中庸）	張江		張太史稿	三二一

卷次	篇序號	篇名	著者	說明	出處	頁碼
七八	三三二六	浸潤之譖 二段（論語）	李永祺	浙江張撫臺會考正誼書院第一名	直省考卷篋中集	三七九
七八	三三二七	浸潤之譖 已矣（論語）	周振采	江蘇鄧宗師科考淮安府學第一名	本朝考卷文選	三八三
七八	三三二八	浸潤之譖（論語）	葉秉敬	萬曆辛丑科	增訂小題金丹	三八七
七八	三三二九	浸潤之譖（論語）	劉以貴	康熙戊辰科	小題文範	三九一
七八	三三三〇	浸潤之譛（論語）	劉以貴		本朝房行書歸雅集	三九五
七八	三三三一	宰我問三年 全章（下論）	周　鍾		周介生稿	三九九
七八	三三三二	宰我問三年 全章（論語）	劉　巘		劉太史真稿	四〇三
七八	三三三三	宰我對曰 戰栗（論語）	莊廷璽	江南鄭宗師歲試武進縣學第五名	利試金聲	四〇七
七八	三三三四	容光必照焉（孟子）	汪　郊	浙江汪宗師科試歸安縣學第二名	考試利器	四一一

第二十七冊

卷七十九

卷次	篇序號	篇名	著者	說明	出處	頁碼
七九	三三四五	理（中庸）	周環			〇〇五
七九	三三四六	理（中庸）	周環		小題文研清集	〇〇七
七九	三三四七	理（中庸）	周環		本朝考卷含真集補編（學稼軒定本）	〇一一
七九	三三四八	焉知賢才而舉之 一節（論語）	黄秉調（枚卜）	崇文	西泠三院會課二刻	〇一五
七九	三三四九	娶妻非爲 二句（下孟）	陳梧岡（爾棲）	沈學臺科試長泰縣學一等第一名	丹崖試草（聚奎樓文峯社）	〇一九
七九	三三五〇	教也序者	蔡尚鋆	縣考南海第一名		〇二三
七九	三三五一	排淮	朱元祺	館課第一名		〇二七
七九	三三五二	排淮泗而注之江	張鐘杰		黌雋集	〇三一
七九	三三五三	排淮泗	潘同庚		貫珠集	〇三五
七九	三三五四	執圭（論語）	王友僑		紫陽書院文彙選	〇三九

卷次	篇序號	篇名	著者	說明	出處	頁碼
七九	三三五五	執圭鞠躬 不勝	朱鈺	科試錢塘縣學一等第二名	浙江試牘	〇四三
七九	三三五六	執圭鞠躬 全章	宋筠		本朝考卷大題篋中集	〇四七
七九	三三五七	執圭（論語）	郁文華	雲南孫宗師歲入姚州第一名	增訂考卷有神二集	〇五一
七九	三三五八	執圭鞠躬如也 一章（上論）	高賓	江蘇張學院月課鎮洋縣學第一名	直省考卷所見集	〇五五
七九	三三五九	執圭鞠躬如也 章	莊大中		莊鏡堂稿（真意齋）	〇五九
七九	三三六〇	執圭鞠躬 一章（論語）	湯祚		典制文環一集（桂岩居）	〇六三
七九	三三六一	執圭鞠躬（論語）	萬兆鼎	江蘇張學院歲入常州府一名	考卷鴻文	〇六七
七九	三三六二	執圭（論語）	蔡德晉		敬齋制義	〇七一
七九	三三六三	執圭鞠躬如也 如授	潘本義	仁和	西泠口口二刻	〇七九
七九	三三六四	執圭（論語）	魏嘉琬		典制文環一集（桂岩居）	〇八一

卷次	篇序號	篇名	著者	說明	出處	頁碼
七九	三三六五	執禮（論語）	向日貞		應試小品觀	〇八七
七九	三三六六	奢則不孫 全章	吳韓起		舉業正宗	〇九一
七九	三三六七	奢則不孫 寧固（論語）	季國時	江南胡宗師歲入無爲州第一名	六科考卷文編（白雪軒定本）	〇九五
七九	三三六八	奢則不孫儉 一節（論語）	周龍藻	蘇松劉道尊觀風吳江縣學第一名	本朝直省考卷篋中集	〇九九
七九	三三六九	奢則不孫 一節（論語）	徐念祖	國子監吳少司成月課第一名	直省考卷篋中集	一〇三
七九	三三七〇	華周杞梁之妻（孟子）	周茂源	順治己丑科	本朝房行書歸雅集	一〇七
七九	三三七一	莫春者春 而歸（下論）	王世琛		利試小題英雅集（求志堂選）	一一一
七九	三三七二	莫春者春 而歸（論語）	李應口	萬曆丙口科	增訂小題金丹	一一五
七九	三三七三	景春曰公孫 二節（孟子）	李義山	雲南蔣宗師歲覆尋甸州學第五名	小試利器	一一七
七九	三三七四	景春曰公 一章（孟子）	周銓		閩海偉觀	一二一
七九	三三七五	景春曰公 一章（孟子）	胡俊	甲戌科	甲戌科小題文選	一二五

卷次	篇序號	篇名	著者	說明	出處	頁碼
卷八十						
八〇	三三八五	唯天下至聖 二節	口口口	萬曆甲戌科會程	同文錄 第十三冊	一六七
八〇	三三八六	惟天下至聖 三句（中庸）	方苞	己卯科 鄉墨	靈皋先生文編（春暉堂）	一六九
八〇	三三八七	唯天下至 其天（中庸）	方苞		方靈皋全稿	一七三
八〇	三三八八	唯天下至 臨也（中庸）	方苞	己卯科 江南第一名	（敬日堂）	一七七
八〇	三三八九	唯天下至聖 節（中庸）	杜麟徵		（遙集居）	一八一
八〇	三三九〇	唯天下至 臨也（中庸）	李來泰	鄉墨	李石臺先生真稿	一八五
八〇	三三九一	唯天下至 配天（中庸）	吳銳	當塗縣葉學師月課本學第一名	直省考卷篋中集	一八九
八〇	三三九二	唯天下至聖 節（中庸）	吳偉業		吳會元藁（嘯閣評）	一九三
八〇	三三九三	唯天下至 全章（中庸）	宋筠	康熙己丑科	本朝歷科大題文讀本	一九七
八〇	三三九四	惟天下至聖 三句（中庸）	汪倓		明文初真稿	二〇一

卷次	篇序號	篇名	著者	說明	出處	頁碼
八〇	三三九五	惟天下至聖 全（中庸）	林　春		成弘正嘉大小題文讀本	二〇五
八〇	三三九六	惟天下至聖 一節（中庸）	徐用錫	戊子科		二〇七
八〇	三三九七	唯天下至聖 臨也（中庸）	許開基		許勛宗稿（德星堂）	二一一
八〇	三三九八	唯天下至 一節	張景崧		張岳未制義	二一五
八〇	三三九九	唯天下至 所倚（中庸）	陸　毅		陸士迪大題新稿（卯辰集）	二一九
八〇	三四〇〇	唯天下至聖 一節	陳遷鶴		太史家藁	二二三
八〇	三四〇一	唯天下至大經（中庸）	黃淳耀		黃陶口稿	二二七
八〇	三四〇二	唯天下至聖 全章（中庸）	鍾兆相	歲試侯官縣學一等一名	福建試牘	二三一
八〇	三四〇三	唯天下至 臨也（中庸）	歸有光		成弘正嘉大小題文讀本	二三五
八〇	三四〇四	唯天下至聖 睿知（中庸）	蕭士瑋		慶曆小題文行遠集（義門書塾）	二三九
八〇	三四〇五	唯天下至 睿知（中庸）	蕭士瑋		明文初學讀本	二四一

卷次	篇序號	篇名	著者	說明	出處	頁碼
八〇	三四一七	惟求則非 二節（下論）	□□□		槀中集（牆東草堂）	二八七
八〇	三四一八	唯求則非邦也與 二節	□□□		虛白齋存稿（敝帚集）	二九一
八〇	三四一九	惟求則非 二節（論語）	王雲衢		王雲衢制義虛牝集	二九五
八〇	三四二〇	唯求則非 二節（論語）	王步青	金壇胡縣尊季考本學第一名	直省考卷篋中集	二九九
八〇	三四二一	唯求則非邦也與 二節（論語）	王步青		敦復堂稿	三〇三
八〇	三四二二	唯求則非 二節（論語）	王步青		王漢階時文	三〇七
八〇	三四二三	唯求則非邦也與 二節（論語）	方棨如		集虛齋續藁	三一一
八〇	三四二四	唯求則非邦 二節	李紱		李巨來四書文	三一五
八〇	三四二五	唯求則非 節	李蟠		李狀元真稿	三一九
八〇	三四二六	唯求則非 二節（下論）	吳爾堯		今文得真集（愛吾廬選）	三二三
八〇	三四二七	唯求則非 二節（論語）	何深	丙戌科	丙戌科大題文選	三二七

卷次	篇序號	篇名	著者	說明	出處	頁碼
八〇	三四二八	唯求則非邦 兩節（論語）	周日藻		周旭之時文	三三一
八〇	三四二九	唯求則非邦 二節（論語）	袁鯤化		本朝考卷含真集補編（學稼軒定本）	三三五
八〇	三四三〇	唯求則非 二節（下論）	荊孝錫	己未科	己未房書文徵（雲居山房）	三三九
八〇	三四三一	唯求則非邦 之大	荊 琢		荊其章四書文（浩園草口）	三四三
八〇	三四三二	唯求則非邦 二節	曹友夏		曹次辰制藝	三四七
八〇	三四三三	唯求則非 二節（論語）	張 江		張百川時文	三五一
八〇	三四三四	唯求則非 二節（論語）	陳文遴	福建徐學使月課閩縣學第一名	本朝直省考卷篋中集	三五九
八〇	三四三五	惟求則非 二節	陳治口	福建劉道臺觀風南安學第一名	近科考卷遵路	三六一
八〇	三四三六	唯求則非 二節（下論）	陳大章		陳夔石傳稿	三六三
八〇	三四三七	唯求則非 二節（論語）	鄒祖頊		鄒蓮村四書文	三六五
八〇	三四三八	唯求則非 二節（論語）	趙 晉		趙榜眼真稿	三六九

卷次	篇序號	篇名	著者	說明	出處	頁碼
八一	三四四八	得天下英才而教育之（孟子）	路一清	安徽觀宗師錄科懷寧縣副貢第一名	近科考卷純	四一一
八一	三四四九	得天下英 一句	鄭超（開天）	達道臺館課一等七名	鰲峰課藝尤雅	四一五
八一	三四五〇	得天下英才（孟子）	顧起倫	庚子科	八科小題文編（白雪軒定本）	四一九
八一	三四五一	得志與民 二句（上孟）	張對墀		同江四書文	四二三
八一	三四五二	得志與民由之（孟子）	盧祖禧	福建司宗師科考永定第一名	直省歲科考卷小題選（文成定本）	四二七
八一	三四五三	得其門或寡矣（論語）	馮易（本姓顧）	江南張學院科入太倉州學第三名	瑤林集（賜閒堂二編）	四三一
八一	三四五四	從我者其由與（論語）	陳光	福建汪學使歲考入興化府學第二名	直省考卷篋中集	四三五
八一	三四五五	從我於陳 全章（論語）	周茂源		本朝名家傳文	四三七
八一	三四五六	從我於陳蔡 門也	陶貞一	康熙 壬辰科	本朝小題定編	四四一
八一	三四五七	魚（孟子）	王承熙		口典制崇新集	四四五

卷次	篇序號	篇名	著者	說明	出處	頁碼
八一	三四五八	魚我所欲也 一段（下孟）	王炳文	江蘇張學院歲入崑山縣學第三名	□考卷所見三集	四四九
八一	三四五九	魚我所欲 二句（孟子）	李炯		□堂制義	四五三
八一	三四六〇	魚我所欲 欲也（孟子）	胡紹安		□科小題文選	四五七
八一	三四六一	魚我所欲 二句	施源	江蘇景宗師歲試吳縣學第一名	近科考卷雅正集	四六一
八一	三四六二	魚我所欲也 四句（孟子）	陳四維	江蘇張宗師歲入崑山縣學第一名	□□考卷鳴□□	四六五
八一	三四六三	魚我所欲也（孟子）	劉青藜	丙戌科	六科小題文編	四六九
八一	三四六四	欲子去之 十一章（論語）	蔡寅斗	丁卯科	近科房行書菁華（浣花書屋）	四七三
八一	三四六五	欲正其心 二句（大學）	曹一士		□馬齋稿	四七七
八一	三四六六	欲以所事孔子 江漢	何文熺	番禺學第一名		四八一
八一	三四六七	欲以所事孔子 江漢	黃永業	番禺縣學		四八五
八一	三四六八	孰爲夫子（論語）	王篛林	庚寅科	王篛林句心集	四八九

卷次	篇序號	篇名	著者	說明	出處	頁碼
八一	三四六九	孰爲夫子（論語）	王步青		敦復堂稿	四九三
八一	三四七〇	孰爲夫子植其杖而芸子路拱而立	毛輝祖			四九七
八一	三四七一	孰爲夫子　而立	李因培	乙丑科第十五名	乙丑會墨	五〇一
八一	三四七二	孰爲夫子（下論）	沈三曾		本朝小題一貫錄	五〇五
八一	三四七三	孰爲夫子　而立	沈志祖	乙丑科會試	闈墨從繩（尚友堂）	五〇九
八一	三四七四	孰爲夫子　而立	周植	乙丑科會試	闈墨從繩（尚友堂）	五一三
八一	三四七五	孰爲夫子　而立	周補	乙丑科第十二名	乙丑會墨	五一七
八一	三四七六	孰爲夫子　而立	周渼	乙丑科會試	闈墨從繩（尚友堂）	五二一
八一	三四七七	孰爲夫子　而立	哈達哈	乙丑科第十四名	乙丑會墨	五二五
八一	三四七八	孰爲夫子	荊琢		荊其章四書文（浩園草堂）	五二九

卷次	篇序號	篇名	著者	說明	出處	頁碼
八一	三四七九	孰爲夫子 而立（論語）	許 菼	乙丑科 第十六名	墨卷愜心集	五三三
八一	三四八〇	孰爲夫子 而立	許 嚴	乙丑科 第十六名	乙丑會墨	五三七
八一	三四八一	孰爲夫子 而立	郭成俊	乙丑科 第十八名	乙丑會墨	五四一
八一	三四八二	孰爲夫子 三句（論語）	陳雲樹	乾隆乙丑科會試明通榜第三名	陳石堤稿	五四五
八一	三四八三	孰爲夫子（論語）	賴之屏		本朝考卷含真集（涵碧齋定本）	五四九
八一	三四八四	孰爲夫子	賴長清	科入平和縣學第一名	閩中校士錄	五五三
八一	三四八五	孰爲夫子 而立	夢 麟	乙丑科會試	闈墨從繩（尚友堂）	五五七
八一	三四八六	孰爲夫子 而立	蔣元益	乙丑科第一名	乙丑會墨	五六一
八一	三四八七	孰爲夫子 而立	蔣元益	乙丑科會試第一名	闈墨從繩（尚友堂）	五六五

卷次	篇序號	篇名	著者	說明	出處	頁碼
八一	三四八八	孰爲夫子 而立	錢維城	乙丑科會試	闈墨從繩（尚友堂）	五六九
八一	三四八九	孰爲夫子（論語）	錢謙益		初學小題明文繡（華川書屋）	五七三
八一	三四九〇	孰爲夫子植其杖而芸子路拱而立	顏 璹	乙丑科遺稿	突山存稿	五七七
八一	三四九一	孰爲夫子 而立	顧 聯	乙丑科會試	闈墨從繩（尚友堂）	五八一
第二十八冊						
卷八十二						
八二	三四九二	許子以釜甑爨以鐵耕乎曰然	施榮幹		存真集	〇〇五
八二	三四九三	許子必種粟 而後衣乎曰否	林 芬		貫珠集	〇〇九
八二	三四九四	許子必種粟 厲農夫哉	周虎彝		新穎集	〇一三
八二	三四九五	許子必織布	陸成勳		迺金集	〇一七

卷次	篇序號	篇名	著者	說明	出處	頁碼
八二	三四九六	許子冠乎曰冠曰奚冠曰冠素	陳 驊		滙海集	○二一
八二	三四九七	設為庠序 三代共之	李德謙		腴快集	○二五
八二	三四九八	設為庠序學校	徐頌增		滙海集	○二九
八二	三四九九	設為庠序 庠者養也	孫翼謀		揚華集	○三三
八二	三五〇〇	設為庠序學校以教之	褚元復		貫珠集	○三七
八二	三五〇一	麻冕禮也 一章（論語）	馬世俊		國朝制義所見集	○四一
八二	三五〇二	庶幾夙夜以永終譽（中庸）	杜定京	康熙己卯科	本朝房行書歸雅集	○四三
八二	三五〇三	商聞之矣（論語）	許宗渾	王辰科	本朝歷科小題文選	○四七
八二	三五〇四	望	闕 名		揚華集	○五一
八二	三五〇五	粒米	來宗敏		揚華集	○五五
八二	三五〇六	曾子曰戒之 三句（孟子）	徐日久		慶曆小題文行遠集（義門書塾）	○五九
八二	三五〇七	曾晳曰夫三子者之言何如（論語）	方越年（風亭）	浙江淳安	會課（蕺山書院）	○六三
八二	三五〇八	曾晳曰夫 由也（論語）	陳 光		閩海偉觀	○六七

卷次	篇序號	篇名	著者	說明	出處	頁碼
八二	三五〇九	曾晳後曾晳曰（論語）	王步青		小題五集精詣（家塾課本）	〇七一
八二	三五一〇	曾晳後曾晳曰（論語）	王步青（漢階）	雍正癸卯科	初學金針（敬業齋）	〇七五
八二	三五一一	曾晳後（論語）	張壽朋		慶曆小題文行遠集（義門書塾）	〇七九
八二	三五一二	曾晳後（論語）	程世錞	安徽梁學臺歲試歙縣學一等第一名	直省近科考卷孚新集	〇八一
八二	三五一三	深則厲 難矣（論語）	周澐	辛未科	近科房行書菁華（浣花書屋）	〇八五
八二	三五一四	密（中庸）	金吳源		利試小題英雅集（求志堂選）	〇八九
八二	三五一五	密（中庸）	金吳源		科試小題英雅集	〇九三
八二	三五一六	密（中庸）	秦芝田	乙酉科	乙酉行書小題卓編	〇九五
八二	三五一七	將之楚 復見孟子	邵鴻章		萃華集	〇九九
八二	三五一八	將行仁政選擇 必勉之	葉蕚梅		文組集	一〇三
八二	三五一九	將為野人焉 請野	李仲培	西湖書院第一名		一〇七

卷次	篇序號	篇名	著者	說明	出處	頁碼
八二	三五三二	陳相 見許行句	王長青		小題約選	一五九
八二	三五三三	陳相見許行 道許行之言	何忠駿		清雋集	一六三
八二	三五三四	陳相見許行 陳相見孟子	祁世長		大觀集	一六七
八二	三五三五	陳相見孟子道許行之言	梁汝深		紅藥館集	一七一
八二	三五三六	陶冶亦以其械器易粟者（孟子）	呂葆中	康熙丙戌科	本朝房行書歸雅集	一七五
八二	三五三七	陶淵明讀山海經賦	劉 浩（笛村）	吳學臺科試漳屬古學第一名	勺亭試藝	一七九
卷八十三						
八三	三五三八	堯舜之治天下 心哉	蔣思源		滙海集	一八五
八三	三五三九	達天德者（中庸）	黃珏		虛窘題文選	一八九
八三	三五四〇	達天德者（中庸）	程之銘		國朝小題滙覽	一九三
八三	三五四一	斯民也（論語）	俞汝欽（寅階）	崇文	西泠三院會課二刻	一九七
八三	三五四二	斯焉取斯（論語）	任蘭枝	癸巳科	十科小題是真集	二〇一

卷次	篇序號	篇名	著者	說明	出處	頁碼
八三	三五五四	棘子成曰 全章（論語）	方苞		方靈皐稿	二四九
八三	三五五五	棘子成曰君一章（論語）	方苞	國子監孫大司成月課第一名	本朝直省考卷篋中集	二五三
八三	三五五六	棘子成曰君 全章（下論）	方苞	丙戌科	丙戌房□□□（學文堂）	二五七
八三	三五五七	棘子成曰君 二節（論語）	吳昺	江南宋撫臺觀風宜興縣學第五名	本朝直省考卷篋中集	二六一
八三	三五五八	棘子成曰 二節（論語）	曹仁虎	乾隆辛巳科	本朝小題文達	二六五
八三	三五五九	棘子成曰 二節（論語）	曹仁虎	嘉定第三名	紫陽書院課藝	二六九
八三	三五六〇	棘子成曰 子也	陳嘉謨	月課龍溪縣學一等第一名	福建試牘	二七三
八三	三五六一	棘子成曰 二節（論語）	葉藩	辛未科	近科房行書菁華（浣花書屋）	二七七
八三	三五六二	棘子成曰君 二節（論語）	儲大文	江南宋撫臺觀風宜興縣學第四名	本朝直省考卷篋中集	二八一

卷次	篇序號	篇名	著者	說明	出處	頁碼
八三	三五六三	惡不仁者 其身	陳振彩	第十二名	恩科福建魁卷（詩四房）	二八五
八三	三五六四	惡不仁者 其身	鄭鳴崗	第十三名	恩科福建魁卷（易二房）	二八九
八三	三五六五	惡未敢而窒者（論語）	陳元焻	范學院歲考□安學一等一名	瑤林集（賜間堂二編）	二九一
八三	三五六六	惡居下流一句（論語）	汪之楝	北直呂宗師歲試任邱縣學第一名	近科考卷鈎元集	二九五
八三	三五六七	惡居下流而訕上者	沈維基		沈心齋時□	二九九
八三	三五六八	惡居下流而訕上者（論語）	徐陶璋		徐經魁真稿（瓜涇草堂）	三〇三
八三	三五六九	惡居下流 一句	陳兆崙	雍正庚戌科	制義精華（養正集）	三〇七
八三	三五七〇	惡居下流而訕上者（論語）	陳函輝		天崇文龍讐一集（明文藏稿選）	三一一
八三	三五七一	惡稱人之惡者（下論）	□□□		小題盛觀集二編	三一五
八三	三五七二	惡稱人之惡者（論語）	江筠	乾隆壬午科	本朝小題文達	三一九

卷次	篇序號	篇名	著者	說明	出處	頁碼
八三	三五七三	惡稱人之惡者 四句	林文斗	韓大宗師歲取安溪學一等第□名		三二三
八三	三五七四	惡稱人之惡者惡居下流而訕上者惡勇而無禮者惡果敢而窒者	陳士韶（遜文）	韓大宗師歲試取錄晉江學庚辰科一等第一名	西亭試藝	三二七
八三	三五七五	惡稱人之惡者 四句	陳鴻章	韓大宗師歲取泉州府學庚辰科一等第一名	南浦試藝（金蘭社）	三三一
八三	三五七六	惡徼以為知者 三句	林瀛		近藝新裁	三三五
八三	三五七七	惡徼以為知者（下論）	周行	安徽劉宗師歲試舒城縣學第一名	考卷醇雅初集	三三九
八三	三五七八	惡徼以為知者 三句	周本治		西泠文萃二刻	三四三
八三	三五七九	惡徼以為知者 三句	周本治		國朝制義所見集補	三四七
八三	三五八〇	惡徼以為知者（論語）	張景崧		張岳未制義	三五一

卷次	篇序號	篇名	著者	說明	出處	頁碼
八三	三五八一	惡徼以為知者（論語）	陳爲琨	江南林宗師歲入天長縣學第五名	瑤林集（賜閒堂二編）	三五五
八三	三五八二	菲飲食 三句（論語）	趙　炳	康熙丁未科	本朝房行書歸雅集	三五九
八三	三五八三	凱風親之 二句（孟子）	徐陶璋	康熙乙未科	本朝房行書歸雅集	三六三
卷八十四						
八四	三五八四	間於齊楚（孟子）	田　旻	江南合肥王中尊歲覆第三名	本朝考卷小題振秀集	三六九
八四	三五八五	[間於齊楚事齊乎] 事楚乎孟子對曰是謀（孟子）	申鶴皐	江蘇曹大宗師歲試嘉定學第四名	新科考卷惟是集	三七三
八四	三五八六	[間於齊楚事齊乎] 事楚乎是謀（孟子）	林大中	江蘇曹宗師歲試嘉定縣學第一名	近科考卷雅正集	三七七
八四	三五八七	[間於齊楚事齊乎孟子曰] 是謀（孟子）	胡紹安	丙子科	丙子科小題文選	三八一
八四	三五八八	[間於齊楚] 事齊乎事楚乎（上孟）	姜士昌	萬曆庚辰科	皇明小題尋秋集（刪緣居選）	三八五

卷次	篇序號	篇名	著者	說明	出處	頁碼
八四	三五八九	間於齊楚（孟子）	席緯（榜姓王）	戊子科	六科小題文編	三八七
八四	三五九〇	[間於齊楚]事齊乎事 二句（孟子）	許琰		瑤洲時文	三九一
八四	三五九一	[間於齊楚事齊乎]事楚乎（孟子）	許開基		許勛宗稿（德星堂）	三九五
八四	三五九二	間於齊楚事齊乎（孟子）	戴茗	湖南吳宗師歲入常德府學第一名	考卷懷新二集（竹林書屋）	三九九
八四	三五九三	[間於齊楚]事齊乎事楚乎（上孟）	韓菼		有懷堂增訂全稿	四〇三
八四	三五九四	間於齊楚（孟子）	叢澍	江南趙宗師科入江寧第一名	考卷小題初學集	四〇七
八四	三五九五	間於齊楚事齊乎（孟子）	瞿秉虔	江蘇景大宗師歲入上海縣第二名	新科考卷惟是集	四一一
八四	三五九六	閔子騫 子騫	宋衡		嵩南倣先生正筆（嘯梅齋）	四一五

卷次	篇序號	篇名	著者	說明	出處	頁碼
八四	三六〇八	眾惡之必 一節（論語）	李 英	乙丑科	近科房行書菁華（浣花書屋）	四六三
八四	三六〇九	舒 許行章	來鴻瑨		綠香館集	四六七
八四	三六一〇	鈞是人也 全章（孟子）	于 采	甲戌科	甲戌科大題文選	四七一
八四	三六一一	飯疏食飲 三句（論語）	胡友信		明文得中集（愛吾廬選）	四七五
八四	三六一二	卿以下必有圭田圭田五十畝	潘衍桐		河陽集	四七九
八四	三六一三	然則子非食志也（孟子）	孫承恩	順治戊戌科	本朝房行書歸雅集	四八三
八四	三六一四	然則治天下 三節	闕 名		驪海集	四八七
八四	三六一五	然則治天下	郭 榮		採真集	四九一
八四	三六一六	然則治天下獨可耕且為與	黃嗣翊		觀靈集	四九五
八四	三六一七	然則師愈與子曰過猶不及（論語）	胡文照（繼明）	敷文	二刻西冷三院會課	四九九
八四	三六一八	然後樂正雅頌各得其所（論語）	秦 玉（石芩）	敷文	西冷三院會課二刻	五〇三
八四	三六一九	然後歸子 後歸	童以鐸		從新集	五〇七

第二十九冊

卷八十五

卷次	篇序號	篇名	著者	說明	出處	頁碼
八五	三六三〇	舜有臣五人而天下治 二節（上論）	吳端升		國朝制義所見集補	〇四五
八五	三六三一	舜有臣五人 然乎	吳壽昌		虛白齋存稿	〇四九
八五	三六三二	舜有臣五人而天下治（論語）	余作綬	壬子科第二名湖南	墨卷同風錄	〇五三
八五	三六三三	舜有臣五人而天下治（論語）	余作綬	乾隆壬子科 湖南第二名	新口口卷雅正	〇五七
八五	三六三四	舜有臣五人 （十歲作）（論語）	沈榮河		龍山遺文	〇六一
八五	三六三五	舜有臣五人 全章	林 采（瓊雪）	戴學院科取莆田縣學一等第二名補廩	一亭試草	〇六五
八五	三六三六	舜有臣五人（上論）	林徐質（榜名席台）	月課莆田縣第一名	畬經集	〇六九
八五	三六三七	舜有臣五人而天下治（論語）	周 明		張煒宮稿（春草堂）	〇七三
八五	三六三八	舜有臣五人 一章（論語）	秦道然	國子監王大司成之考第一名	本朝直省考卷篋中集	〇七七

卷次	篇序號	篇名	著者	說明	出處	頁碼
八五	三六五〇	舜亦以命禹（孟子）	諸錫恩	崇文	西泠三院會課二刻	一二三
八五	三六五一	舜有臣五 二節（論語）	潘世恩	乾隆壬子科江南第五十二名	新科墨卷雅正	一二七
八五	三六五二	舜有臣五人而天下治（論語）	盧之玫	江南張學院科考無為州學第一名	直省考卷篋中集	一三一
八五	三六五三	舜有臣五 然乎（上論）	錢□□	江南趙宗師歲試第一名	國朝試牘珊（一畝花居）	一三五
八五	三六五四	舜有臣五 才難（論語）	戴瀚		玉振集	一三九
八五	三六五五	舜有臣五 全（論語）	謝珩（楚白）		虞山人文	一四三
八五	三六五六	舜有臣五人（論語）	顧宗泰	江蘇梁學臺科試元和縣學一等第一名	直省近科考卷革新集	一四七
八五	三六五七	舜使益掌火	劉瑞荃		清穎集	一五一
八五	三六五八	舜發於畎畝 全章（孟子）	王思訓		周白民四書文	一五五

卷次	篇序號	篇名	著者	說明	出處	頁碼
卷八十六						
八六	三六五九	逸民 一節（論語）	王　紘	江蘇莊宗師科入寶應縣學第一名	考卷鴻裁	一六一
八六	三六六〇	逸民伯夷 二節（論語）	戎駿聲		本朝考卷大題篋中集	一六五
八六	三六六一	逸民伯夷 少連（論語）	李枝桂		李健林時文（澹竹軒）	一六九
八六	三六六二	逸民伯夷 少連（論語）	李尚美（鴻珊）	崇明	李鴻珊文	一七三
八六	三六六三	逸民伯夷（論語）	沈有鈞（复石）	紫陽	西泠三院會課二刻	一七七
八六	三六六四	[逸民]伯夷叔齊與（論語）	周日藻		時文隅二集	一八一
八六	三六六五	[逸民]伯夷叔齊與 少連（論語）	金　聲		慶曆小題文行遠集（義門書塾）	一八五
八六	三六六六	逸民伯夷 一節	馬教思（聯捷）	己未科	寄園房書小題選	一八九
八六	三六六七	逸民伯夷 一節（論語）	許開基	庚戌科	近科小題丹液集	一九三

卷次	篇序號	篇名	著者	說明	出處	頁碼
八六	三六六八	逸民伯夷 一節（論語）	許開基		許勛宗稿（德星堂）	一九七
八六	三六六九	逸民伯夷 少連（下論）	張 瑋	萬曆己未科	皇明小題尋秋集（刪緣居選）	二〇一
八六	三六七〇	逸民伯夷 全（下論）	陳紫芝	己未科	己未房書文徵（雲居山房）	二〇三
八六	三六七一	逸民伯夷叔 一章（論語）	馮夢禎		慶曆小題文行遠集（義門書塾）	二〇七
八六	三六七二	逸民伯夷 中權（下論）	劉昌壽	浙江谷宗師歲考開化縣一名	試牘文開新編（□安堂）	二一一
八六	三六七三	逸民伯夷叔二節（論語）	盧有孚	癸酉科	癸酉科小題文一集（匠門書屋）	二一五
八六	三六七四	逸民伯夷 一章（論語）	戴名世		戴田有時文全集	二一九
八六	三六七五	逸民伯夷 四節（下論）	鍾兆相		榕江會課初刻	二二三
八六	三六七六	詠而歸（上論）	□□□		□業小題	二二七
八六	三六七七	詠而歸（下論）	□□□		增訂能與集讀本	二三一
八六	三六七八	詠而歸	丁朱鋐	壬午科		二三五

卷次	篇序號	篇名	著者	說明	出處	頁碼
八六	三六八九	善政民畏 二句（孟子）	耿 光	順天省何學師月課第一名	直省考卷篋中集	二七七
八六	三六九〇	善政民畏 二句（論語）	陸秉鑑	丙子科	丙子科小題文選	二八一
八六	三六九一	善政民畏之 二句（孟子）	譚天遜	廣東蔣學使科考欽州學第一名	本朝直省考卷篋中集	二八三
八六	三六九二	善教民愛之	翁廷資	廣東彭撫臺觀風潮州府學第一名	直省考卷篋中集	二八七
八六	三六九三	善教得民心（下孟）	王自超		王茂遠傳稿（秋巖選）	二九一
八六	三六九四	善教得民心（下孟）	史大成		史狀元聯捷稿	二九五
八六	三六九五	善教得民心（孟子）	沈嵩士	己卯科	己卯小題文懷新錄	二九九
八六	三六九六	善教得民心	沈嵩士	浙江張撫臺會考通省第二名	本朝直省考卷篋中集	三〇三
八六	三六九七	善教得民心	童祖尹	福建第二名	國朝墨卷秘笈（太乙閣校本）	三〇七
八六	三六九八	尊其位 三句（中庸）	熊伯龍	順治己丑科	本朝房行書歸雅集	三一一

卷次	篇序號	篇名	著者	說明	出處	頁碼
八七	三七〇八	貧而無諂 富而無驕（論語）	汪 瀠	甲戌科	甲戌科小題文選	三四九
八七	三七〇九	[貧而無諂]富而無驕 而樂（上論）	周季琬	壬辰科	天蓋樓偶評（小題觀略）	三五三
八七	三七一〇	[貧而無諂]富而無驕 而樂（上論）	周季琬	壬辰科	本朝歷科小題文選上論	三五七
八七	三七一一	貧而無諂 富而無驕（論語）	張方晉	癸酉科	癸酉科小題文一集（匠門書屋）	三六一
八七	三七一二	[貧而無諂]富而無驕 如磋（上論）	張嵩齡		歷科巧搭存雅（寶口樓定本）	三六五
八七	三七一三	[貧而無諂]富而無驕 而樂（上論）	喬文錦		房書小題口口（雲居山房）	三六九
八七	三七一四	[貧而無諂]富而無驕 可也（上論）	錢世熹	庚戌科	天蓋樓偶評（小題觀略）	三七三
八七	三七一五	貧而無諂 全章（論語）	錢陸燦		本朝名家傳文	三七七
八七	三七一六	貧而無諂 一節	龍海見		八科墨卷新編	三八一
八七	三七一七	富而可求也（上論）	王式丹		歷科小題卓編（紹衣堂課本）	三八五

卷次	篇序號	篇名	著者	説明	出處	頁碼
八七	三七二五	富貴不能淫　三句（孟子）	姚黃甲	楊學院科覆興化府學第二名	濯錦川試藝	四一七
八七	三七二六	富貴不能淫　貧賤不能移　威武不能屈　此之謂大丈夫	徐　鑾	第二名	魁墨（易二房）	四二一
八七	三七二七	富貴不能淫　四句	徐志鑾	甲午科第二名福建	甲午墨卷鴻裁	四二五
八七	三七二八	[富貴不能淫] 貧賤不能移二句（上孟）	曹　庚	鍾山書院楊院長會課	直省考卷所見二集	四二九
八七	三七二九	富貴不能淫　四句	張　舫	甲午科第一名福建	甲午墨卷鴻裁	四三三
八七	三七三〇	富貴不能淫（孟子）	廖金齡		應繩錄選	四三五
八七	三七三一	富貴不能　三句（孟子）	儲在文	江南張學院月課常州府學第一名	直省考卷篋中集	四三九
八七	三七三二	富貴不能淫　三句	韓邦奇	嘉靖戊子科順天鄉試	歷科程墨行遠集	四四三
八七	三七三三	富貴在天　有禮	黃逢春		應繩錄選	四四七

卷次	篇序號	篇名	著者	說明	出處	頁碼
第三十冊						
卷八十八						
八八	三七三四	湯一征自葛始	□□□		雲皐四書論（就正集）	○○五
八八	三七三五	湯之盤銘曰苟日新日日新又日新康誥曰作新民詩云周雖舊邦其命惟新	□□□			○○七
八八	三七三六	湯之盤銘曰	□□□		小題文	○一一
八八	三七三七	[湯之盤銘曰苟日新日日新]又日新（大學）	□□□		小題文	○一五
八八	三七三八	湯之盤銘曰（大學）	□□□		分法小題文采珍集	○一七
八八	三七三九	湯之盤銘曰 一節（大學）	□□□		在陸草堂遺稿	○二一
八八	三七四〇	湯之盤銘曰（大學）	□□□		課業小題	○二五
八八	三七四一	[湯之盤銘曰苟日新日日新]又日新（大學）	□□□		課業小題	○二九
八八	三七四二	湯之盤銘 三節（大學）	卜兆龍	王辰科	王辰科小題文選（劒光閣）	○三三

卷次	篇序號	篇名	著者	說明	出處	頁碼
八八	三七四三	[湯之盤銘曰苟日新日日新]又日新康新民（大學）	王兆清		王澤元真稿	〇三七
八八	三七四四	湯之盤銘　全章	王廣心		半村半郭草堂（課業）	〇四一
八八	三七四五	湯之盤銘曰（大學）	仇兆鰲		仇滄柱小題真稿（懷古堂）	〇四五
八八	三七四六	[湯之盤銘曰]苟日新（大學）	卞　岳		小題文研清集	〇四九
八八	三七四七	[湯之盤銘曰苟日新]日日新	方仁興	程學院科考取莆田縣學一等第五名		〇五三
八八	三七四八	湯之盤銘曰（大學）	石林賜		石鳳岡初集	〇五七
八八	三七四九	[湯之盤銘曰苟日新日日新]又日新（大學）	平　鵬	福建程學院科試同安縣學第二名	近科考卷清華集	〇六一
八八	三七五〇	湯之盤銘　全章	艾　茂	陳學臺觀風籠府屬擬作	鳳嵒文稿	〇六五

卷次	篇序號	篇名	著者	說明	出處	頁碼
八八	三七六一	湯之盤銘曰（大學）	汪元進		斛珠集（尋樂齋）	一一一
八八	三七六二	[湯之盤銘曰苟日新]日日新	宋兆元	程學院科考莆田縣學一等第三名廩		一一五
八八	三七六三	[湯之盤銘曰苟日新]日日新	林仰高	學院程科取莆田縣學一等第二名		一一九
八八	三七六四	湯之盤銘曰 一節（大學）	周　鍾		周介生稿	一二三
八八	三七六五	湯之盤銘曰 二節（大學）	周震生		虞山人文	一二七
八八	三七六六	[湯之盤銘曰苟日新]日日新又 新民（大學）	皇甫鯤	浙江帥學院月課仁和縣學第一名	考卷清華三集	一三一
八八	三七六七	湯之盤銘 全章（大學）	侯之緹		立園偶集	一三五
八八	三七六八	湯之盤銘 全章（大學）	施閏章		本朝名家傳文	一三九
八八	三七六九	湯之盤銘曰 二節（大學）	姚培衷	國子監徐太司成錄科候補教習一名	直省考卷選	一四三

卷次	篇序號	篇名	著者	說明	出處	頁碼
八八	三七七〇	湯之盤銘 三節（大學）	馬 倬	戊戌科	戊戌房書大口口集	一四七
八八	三七七一	[湯之盤銘曰苟日新日日新]又日新（大學）	馬世俊		應試小品觀	一五一
八八	三七七二	湯之盤銘曰 一節（大學）	徐廷槐		徐笠山四書文	一五五
八八	三七七三	湯之盤銘曰 三節（大學）	徐掄元		徐不夜時文	一五九
八八	三七七四	[湯之盤銘曰苟日新]日日新又日新（大學）	徐德輝	陝西嵩宗師歲入延州府學第一名	新科考卷菀鴻集	一六三
八八	三七七五	[湯之盤銘曰]苟日新日日新又日新	高學濂	第十三名	魁墨	一六七
八八	三七七六	湯之盤銘 全章（大學）	孫 籀	順治己丑科會試	本朝歷科墨卷選（口成定本）	一七一
八八	三七七七	[湯之盤銘曰]苟日新（大學）	曹一士		初學瀹靈	一七五
八八	三七七八	湯之盤銘曰 一節（大學）	許勉燉		許思晦稿	一七九

卷次	篇序號	篇名	著者	說明	出處	頁碼
八八	三七七九	[湯之盤銘曰苟日新]日日新（大學）	康文郁	于學院歲試龍溪學一等第八名	龍田試草	一八三
卷八十九						
八九	三七八〇	[湯之盤銘曰苟日新日日新]又日新（大學）	張鼎		應繩錄選	一八九
八九	三七八一	[湯之盤銘曰苟日新日日新]又日新康 新民（大學）	張鼎	福建汪宗師科考福州第一名	□□小題初學集	一九三
八九	三七八二	湯之盤銘曰（大學）	張湄		小品一隅集	一九七
八九	三七八三	湯之盤銘曰（大學）	張軸	恩科鄉墨江南第九名	恩墨	一九九
八九	三七八四	[湯之盤銘曰]苟日新日日新又日新（大學）	張允浣	丁丑科	頒行房書選（寒碧齋）	二〇三
八九	三七八五	湯之盤銘曰 一節（大學）	張遇隆	庚辰科	庚辰科房書商	二〇七

卷次	篇序號	篇名	著者	說明	出處	頁碼
八九	三七九五	[湯之盤銘曰苟日新日日新]又日新（大學）	楊麟祥	廣東吳學院歲試嘉應州學第一名	近科考卷秀幹集	二四五
八九	三七九六	湯之盤銘曰 二節（大學）	黃 惠		榕江會課 初刻	二四七
八九	三七九七	湯之盤銘曰 三節（大學）	黃 裳		小題文研清集	二五一
八九	三七九八	[湯之盤銘曰苟日新]日日新（大學）	黃 寬（濟夫）	于學院歲試龍溪學一等第二名	龍山文集（龍田）	二五五
八九	三七九九	[湯之盤銘曰苟日新日日新]又日新（大學）	黃鼎甲	葛宗師歲覆仙遊縣學第八名		二五九
八九	三八〇〇	[湯之盤銘曰]苟日新日日新又日新	翟 槐	第八名	魁墨	二六三
八九	三八〇一	湯之盤銘 一章	熊伯龍	順治己丑科	半村半郭草堂（課業）	二六七
八九	三八〇二	[湯之盤銘曰]苟日新日日新又日新	蔡 雄	第十四名	魁墨	二七一

卷次	篇序號	篇名	著者	說明	出處	頁碼
八九	三八〇三	[湯之盤銘曰]苟日新日日新又日新	蔣 基	第七名	魁墨	二七五
八九	三八〇四	[湯之盤銘曰]苟日新(大學)	劉培元		劉萬資四書文	二七九
八九	三八〇五	[湯之盤銘曰苟日新日日新]又日新(大學)	劉培元		劉萬資四書文	二八三
八九	三八〇六	湯之盤銘	潘大琳(玉壺)	恩宗師覆進福建同安學第口名	文峯社	二八七
八九	三八〇七	[湯之盤銘曰苟日新]日日新又 二句(大學)	潘兆新		見滄山房稿	二九一
八九	三八〇八	湯之盤銘曰 二節(大學)	鄭 芳		東江文砥	二九五
八九	三八〇九	[湯之盤銘曰苟日新]日日新(大學)	鄧之澄	江西建昌劉府尊觀風南城第二名	考卷小題瓣香	二九九
八九	三八一〇	湯之盤銘曰(大學)	錢光祖		近科考卷挺秀	三〇三
八九	三八一一	[湯之盤銘曰苟日新]日日新(大學)	錢春明		今文宏觀	三〇七

卷次	篇序號	篇名	著者	說明	出處	頁碼
八九	三八一二	湯之盤銘曰（大學）	檀萃	恩科鄉墨 江南第二名	恩墨	三一一
八九	三八一三	湯之盤銘曰（大學）	檀萃	庚辰恩科江南第二名	墨卷恆心集	三一五
八九	三八一四	[湯之盤銘曰] 苟日新日日新又日新（學庸）	饒用		舫邨稿	三一九
八九	三八一五	[湯之盤銘曰苟日新] 日日新（中庸）	謝一桂	程太宗師科考取仙遊縣學一等一名		三二三
八九	三八一六	湯之盤銘曰 三節（中庸）	鍾兆相		榕江會課初刻	三二七
八九	三八一七	湯之盤銘曰（大學）	繆謨	江南張學院歲考華亭縣學第二名	直省考卷篋中集	三三一
八九	三八一八	湯之盤銘曰（大學）	繆謨	江南張學院歲考華亭縣學第一名	歷科考卷小題篋中集	三三五
八九	三八一九	[湯之盤銘曰苟日新日日新] 又日新（大學）	魏乘龍		考卷中聲	三三九

卷次	篇序號	篇名	著者	說明	出處	頁碼
八九	三八二〇	湯之盤銘曰（大學）	顏光輝		典制題文函雅（口墨閣）	三四三
八九	三八二一	[湯之盤銘曰]苟日新（大學）	羅世璋	湖南攸縣胡學師月課第一名	考卷小題瓣香	三四七
八九	三八二二	[湯之盤銘曰苟日新日日新]又日新（大學）	嚴安	廣東陳學院歲入翁源縣學第三名	瑤林集（賜閒堂二編）	三五一
八九	三八二三	[湯之盤銘曰]苟日新日日新又日新（大學）	嚴福	乙未科會試元	七科元醇	三五五
八九	三八二四	[湯之盤銘曰苟日新]日日新（大學）	嚴燦	程學院科取興化府學一等第二名廩		三五九
卷九十						
九〇	三八二五	發強剛毅（中庸）	李杜詩	康熙庚子科	本朝小題文清華集	三六五
九〇	三八二六	發強剛毅 二句	吳煒	庚子科	十科小題是真集	三六九
九〇	三八二七	發強剛毅足以有執也（中庸）	吳煒	己亥科	吳覲陽時文	三七三

卷次	篇序號	篇名	著者	說明	出處	頁碼
九〇	三八二八	發強剛毅（學庸）	林玉振	季考同安縣童生第十一名	鷺洲課士錄	三七七
九〇	三八二九	發強剛毅（中庸）	郭　植	庚申科	郭于岸時文（月坡書屋）	三八一
九〇	三八三〇	發強剛毅（中庸）	張對墀		同江四書文	三八五
九〇	三八三一	發強剛毅（學庸）	黃允恭	季考同安縣童生第二名	鷺洲課士錄	三八九
九〇	三八三二	發強剛毅（中庸）	黃允肅（元靜）	劉太尊會課第一名	周社試草	三九三
九〇	三八三三	發強剛毅　二句（中庸）	藍綿琛		東江文砥	三九七
九〇	三八三四	發憤忘食　二句（上論）	王　榕		房書小題金丹	四〇一
九〇	三八三五	發憤忘食樂以忘憂（論語）	王士俊	錢塘	敷文書院會課	四〇三
九〇	三八三六	發憤忘食　三句（論語）	王敬業	庚午科順天	新科墨選	四〇九
九〇	三八三七	發憤忘食　二句（論語）	王經邦		王維三稿	四一三
九〇	三八三八	發憤忘食　二句（論語）	朱　書	癸未科	癸未科大題文選	四一七
九〇	三八三九	發憤忘食　三句（論語）	朱敬修	庚午科順天	新科墨選	四二一

卷次	篇序號	篇名	著者	說明	出處	頁碼
九〇	三八五一	發憤忘食 二句	孫舒夔	山東李學院歲入鄒縣學第三名		四六九
九〇	三八五二	發憤忘食 三句（論語）	凌 燔	江南張宗師月課嘉定縣學第一名	近科考卷遵路	四七三
九〇	三八五三	發憤忘食 三句（論語）	張英發	庚午科 順天	新科墨選	四七七
九〇	三八五四	發憤忘食 三句（論語）	陸 師		增訂陸麟度文編（寧遠堂）	四八一
九〇	三八五五	發憤忘食 三句（論語）	項廷模	庚午科 順天	新科墨選	四八五
九〇	三八五六	[發憤忘食] 樂以忘憂 生而知之者（論語）	黃元李		近科考卷挺秀	四八九
九〇	三八五七	發憤忘食 二句（上論）	黃景昉	天啓乙丑科	皇明文韻三集（澹寧居選）	四九三
九〇	三八五八	發憤忘食（論語）	過秉鈞	甲辰科	八科小題文編（白雪軒定本）	四九五
九〇	三八五九	[發憤忘食] 樂以忘憂之者（論語）	劉大年		近科考卷挺秀	四九九

卷次	篇序號	篇名	著者	說明	出處	頁碼
九一	三八七〇	溫故而知新 口禮（中庸）	陳世治			〇二一
九一	三八七一	溫故而知新（中庸）	劉巗	康熙癸未科	本朝房行書歸雅集	〇二五
九一	三八七二	割鷄（論語）	周金紳	己未科	近科房行書菁華（浣花書屋）	〇二九
九一	三八七三	裕（中庸）	王逸糺		考卷連城	〇三三
九一	三八七四	登泰山而天下小（下孟）	王宇	萬曆庚戌科	皇明小題尋秋集	〇三七
九一	三八七五	登泰山而小天下	金虞	錢塘	西泠文萃	〇三九
九一	三八七六	登泰山而天下小（孟子）	許培榮	江南張撫臺月課金壇貢監第一名	直省考卷篋中集	〇四三
九一	三八七七	陽（論語）	王際華（白蘇）	乾隆乙丑科	初學金針（敬業齋）又名白齋	〇四七
九一	三八七八	陽（論語）	陳蒼鑄			〇五一
九一	三八七九	陽虎曰	相元吉	一等第一名		〇五五
九一	三八八〇	陽虎曰為 富矣	陸鍾澤		清雋集	〇五九
九一	三八八一	陽貨欲見 一節（論語）	周際昌	辛酉科	近科房行書菁華（浣花書屋）	〇六三

卷次	篇序號	篇名	著者	說明	出處	頁碼
九一	三八九四	聖人之於 子也	張 燧	庚辰科會試	庚辰科會試墨卷自得編	一一七
九一	三八九五	聖人之於民 孔子也	張成遇	庚辰科會試	十科墨卷選	一二一
九一	三八九六	聖人之於民 孔子也	陳鶚薦	庚辰科會試	十科墨卷選	一二五
九一	三八九七	聖人之於民 孔子也（孟子）	趙 劍	乾隆壬子科浙江第十一名	鄉試口墨	一二九
九一	三八九八	聖人之於 孔子也	趙鴻猷	庚辰科會試	十科墨卷選	一三三
九一	三八九九	聖人之於 其類（上孟）	葉時壯	廣東鄧宗師月課河源第二名	口口分類舉隅	一三七
九一	三九〇〇	聖人之於民（上孟）	魯 鐸		虛窘題文選	一四一
九一	三九〇一	聖人之於 其萃（上孟）	閻錫爵	解元 河南	寄園鄉墨選	一四五
九一	三九〇二	聖人之於天道也（孟子）	儲 欣	康熙庚午科	本朝房行書歸雅集	一四九
九一	三九〇三	聖人之憂 已憂	吳榮庚		清雋集	一五三
九一	三九〇四	聖人之憂民如此	俞大文		雋快集	一五七
九一	三九〇五	聖人有憂之使契	陳紹明		腴快集	一六一

卷次	篇序號	篇名	著者	說明	出處	頁碼
九二	三九一四	鼓方叔入于 三段（論語）	周本孝	錢塘黃縣尊考覆試第二名	本朝直省考卷篋中集	一九五
九二	三九一五	鼓方叔入於河（論語）	胡啟龍		胡羽嘉文	一九九
九二	三九一六	鼓方叔入於河（論語）	俞顯祖		典制文環（桂岩居）	二〇三
九二	三九一七	鼓方叔入 于漢（下論）	姜承焰	辛未科	房書小題定衡	二〇五
九二	三九一八	鼓方叔入 三段（論語）	荊圖南	丙子科	丙子科小題文選	二〇九
九二	三九一九	鼓方叔（論語）	許　龍	吳學院歲取入永春州學第口名	試草	二一三
九二	三九二〇	鼓方叔入 二節（論語）	張宗詠	江南鄭宗師歲入華亭縣學第八名	考卷文選二集	二一七
九二	三九二一	鼓方叔 魯公曰	黃登瀛（詒濂）	張宗師歲試取進晉江府學第口名	荀溪試草	二二一
九二	三九二二	鼓方叔入 二節（論語）	舒學旦	庚子科	小題口口口篋中集	二二五
九二	三九二三	鼓方叔入於河（下論）	路仍起		歷科小題華國集	二二九

卷次	篇序號	篇名	著者	說明	出處	頁碼
九二	三九二四	鼓方叔（論語）	謝天秩	歲入永春州學第一名	自為集	二三三
九二	三九二五	鼓方叔入 三節（論語）	魏 銈		文江草	二三七
九二	三九二六	[鼓瑟希] 鏗爾舍瑟而作（上論）	□□□		小題盛觀集二編	二四一
九二	三九二七	鼓瑟希鏗爾（論語）	□□□	癸亥科	華子周小題文（歲寒精舍）	二四三
九二	三九二八	[鼓瑟希] 鏗爾（下論）	□□□		啟秀六編	二四七
九二	三九二九	鼓瑟希鏘 而作（論語）	王繩武		本朝考卷小題篋中集	二四九
九二	三九三〇	鼓瑟希鏗 而作（論語）	王繩武	浙江顏宗師歲考西安第一名	考卷小題初學集	二五三
九二	三九三一	鼓瑟希鏗爾舍瑟而作（論語）	王繩武	西安	□□試牘	二五七
九二	三九三二	鼓瑟希鏗爾舍瑟而作（下論）	卞關生	江南鄭宗師歲入江都縣學		二六一
九二	三九三三	[鼓瑟希] 鏗爾舍瑟而作（論語）	方棨如		（續藁）	二六五

卷次	篇序號	篇名	著者	說明	出處	頁碼
九二	三九三四	鼓瑟希鏗爾　之撰（論語）	史騏生	江南田學使歲考溧陽縣學第一名	□□考卷篋中集	二六九
九二	三九三五	鼓瑟希（論語）	朱玉如	江蘇李宗師歲覆入泰州學第四名	近科考卷清言	二七五
九二	三九三六	[鼓瑟希]鏗爾（論語）	任蘭枝		應試小品觀	二七九
九二	三九三七	鼓瑟希鏗爾（論語）	李孚青	己未科	本朝歷科小題文選	二八三
九二	三九三八	鼓瑟希鏗　爾舍瑟而作（下論）	呂不爭	歲入臨漳第二名	試牘文升	二八七
九二	三九三九	[鼓瑟希]鏗爾舍瑟　之撰	佘克揚（爾尚）	晉江干中尊科試童生第一名	繼軒試草	二九一
九二	三九四〇	鼓瑟希鏗　點也（下論）	宋衡		宋□南稿（質疑集）	二九五
九二	三九四一	[鼓瑟希]鏗爾（下論）	胡乾	浙江帥學院歲入溫州府一名	考卷奪錦初集	二九九
九二	三九四二	鼓瑟希鏗　爾舍瑟而作	周尊望		秋潭艸	三〇三
九二	三九四三	鼓瑟希鏗爾	段元鉽	杭郡秦太尊歲覆錢唐第三名	直省考卷扶風集	三〇七

卷次	篇序號	篇名	著者	說明	出處	頁碼
九二	三九五三	鼓瑟希鏗爾	陳先春	歲覆莆田學第四名		三四五
九二	三九五四	[鼓瑟希]鏗爾舍瑟	陳昌穀		近科小題文鈔	三四七
九二	三九五五	[鼓瑟希]鏗爾舍瑟而作（下論）	陳聶恒	康熙庚辰科	國朝文選（松筠堂）	三五一
九二	三九五六	[鼓瑟希]鏗爾舍瑟而作（論語）	陳聶恒	庚辰科	十科小題是真集	三五五
九二	三九五七	[鼓瑟希]鏗爾舍悲而作（論語）	陳聶恒		小題五集清詣 集下（家塾課本）	三五九
九二	三九五八	鼓瑟希	楊大琛		楊謙山時文（四香堂）	三六三
九二	三九五九	[鼓瑟希]鏗爾（論語）	黃 越	江南張郡守歲覆上元第三名	考卷有神集	三六七
九二	三九六〇	鼓瑟希（下論）	過於飛	己酉科	寄園小題選	三六九
九二	三九六一	鼓瑟希鏗 爾舍瑟而作（下論）	鄒天謨		鶴和庭讀本	三七三
九二	三九六二	[鼓瑟希]鏗爾舍瑟而作（論語）	潘 岳		口口一隅集	三七七

卷次	篇序號	篇名	著者	說明	出處	頁碼
九二	三九六三	鼓瑟希鏗爾	錢大奎	江蘇姚道臺觀風陽朔縣一名	新科考卷和聲	三八一
九二	三九六四	[鼓瑟希]鏗爾（下論）	應 露		口榻草（漁家塾合編	三八五
九二	三九六五	[鼓瑟希]鏗爾（論語）	蘇尚紫	招覆晉江縣二場重卷	向若編精選	三八九
九二	三九六六	鼓瑟希鏗 而作（論語）	顧三典	丁丑科	口口稿（德光堂）	三九三
卷九十三						
九三	三九六七	殆而治今也	陳 若	吳宗師試取		三九九
九三	三九六八	雅頌各得其所（論語）	何焯	康熙癸未科	本朝房行書歸雅集	四〇三
九三	三九六九	慎而無禮則葸（論語）	葛 珵		近科考卷挺秀	四〇七
九三	三九七〇	博厚則高明（中庸）	任蘭枝	康熙 癸巳科	本朝房行書歸雅集	四一一
九三	三九七一	葉公問孔子於子路 其為人也（論語）	口口口	丁丑科		四一五
九三	三九七二	葉公問孔 全章（論語）	王之柱		慶曆文讀本新編	四一九

卷次	篇序號	篇名	著者	說明	出處	頁碼
九三	三九七三	葉公問孔子 全（上論）	王之柱	萬曆己未科	皇明文韻三集（澹寧居選）	四二三
九三	三九七四	葉公問孔子 一章（論語上）	王者臣		本朝科舉文行遠集	四二五
九三	三九七五	葉公問孔子於子路 一章（論語）	方楘如		集虛齋藁	四二九
九三	三九七六	葉公問孔子 全章（論語）	孔毓璣		孔象九真稿二集	四三三
九三	三九七七	葉公問孔 一章（論語）	朱錫鬯	甲戌科	甲戌科大題文選	四三七
九三	三九七八	葉公問孔 全章（論語）	邢曰玫		邢退菴真稿	四四一
九三	三九七九	葉公問孔 全章（上論）	杜淇英		杜斐君燕臺新藝（九霞堂）	四四五
九三	三九八〇	葉公問孔子 全（上論）	李叔元	萬曆 壬辰科	皇明文韻二集（澹寧居選）	四四九
九三	三九八一	葉公問孔 全章（論語）	李嗣岱		莆陽館課	四五一
九三	三九八二	葉公問孔子 一章（論語）	宋如金	商丘縣裴學師月課本學第一名	本朝直省考卷篋中集	四五五

卷次	篇序號	篇名	著者	說明	出處	頁碼
九三	三九八三	葉公問孔　一章（上論）	周弘勳		二周合稿（尋口居選）	四五九
九三	三九八四	葉公問政　全章（論語）	胡元熙（春如）	崇文監院	西泠三院會課二刻	四六五
九三	三九八五	葉公問孔子　全章（論語）	曹鳴		曹聲喈稿	四六九
九三	三九八六	葉公問孔　全章（論語）	張坦	甲戌科	甲戌科大題文選	四七三
九三	三九八七	葉公問孔　一章（論語）	張大受		匠門書屋文錄	四七七
九三	三九八八	葉公問孔　一章（上論）	陳俊		嵩山口選	四八一
九三	三九八九	葉公問孔　全（上論）	陳祖范		陳亦韓稿	四八五
九三	三九九〇	葉公問孔　全章（論語）	陳際泰		啓禎大小題文讀本	四八九
九三	三九九一	葉公問孔　二句（論語）	錢廷熊	江蘇劉宗師歲入蘇州府學第二名	近科考卷純	四九三
九三	三九九二	葉公問孔　全（論語）	錢萬選		錢弱梁四書文	四九七
九三	三九九三	葉公問孔　一章	戴名世（田有）		戴田有時文全集	四九九

卷次	篇序號	篇名	著者	說明	出處	頁碼
九三	三九九四	葉公問孔子 一章（論語）	戴名世		本朝直省考卷篋中集	五〇三
九三	三九九五	萬物並育而不相害（中庸）	彭始博	康熙戊辰科	本朝房行書歸雅集	五〇七
九三	三九九六	萬物並育而不相害（中庸）	謝汝梅		本朝考卷小題篋中集	五一一
九三	三九九七	萬物並育而不相害（中庸）	謝汝梅		考卷文衡	五一五
九三	三九九八	萬章問曰或謂孔子 全章（孟子）	曾爾典	汀州府一等第一名	八閩試牘	五一九
九三	三九九九	萬鍾則不 二句 虛牝集簡存（孟子下）	口口口		槖中集（牆東草堂）	五二三
九三	四〇〇〇	萬鍾則不辨禮義而受之（孟子下）	史　普		小題文範	五二七
九三	四〇〇一	萬鍾則不辨禮義而受之（孟子）	史　普	己卯科	己卯科小題文選	五三一
九三	四〇〇二	萬鍾於我何加焉（孟子）	陳師集	江蘇陳撫臺會課紫陽書院第一名	近科考卷秀幹集	五三五

卷次	篇序號	篇名	著者	說明	出處	頁碼
九四	四〇四一	詩云維天 二段（中庸）	張對墀		同江四書文	一〇一
九四	四〇四二	詩云維天 之純（中庸）	錢萬選		錢弱梁四書文	一〇五
九四	四〇四三	詩云穆穆文王 二節（大學）	孔毓璣	戊子科 順天擬墨	孔象九真稿二集	一〇九
九四	四〇四四	詩云穆穆 二節	崔 銑	戊子科鄉墨順天	戊子科鄉墨卓編	一一三
九四	四〇四五	詩云穆穆 二節	陶貞一	戊子科 順天	八科墨卷新編	一一七
九四	四〇四六	詩云穆穆 忌也	裘隆士（新建）	戊子科鄉墨順天南皿青四號薦卷	戊子科鄉墨卓編	一二一
九四	四〇四七	詩云穆穆 二節	駱壽朋	戊子科 順天	八科墨卷新編	一二五
九四	四〇四八	試劍	張嘉金		揚華集	一二九
九四	四〇四九	誠則明矣 二句（中庸）	沈近思	康熙庚辰科	本朝房行書歸雅集	一三三
卷九十五						
九五	四〇五〇	遊必有方 之年（論語）	鄔汝楫		本朝小題清雅集	一三九
九五	四〇五一	遊於聖人之門者難為言（孟子）	嚴寶成	庚午科 京師	嚴寶成先生制義	一四一

卷次	篇序號	篇名	著者	說明	出處	頁碼
九五	四〇六三	遊於聖人之門者難為言（孟子）	蔣拭之		蔣季眉稿	一八九
九五	四〇六四	遊於聖人之 一句	劉民信	庚午科 江南	九科墨卷經國集	一九三
九五	四〇六五	遊於聖人 為言（下孟）	劉民信	庚午科鄉墨 江西第二名	鄉墨時（敬日堂）	一九七
九五	四〇六六	遊於藝（論語）	杜定京	康熙己卯科	本朝小題文清華集	二〇一
九五	四〇六七	遊於藝（論語）	應斯鳴	江西李宗師歲入撫州府學第三名	天下考卷洪鈞	二〇五
九五	四〇六八	新穀既升（論語）	李文彩	廣東惠宗師科入番禺縣學第十八名	本朝考卷口口口	二〇九
九五	四〇六九	新穀既升（論語）	姬輯口	河南盧學臺歲入洛陽縣學第一名	直省近科考卷孚新集	二一三
九五	四〇七〇	雍也仁而不佞（論語）	汪兆基（璞霞）	康熙	發蒙小品	二一七
九五	四〇七一	義人路也（下孟）	錢世熹	庚戌科	天蓋樓偶評（小題觀略）	二二一

卷次	篇序號	篇名	著者	說明	出處	頁碼
九五	四〇七二	道之不行已知之矣逸民	王世紀	歲試嚴州府學一等第一名	浙江試牘	二二五
九五	四〇七三	道之不行 叔齊（論語）	翟 葛		近科巧搭丹液集（忠孝堂）	二二九
九五	四〇七四	道不行乘桴浮於海（論語）	方 舟		本朝考卷小題篋中集	二三三
九五	四〇七五	道不行乘桴浮於海（論語）	方 舟	上元縣鮑學師月課本學第一名	直省考卷篋中集	二三七
九五	四〇七六	道不行乘桴浮於海（論語）	戴名世（田有）	國子監吳少司成月課第一名	直省考卷篋中集	二四一
九五	四〇七七	道不行乘桴浮於海（論語）	戴名世（田有）	康熙己丑科	發蒙小品二集	二四五
九五	四〇七八	道並行而 川流（中庸）	孔毓瑀	江西喬學使月課新城縣學第一名	直省考卷篋中集	二四九
九五	四〇七九	道並行而不相悖	龔景瀚		閩文典制鈔	二五三

卷次	篇序號	篇名	著者	說明	出處	頁碼
卷九十六						
九六	四〇八〇	煥乎其有文章（論語）	曹鳴	康熙己丑科	本朝房行書歸雅集	二五九
九六	四〇八一	寬則得眾（論語）	馬樾（石民）	崇文	西冷三院會課二刻	二六三
九六	四〇八二	寬裕溫柔 執也（中庸）	王嘉訓	江蘇張宗師拔貢江寧府學	近科考卷歸真集	二六七
九六	四〇八三	寬裕溫柔 四句（中庸）	仇兆鰲		雲居淺業（章溪訂正）	二七一
九六	四〇八四	寬裕溫柔 四句	石確	辛酉科 山東三十七名	辛酉鄉墨選	二七五
九六	四〇八五	寬裕溫柔足 四段	朱良佐	丁卯科浙江	九科墨卷經國集	二七九
九六	四〇八六	寬裕溫柔 二句（中庸）	伍斯瓚		七業堂制義	二八三
九六	四〇八七	寬裕溫柔 二句	東昌霖		四逸簡存	二八七
九六	四〇八八	寬（中庸）	金翱		小題繡虎	二九一
九六	四〇八九	寬裕溫柔 八句 其二（學庸）	翁叔元		翁寶林先生稿（永思堂）	二九五
九六	四〇九〇	寬裕溫柔 執也	唐序	辛酉科鄉墨山東第二十二名	辛酉鄉墨選	二九九

卷次	篇序號	篇名	著者	說明	出處	頁碼
九六	四一〇二	禘自既灌而往者	葉得春	周文宗科試取進同安學第二名		三四七
九六	四一〇三	禘嘗之義（中庸）	劉特曾	壬午科 江南	鄉墨鴻裁	三五一
九六	四一〇四	辟如天地之無不持載	毛士潔	第九名		三五五
九六	四一〇五	辟如天地之無不持載	李 清	江西第一名	墨卷□□	三五九
九六	四一〇六	辟如天地之無不持載（中庸）	宋兆元	陶臬臺觀風莆田縣學超等第一名	青碧齋試藝	三六三
九六	四一〇七	群居終日 一章（論語）	陳際泰		小題七集老境（興課續）	三六七

第三十三冊

卷九十七

卷次	篇序號	篇名	著者	說明	出處	頁碼
九七	四一〇八	臧文仲其竊位者與知柳下惠之賢而不與立也	□□□	丁丑科	復初齋時文	〇〇五
九七	四一〇九	臧文仲其竊位者與	□□□	丁丑科	復初齋時文	〇一一

卷次	篇序號	篇名	著者	說明	出處	頁碼
九七	四一二一	臧文仲其竊位者與	門　錡	丁丑科正紅旗軍三甲九十六名	會試硃卷	〇五九
九七	四一二二	臧文仲其竊　立也	周邦勳	歲入黃岡縣學第一名	湖北試牘	〇六三
九七	四一二三	臧文仲其竊位者與	胡相良	第九名	魁卷	〇六七
九七	四一二四	臧文仲其竊位者與	段三才	第十四名	魁卷	〇七一
九七	四一二五	臧文仲其竊位者與	奇　山	第十六名	魁卷	〇七五
九七	四一二六	臧文仲其竊位者與	秦之柄	丁丑科湖北漢川三甲一百六十二名	會試硃卷	〇七九
九七	四一二七	臧文仲其竊位者與	許承蒼	第七名	魁卷	〇八三
九七	四一二八	臧文仲其竊位者與	郭世誼	第十一名	魁卷	〇八七
九七	四一二九	臧文仲其竊位者與（論語）	郭紹宗	丁丑科廣東澄海三甲五十三名	會試硃卷	〇九一
九七	四一三〇	臧文仲其　節（論語）	章世純		山輝閣啓禎文選	〇九五
九七	四一三一	臧文仲其竊位者與	張永祥	丁丑科直隸靜海三甲八十名	會試硃卷	〇九九

卷次	篇序號	篇名	著者	說明	出處	頁碼
九七	四一四三	臧文仲其竊位者與	蔡以臺	第一名	魁卷	一四五
九七	四一四四	臧文仲其竊位者與	歐陽正亨	丁丑科	會試薦卷	一四九
九七	四一四五	臧文仲其竊位者與	德六號	丁丑科	會試薦卷	一五三
九七	四一四六	臧文仲其竊位者與	錢玘	第五名	魁卷	一五七
九七	四一四七	臧文仲其竊位者與	戴承蒼	丁丑科	會試薦卷	一六一
九七	四一四八	臧文仲其 一節（論語）	儲在文		本朝考卷大題篋中集	一六五
九七	四一四九	臧文仲其竊位者與（下論）	謝人驥		榕江會課	一六九
九七	四一五〇	臧文仲其竊位者與	嚴思濬	第三名	魁卷	一七五
九七	四一五一	臧文仲其竊位者與	龔孔傳	丁丑科湖北公安三甲一百四十三名	會試硃卷	一七九

卷九十八

卷次	篇序號	篇名	著者	說明	出處	頁碼
九八	四一五二	趙孟之所貴（孟子）	李文銳	康熙乙未科	本朝房行書歸雅集	一八五
九八	四一五三	遠之則有望（中庸）	朱子璠	山東		一八九

卷次	篇序號	篇名	著者	說明	出處	頁碼
九八	四一五四	遠之則有望（中庸）	任啟運		小題□集式法	一九三
九八	四一五五	遠之則有 二句（中庸）	胡璿	四川馮宗師歲試敘州府第一名		一九七
九八	四一五六	遠之則有 合下節（中庸）	侯峒曾	第三名	程墨讀本前集	二〇一
九八	四一五七	遠之則有望 二句	陸師	甲午科第一名	甲午□□卷選	二〇五
九八	四一五八	遠之則有 二句	陸文煥	第一名		二〇九
九八	四一五九	遠之則有 二句	馮盡善	鄉試墨卷 陝西第四十一名	鄉墨求是編	二一三
九八	四一六〇	遠之則有 二句	劉正訓			二一七
九八	四一六一	遠之則有望（中庸）	薛瑾光	壬午科山西第一名	壬午科□□選	二二一
九八	四一六二	遠之則有望近之則不厭	儲大文			二二五
九八	四一六三	遠之則有 終譽（中庸）	顧三典		本朝小題清雅	二三一
九八	四一六四	遠之則有 合下節（中庸）	顧宗孟	萬曆戊午科 應天	程墨讀本前集	二三五

卷次	篇序號	篇名	著者	說明	出處	頁碼
九八	四一六五	遠之則有望（中庸）	欒廷鈐	乾隆 庚午科 山東	墨卷□□	二三九
九八	四一六六	對曰異乎 合下節（論語）	王于桐	康熙癸巳科山西元墨第三十九名	□□程墨慎言錄	二四三
九八	四一六七	對曰異乎 合下節（論語）	李微	康熙癸巳科山西元墨第一名	□□程墨真言錄	二四七
九八	四一六八	[對曰]異乎三子 何如（論語）	張星		芹香文鈔	二五一
九八	四一六九	對曰異乎 合下節（論語）	張嗣賢	康熙癸巳科山西元墨第三名	□□程墨真言錄	二五五
九八	四一七〇	樊遲從遊 哉問（論語）	陳聲（少宬）	紫陽	二刻西泠三院會課	二五九
九八	四一七一	奪伯氏駢邑三百（論語）	諸錦	丙辰科	近科房行書菁華（浣花書屋）	二六三
九八	四一七二	蒲盧也（中庸）	姜遴	康熙辛未科	本朝房行書歸雅集	二六七
九八	四一七三	慈者所以 求之（大學）	李鏘		東江文集	二七一
九八	四一七四	慈者所以 赤子（大學）	范光宗	戊辰科	房書小題辨路	二七五

卷次	篇序號	篇名	著者	說明	出處	頁碼
九八	四一八三	滕	丁開芳	于學院歲試取進晉江學第六名	試草	三一一
九八	四一八四	滕	吳雅觀（俊夫）	于學院歲入泉州府學第九名	試草	三一五
九八	四一八五	滕	富嘉會（心筠）	于學院歲入泉州府學第五名	試草	三一九
九八	四一八六	滕	蔡鵬飛（志南）	于學院歲試取進晉江學第一名	若谷試草	三二三
九八	四一八七	滕小國也間於齊楚（上孟）	尤　珍	壬戌科	壬戌科小題文徵（雲居山房）	三二七
九八	四一八八	滕小國也　三章（上孟）	吳　華	江南甘泉臺觀風宜興貢監第一名	考卷懷珠六集（秋樹山房）	三三一
九八	四一八九	滕小國也間　全章（孟子）	何騰三	壬辰科	壬辰科小題文選（劒光閣）	三三五

卷次	篇序號	篇名	著者	說明	出處	頁碼
九八	四一九〇	滕小國也間　一章（孟子）	郭　維	順天楊宗師月課武強縣學第一名	考卷裁偽集（華陽山房）	三三九
九八	四一九一	滕文公　孟子	梁凝志		錢選集	三四三
九八	四一九二	滕文公問　三章（孟子）	王汝驤	江南史道臺月課金壇貢監第一名	直省考卷篋中集	三四七
九八	四一九三	滕文公問　三章　其二（孟子）	王汝驤	江南史道臺月課金壇貢監第一名	直省考卷篋中集	三五一
九八	四一九四	滕文公問曰滕　三章（孟子）	何大雅	科覆入漳浦縣學第五名	向若編精選	三五五
九八	四一九五	滕文公問曰　三章	袁弘仁	乙卯十二月東寧陪課	東寧陪課	三五九
九八	四一九六	滕文公問曰滕　三章（孟子）	劉文修	科覆入漳浦縣學第二名	向若編精選	三六三
九八	四一九七	滕文公問曰滕　三章（孟子）	藍應元	科覆入漳浦縣學第三名	近科考卷鳴盛集	三六七
九八	四一九八	滕文公問為國	季邦楨		登瀛社課	三七一

卷次	篇序號	篇名	著者	說明	出處	頁碼
九八	四一九九	滕文公問為國 不可緩也	盧葆熙		何館課	三七五
九八	四二〇〇	滕文公為世子將之楚	羅家勤	書院課第一名		三七九
九八	四二〇一	滕君則誠賢君也	周福祥		一般園集	三八三
九八	四二〇二	聞君行聖人 賢君也	王振聲		從新集	三八七
九八	四二〇三	聞君行聖人之政 是亦聖人也	魯慶元		採風集	三九一
卷九十九						
九九	四二〇四	蓋曰天之所以爲天也（中庸）	王步青		敦復堂稿	三九七
九九	四二〇五	蓋曰天之所以爲天也（中庸）	時元福	江蘇雷學院月課陽湖縣學第一名	近科考卷雅潤集	四〇一
九九	四二〇六	蓋曰天之 不顯（中庸）	湯雲開	江蘇開宗師科入金山縣學第一名	近科考卷歸真集	四〇五
九九	四二〇七	蓋曰（中庸）	魏光國		慶曆小題文行遠集	四〇九

卷次	篇序號	篇名	著者	說明	出處	頁碼
九九	四二〇八	[蓋曰文王之所以爲文也]純亦不已	王琰	辛亥科第十課第一名	鼇峰書院科藝術(原名重)	四一三
九九	四二〇九	[蓋曰]文王之所以爲文也二句(中庸)	王鏊		名文前選	四一七
九九	四二一〇	[蓋曰文王之所以爲文也]純亦不已	任以治		怡山制義	四一九
九九	四二一一	[蓋曰文王之所以爲文也]純亦不已(中庸)	吳翽		本朝科舉文行遠集	四二三
九九	四二一二	蓋曰文王之所以爲文也純亦不已(中庸)	吳華孫		吳冠山時文	四二七
九九	四二一三	[蓋曰文王之所以爲文也]純亦不已(中庸)	周鍾		周介生稿	四三一
九九	四二一四	[蓋曰文王之所以爲文也]純亦不已	姚黃甲	趙太尊觀風覆試第一名	濯錦川試藝	四三五
九九	四二一五	蓋曰文王　不已(中庸)	高炳		高斧文時文	四三九
九九	四二一六	蓋曰文王　不已(中庸)	徐濬		芹香文鈔	四四三
九九	四二一七	蓋曰文王之所以爲文也	閆育杰	恩科		四四七
九九	四二一八	[蓋曰文王之所以爲文也]純亦不已(中庸)	張溥	辛未科	辛未選集(易一房)	四五一

卷次	篇序號	篇名	著者	說明	出處	頁碼
九九	四二一九	[蓋曰文王之所以爲文也]純亦不已（中庸）	張宗昊		本朝考卷小題篋中集	四五五
九九	四二二〇	[蓋曰文王之所以爲文也]純亦不已（中庸）	張宗昊	江南史道尊觀風松江府學第一名	本朝直省考卷篋中集	四五九
九九	四二二一	蓋曰文王之 不已	陳　鐸			四六三
九九	四二二二	蓋曰文王 于天	程　清	錢塘	西泠文萃	四六七
九九	四二二三	[蓋曰文王之所以爲文也]純亦不已（中庸）	詹自超		利器新穎集	四七一
九九	四二二四	蓋曰文王之所以爲文也	劉　寅	己亥恩科	鄉試硃卷	四七五
九九	四二二五	蓋曰文王之 不已（中庸）	潘安禮		口立夫稿	四七九
九九	四二二六	[蓋曰文王之所以爲文也]純亦不已（中庸）	藍綿琛		東江文集	四八三
九九	四二二七	蓋均無貧（論語）	王辛元		歷科小題可人集	四八七
九九	四二二八	蓋均無貧和無寡（論語）	王家楠	江蘇李宗師歲覆華亭縣學第二名	近科房考清卓集（翦水山莊）	四九一
九九	四二二九	蓋均無貧 三句（論語）	王朝爕			四九五

卷次	篇序號	篇名	著者	說明	出處	頁碼
九九	四二三九	蓋均無貧 三句（論語）	陳際泰		山輝閣啓禎文選	五三五
九九	四二四〇	[蓋均無貧]和無寡（論語）	黃子儀	下江鄧宗師歲入常州府學第一名	近科試卷采珍集（太乙閣校本）	五三九
九九	四二四一	[蓋均無貧]和無寡（論語）	儲麟趾	江蘇鄧宗師歲入荊溪縣學第一名	近科考卷知言集	五四三
九九	四二四二	蓋均無貧 三句（下論）	韓菼		有懷堂增訂全稿	五四七
九九	四二四三	[蓋均無貧]和無寡（論語）	魏銈		文江草	五五一
九九	四二四四	[蓋均無貧]和無寡安無傾（論語）	魏大名	北直劉宗師歲覆入南樂學第一名	墨溉堂考卷選	五五五
第三十四冊						
卷一〇〇						
一〇〇	四二四五	齊（中庸）	劉之英	癸酉科	癸酉科小題文一集（匠門書屋）	〇〇五

卷次	篇序號	篇名	著者	說明	出處	頁碼
一〇〇	四二四六	齊人伐燕取 一章（孟子）	李 鏌	蘇州李二府季考長洲縣學第一名	本朝直省考卷篋中集	〇〇九
一〇〇	四二四七	齊人伐燕 全章	錢本誠	辛未科	辛未科房書文粹	〇一三
一〇〇	四二四八	齊人將築薛（孟子）	沈志祖		小品一隅集	〇一七
一〇〇	四二四九	齊人將築薛 全（孟子）	周聲振		本朝考卷含真集補編（學稼軒定本）	〇二一
一〇〇	四二五〇	齊人將築薛 一章（孟子）	俞顯祖		俞挹霖時文	〇二五
一〇〇	四二五一	齊人將築薛（孟子）	章藻功	癸未科	癸未科小題文選	〇二九
一〇〇	四二五二	齊莊中正 四句（中庸）	方 錢（釋左）	司宗師歲考興化府學第一名	自怡齋考卷	〇三三
一〇〇	四二五三	齊莊中正 敬也（中庸）	李河圖		利試小題英雅集（求志堂選）	〇三七
一〇〇	四二五四	齊莊中正（中庸）	吳華孫		吳冠山時文	〇四一
一〇〇	四二五五	齊莊中正 二句（中庸）	何夢篆	癸卯科會試第八名	墨卷英華集（行素書屋）	〇四五

卷次	篇序號	篇名	著者	說明	出處	頁碼
一〇〇	四二五六	齊莊中正　一句（中庸）	周龍官	雍正癸卯科恩取會試元	新科程墨	〇四九
一〇〇	四二五七	齊莊中正　二句	洪肇楙	癸卯科會試	墨卷英華集（行素書屋）	〇五三
一〇〇	四二五八	齊莊中正　四句	姚黄甲	司宗師歲考興化府第三名	濯錦川試藝	〇五七
一〇〇	四二五九	齊莊中正（中庸）	陸寅亮	太倉高撫臺觀風	陸嚮直文	〇六一
一〇〇	四二六〇	齊莊中正　敬也	陳懋芳		瞻石先生稿	〇六五
一〇〇	四二六一	齊莊中正　敬也	楊炳		會墨	〇六九
一〇〇	四二六二	齊莊中正	鄭一純		考卷連城	〇七三
一〇〇	四二六三	齊莊中正　二句	戴瀚	第二名	口院會墨口	〇七七
一〇〇	四二六四	齊莊中正足以有敬也（中庸）	戴名世		戴田有時文全集	〇八一
一〇〇	四二六五	齊景公有　兩段（論語）	儲麟趾	己未科	近科房行書菁華（浣花書屋）	〇八五
一〇〇	四二六六	齊景公問政　子子（論語）	羅　枚	敷文	二刻西冷三院會課	〇八九

卷次	篇序號	篇名	著者	說明	出處	頁碼
一〇〇	四二六七	齊饑 一章（孟子）	仇兆鰲	康熙乙丑科	本朝房行書歸雅集	〇九三
一〇〇	四二六八	齊饑 章（孟子）	許翼樺	康熙癸丑科	本朝房行書歸雅集	〇九七
一〇〇	四二六九	漢排淮	周永錫		文組集	一〇一
一〇〇	四二七〇	漢	周學程		小題精選	一〇五
一〇〇	四二七一	漯	任升堂		新穎集	一〇九
一〇〇	四二七二	漯而注諸海決汝	林國賡		觀海集	一一三
一〇〇	四二七三	熊掌（孟子）	沈德潛		典制脩類初編 物集	一一七
一〇〇	四二七四	熊掌（孟子）	金廷珪		典制文琳	一二一
一〇〇	四二七五	熊掌亦我所欲也（孟子）	郁序爵	江南林宗師科入崇明縣學第二名	小試利器	一二七
一〇〇	四二七六	熊掌（孟子）	洪陞元		文選	一三一
一〇〇	四二七七	維人之命	陳遷鶴		太史家藁	一三五
一〇〇	四二七八	緇衣羔裘素 三句（論語）	韓 菼	康熙癸丑科	本朝房行書歸雅集	一三九
一〇〇	四二七九	隱者也（下論）	仇兆鰲		玉山口小品	一四三

卷次	篇序號	篇名	著者	說明	出處	頁碼
一〇〇	四二八〇	隱者也	魏長發	四川王學院歲入松潘衛學第一名	瑤林集（賜閒堂二編）	一四七
卷一〇一						
一〇一	四二八一	駟不及舌（論語）	王步青		敦復堂稿	一五三
一〇一	四二八二	賢者辟世　一章（論語）	馮成修	己未科	近科房行書菁華（浣花書屋）	一五七
一〇一	四二八三	播鼗武（下論）	甘騰蛟	上江池州張郡尊考取青陽第二名	考卷連城	一六一
一〇一	四二八四	播鼗武入於漢（論語）	李祖惠	乾隆壬申科	本朝小題文達	一六五
一〇一	四二八五	播鼗武（下論）	李嗣京	崇禎戊辰科	皇明小題尋秋集（刪緣居選）	一六九
一〇一	四二八六	播鼗武（論語）	秦　鏞		山輝閣啓禎文選	一七一
一〇一	四二八七	播鼗武入於漢（論語）	郭起沅		典制文環（桂岩居）	一七五
一〇一	四二八八	播鼗武入於漢（論語）	葛以贊	海寧	浙西文滙	一七九

卷次	篇序號	篇名	著者	說明	出處	頁碼
一〇一	四三〇〇	賜也始可 二句（上論）	周學健		八家制藝雅宗	二二九
一〇一	四三〇一	賜也聞一 如也（上論）	口口口		巧搭文	二三三
一〇一	四三〇二	賜也聞一 如也（上論）	呂葆中		竿木集	二三七
一〇一	四三〇三	質猶文也虎豹之鞟（論語）	呂葆中		呂榜眼真稿	二四一
一〇一	四三〇四	質諸鬼神 一節	徐元正			二四五
一〇一	四三〇五	質諸鬼神而無疑（中庸）	許承宣	康熙丙口科	本朝房行書歸雅集	二四九
一〇一	四三〇六	質諸鬼神 人也（中庸）	張希良	乙丑科	乙丑房書文徵	二五三
一〇一	四三〇七	質諸鬼神 人也（中庸）	陳　舒			二五七
一〇一	四三〇八	質諸鬼神 合下節	顧三典			二五九
一〇一	四三〇九	德行顏淵 二段（論語）	王柱流		本朝考卷大題口	二六三
一〇一	四三一〇	德行顏淵 一節（論語）	王鳴盛	嘉定第二名	紫陽書院課藝	二六七
一〇一	四三一一	德行顏淵 一節（論語）	司馬空	吳江第一名	紫陽書院課藝	二七一
一〇一	四三一二	德行顏淵 一節（下論）	李映昆	河南王宗師歲試磁州一等第一名		二七五

卷次	篇序號	篇名	著者	說明	出處	頁碼
一〇一	四三二四	德為聖人（中庸）	姚培和	康熙癸巳科	本朝房行書歸雅集	三二三
一〇一	四三二五	徹也助者	周福祥		一般園集	三二七
一〇一	四三二六	徹者徹也	王子健		存真集	三三一
一〇一	四三二七	徹者徹也　二句	陳國昌		滙海集	三三五
一〇一	四三二八	衛卿可得也（孟子）	何麗天			三三九
一〇一	四三二九	衛卿可得也	姜　遴		考卷中聲	三四三
一〇一	四三三〇	衛卿可得也子路以告	黃聘三	王大宗師歲試取進閩清學第一名	閩中試錄	三四七
一〇一	四三三一	適秦（論語）	金　溶		時藝瓌觀	三五一
一〇一	四三三二	樂其道而忘人之勢（孟子）	吳　襄		本朝考卷小題篋中集	三五五
一〇一	四三三三	樂其道而　見之（孟子）	吳端升		吳申錫時文	三五九
一〇一	四三三四	樂其道而忘人之勢	周　瑎	江蘇張學院科入長洲　第四名	聲振録	三六三
一〇一	四三三五	樂其道而忘人之勢（孟子）	劉詒光（榜姓趙）	第二名	正修書院課藝	三六七

卷次	篇序號	篇名	著者	說明	出處	頁碼
一〇二	四三四八	魯頌曰	張肇文	科試一等第一名		四二一
一〇二	四三四九	請益曰無倦	方樹謨	成均同人會課		四二五
一〇二	四三五〇	請益曰無倦	何玉蟾			四二九
一〇二	四三五一	請益曰無倦	沈會霖	壬午科 湖廣（解元）		四三三
一〇二	四三五二	請益曰無倦	邱振芳			四三五
一〇二	四三五三	[請益曰]無倦（論語）	邵 臨	乙未科	本朝房行書歸雅集	四三九
一〇二	四三五四	請益曰無倦	秦國楨			四四三
一〇二	四三五五	請益曰無倦	許宗岐	江南法宗師科入歙縣學一名		四四七
一〇二	四三五六	[請野]九一	吳肇鑾		貫珠集	四五一
一〇二	四三五七	請野九一而助	呂 鑫		蘭藻集	四五五
一〇二	四三五八	請野九一而助 使自賦	胡宗衡		滙海集	四五九
一〇二	四三五九	諸侯之寶三（孟子）	朱秉彝	江蘇景大宗師科試寶山學第三名	新科考卷惟是集	四六三

卷次	篇序號	篇名	著者	說明	出處	頁碼
第三十五冊						
共一〇三						
一〇三	四三七一	樹藝五穀　民人育	朱載基		觀靈集	〇〇五
一〇三	四三七二	樹藝五穀　五穀熟	黄邵築		採真集	〇〇九
一〇三	四三七三	遷于喬木者	吳寶濂	縣考香山第一名		〇一三
一〇三	四三七四	擇其善者而從之（論語）	張星煥	粵東繆宗師月課羅定州學一名	天下考卷洪鈞	〇一七
一〇三	四三七五	戰（論語）	蕭　維		本朝考卷小題箧中集	〇二一
一〇三	四三七六	踵門	駱維撚		紅藥館集	〇二五
一〇三	四三七七	儒者之道古之人若保赤子	唐　棣		腴快集	〇二九
一〇三	四三七八	學而不厭（論語）	王式丹	康熙癸未科	本朝小題文清華集	〇三三
一〇三	四三七九	學則三代共之　人倫也	陳　豪		新穎集	〇三七
一〇三	四三八〇	學則三代共之　明於上	魏漱芳		玉茗集	〇四一
一〇三	四三八一	學校	竇宜亭		擷藻集	〇四五

卷次	篇序號	篇名	著者	說明	出處	頁碼
一〇三	四三八二	學問之道無他求其放心而已矣	林壽煦	乙卯科第三十二名	福建闈墨（第五房）	〇四九
一〇三	四三八三	學問之道無他 一節（孟子）	周　彬		周質先文編	〇五三
一〇三	四三八四	學問之道無他求其放心而已矣	居進業	乙卯科第五名	福建闈墨（第三房）	〇五七
一〇三	四三八五	學問之道 一節（下孟）	張　繆	己未科	近科房行書菁華（浣花書屋）	〇六一
一〇三	四三八六	學問之道 一節（孟子）	程　芳		近科考卷挺秀	〇六五
一〇三	四三八七	學問之道無他求其放心而已矣	廖樹棻	乙卯科第三十名	福建闈墨（第二房）	〇六七
一〇三	四三八八	學問之道無 一節（孟子）	劉　巖	康熙癸未科	本朝歷科大題選	〇七一
一〇三	四三八九	禦人以口給 單句題（上論）	□□□		張太史塾課	〇七五
一〇三	四三九〇	禦人以口 二句 兩截近承題／反針對上注下法／渾厚醇雅體／六比整做格（論語）	秦大成		增訂小題秘訣	〇七九

卷次	篇序號	篇名	著者	說明	出處	頁碼
一〇三	四三九一	餘夫	盛國楨	書院課第一名		〇八三
一〇三	四三九二	獨居三年（孟子）	徐陶璋	康熙乙未科	本朝房行書歸雅集	〇八七
一〇三	四三九三	謀於燕眾 二句（孟子）	許獬		許鍾斗先生稿（續古堂）	〇九一
一〇三	四三九四	謂之吳孟子（論語）	江筍	乾隆壬午科	本朝小題文達	〇九五
一〇三	四三九五	謂之吳孟子（論語）	蔣德峻	順治戊戌科	本朝歷科小題初學集（文成定本）	〇九九
一〇三	四三九六	謂柳下惠 少連 三節（論語）	周澧		周芑東聯捷文稿	一〇三
一〇三	四三九七	謂柳下惠 三節（論語）	姚湘	江蘇錢宗師選拔松江府學	近科房考清卓集（翦水山莊）	一〇七
一〇三	四三九八	謂柳下惠 已矣（下論）	楊大鶴		楊芝田新訂全稿（筆花閣）	一一一
一〇三	四三九九	謂柳下少連 適秦（下論）	葛一貫	福建汪學院歲試侯官縣學第三名	考卷醇雅初集	一一五
一〇三	四四〇〇	謂柳下惠 少身矣（論語）	趙南星		慶曆小題文行遠集（義門書塾）	一一九

卷次	篇序號	篇名	著者	說明	出處	頁碼
一〇三	四四一五	淵淵其淵（中庸）	戴潛虛		本朝三十家（通志堂）	一七九
卷一〇四						
一〇四	四四一六	黿鼉蛟龍 殖焉（中庸）	趙 炳	康熙丁未科	本朝房行書歸雅集	一八五
一〇四	四四一七	騂（論語）	林鴻年（勿邨）		小題孚新	一八九
一〇四	四四一八	騂且角雖 三句（論語）	潘本義	庚午科	近科房行書菁華（浣花書屋）	一九三
一〇四	四四一九	擊磬襄入於海（論語）	毛成勛		考卷連城	一九七
一〇四	四四二〇	擊磬襄（下論）	周必大	廣東吳宗師科考清遠縣學第一名	考卷連城	二〇一
一〇四	四四二一	擊磬襄（下論）	曹鑑倫		房書小題文徵（雲居山房）	二〇五
一〇四	四四二二	擊磬襄（論語）	陸貽典（勅先）		虞山人文	二〇九

卷次	篇序號	篇名	著者	說明	出處	頁碼
一〇四	四四二三	點爾何如 二節（下論）	周學健	豫章書院會課二名	周勿逸稿	二一三
一〇四	四四二四	點爾何如 一節（下論）	徐　源	崇禎戊辰科	皇明小題尋秋集（刪緣居選）	二一七
一〇四	四四二五	點爾何如（論語）	顧　迹	江南牟藩臺觀風常州府學超等第一名	口口科考卷知言集	二二一
一〇四	四四二六	雖在縲絏之中　免於刑戮（論語）	楊方遠		塾課續編	二二五
一〇四	四四二七	雖有其德　三句（中庸）	馬世俊	順治辛丑科	本朝房行書歸雅集	二二九
一〇四	四四二八	雖周	杜汝濂		採真集	二三三
一〇四	四四二九	雖周亦助也	李　錦		滙海集	二三七
一〇四	四四三〇	雖周亦助也（孟子）	雲中官	康熙癸未科	本朝房行書歸雅集	二四一
一〇四	四四三一	雖柔必強	張光銅	陝西第二十六名	直省鄉墨翕雅	二四五
一〇四	四四三二	雖柔必強	翟用章	陝西第一名	直省鄉墨翕雅	二四九
一〇四	四四三三	雖欲勿用（論語）	口口口		集虛齋塾課	二五一

卷次	篇序號	篇名	著者	說明	出處	頁碼
一〇四	四四三四	雖欲勿用山 二句（論語）	李廷田	歲覆德化縣學一等第三名	福建試牘惟是録（泉州府）	二五五
一〇四	四四三五	雖欲勿用 二句（論語）	胡宗緒		本朝三十家（通志堂）	二五七
一〇四	四四三六	雖欲勿用（論語）	胡師晉（吟艖）		觀摩課藝	二六一
一〇四	四四三七	雖欲勿用（論語）	胡暉吉（雲逵）		觀摩課藝	二六五
一〇四	四四三八	雖欲勿用（上論）	歸　梁	丁卯科	近科小題文程	二六九
一〇四	四四三九	雖欲勿用	錢開仕（漆林）		同懷制義（靜讀山房）	二七三
一〇四	四四四〇	雖欲耕	葛樹槐		清華集	二七七
一〇四	四四四一	雖欲耕得乎后稷	羅騰芳		新硎集	二八一
一〇四	四四四二	雖疏食菜羹（論語）	舒　寬	康熙戊辰科	本朝房行書歸雅集	二八五
一〇四	四四四三	舉一隅（上論）	李　薛		歷科小題卓編（紹衣堂課本）	二八九
一〇四	四四四四	舉而不能先（大學）	汪　灝		歷科小題卓編（紹衣堂課本）	二九三

卷次	篇序號	篇名	著者	說明	出處	頁碼
一〇四	四四四五	舉而不能先（大學）	曹　鳴	江蘇劉學院歲試金匱縣學第二名	近科考卷雅潤二集	二九七
一〇四	四四四六	舉而不能先命也	陳子健	歲試漳平縣學一等第二名		三〇一
一〇四	四四四七	舉	漆　灝	歲入新寧縣學第一名	湖南校士録	三〇五
一〇四	四四四八	舉而不能先（學庸）	劉　熤	廣西許宗師歲覆入陸川縣學第二名	近科考卷清音（粵西試牘）	三〇九
一〇四	四四四九	與人恭而　三句	葉　甲		舉業正宗	三一三
一〇四	四四五〇	與木石居　二句	沈　鴻	江南法學院歲入蘇州第一名	近科考卷凌雲	三一七
一〇四	四四五一	與木石居與鹿豕遊（孟子）	馮　詠	丙申科廣平試院	馮夔颺稿	三二一
一〇四	四四五二	與木石居（孟下）	劉廷桂（仙友）	吳學院歲入同安縣學第三名	牧齊口草	三二五
一〇四	四四五三	與木石居　二句（孟子）	儲龍光		小口七集老境（塾課續編）	三二九

卷次	篇序號	篇名	著者	說明	出處	頁碼
一〇四	四四五四	與木石居 至 見一善行（下孟）	鄧雲倬		考卷芳潤集	三三三
一〇四	四四五五	[與木石居]與鹿豕遊	戴文熾		秋潭艸	三三七
一〇四	四四五六	與其不孫也	林 光	于學院歲取入大田縣學第二名	試草	三四一
一〇四	四四五七	與其不孫也（論語）	高世倬		榕江會課	三四五
一〇四	四四五八	與瞽者（論語）	徐葆光	康熙壬辰科	本朝房行書歸雅集	三四九
一〇四	四四五九	館人求之（孟子）	葉文載	莊學院科入海澄學第十九名	近科考卷純二集	三五三
一〇四	四四六〇	甑爨以鐵	李有源	館課第一名		三五七
一〇四	四四六一	甑爨	林 齡		文組集	三六一
一〇四	四四六二	甑爨以鐵	區洪勳	館課		三六五
一〇四	四四六三	彌子之妻與子路之妻（下孟）	□□□		小題盛觀集	三六九
一〇四	四四六四	彌子之妻（孟子）	黃洪憲		慶曆小題文行遠集（義門書塾）	三七一

卷次	篇序號	篇名	著者	說明	出處	頁碼
一〇四	四四七四	彌子之妻與 二句（孟子）	劉 巘			四一一
一〇四	四四七五	彌子謂子 以告（孟子）	許 獬		許鍾斗先生稿	四一五

卷一〇五

卷次	篇序號	篇名	著者	說明	出處	頁碼
一〇五	四四七六	邇之事父遠之事君（論語）	黄 楷（鐵如）	崇文	西泠三院會課二刻	四二一
一〇五	四四七七	闕黨童子 全章（論語）	李學龍	壬午科 福建	鄉墨鴻裁	四二五
一〇五	四四七八	穡	劉鶴翔		驪海集	四二七
一〇五	四四七九	簞食壺漿	尤垂珍（際坦）	于學院歲試取入晉江學第十五名	仰止亭試文（鸚鵡山房）	四三一
一〇五	四四八〇	簞食壺漿	李甲乙	歲進晉江縣第十二名	八閩試牘（泉州府）	四三五
一〇五	四四八一	簞食壺漿（上孟）	施遇文		利試小題英雅集（求志堂選）	四三七
一〇五	四四八二	簞食壺漿	曾朝陽（孫菓）	于學院歲入晉江學第十八名	試草	四四一

卷次	篇序號	篇名	著者	說明	出處	頁碼
一〇五	四四八三	簞食壺漿	鄭拭（賡士）	于學院歲試重進晉江第四場推拾號	試草	四四五
一〇五	四四八四	簞食壺漿	鄭肇楨	歲進泉州府學第六名	八閩試牘（泉州府）	四四九
一〇五	四四八五	顏淵曰回雖不敏請事斯語矣	周學健	豫章書院會課一名	周勿逸稿	四五三
一〇五	四四八六	顏淵問仁 全章（下論）	王思訓	成弘法瓜	本朝大眾稿	四五七
一〇五	四四八七	顏淵問仁 三章（論語）	何中立	歲覆惠安學一等第一名	自為集	四六一
一〇五	四四八八	顏淵問仁 全章（論語）	汪份	癸未科	癸未科大題文選	四六五
一〇五	四四八九	顏淵問仁 一節（下論）	宋衡	第十四名	口口元魁硃卷	四七一
一〇五	四四九〇	顏淵問仁 一節	孫勷	乙丑科會試	口科墨卷選	四七三
一〇五	四四九一	顏淵問仁 一節（論語）	許獬		許鍾斗先生稿	四七七
一〇五	四四九二	顏淵問仁 一章	張伯謨	館課第一名	鼇峰拔萃	四八一
一〇五	四四九三	顏淵問仁 全章（論語）	陳化龍	館課第六名	鼇峯拔萃	四八七
一〇五	四四九四	顏淵問仁 二章（論語）	黃滐	錢邑尊季考莆田縣學超等第一名	晚翠亭試草	四九一

卷次	篇序號	篇名	著者	說明	出處	頁碼
一〇五	四四九五	顏淵曰請問 一節（論語）	萬晉豐	宜興文縣尊季考第三名	本朝直省考卷篋中集	四九五
一〇五	四四九六	顏淵問仁 全章（論語）	葉聲遠	館課第三名	鼇峰拔萃	四九九
一〇五	四四九七	顏淵問仁 全章（下論）	韓 菼		（龍門選本）	五〇三
一〇五	四四九八	顏淵問為邦 至 樂則韶舞（論語）	何焜（星橋）	崇文	西泠三院會課二刻	五〇七
一〇五	四四九九	類也聖人之於民	秦松齡	乙未科	歷科小題口口集	五一一
一〇五	四五〇〇	類也聖人類也（孟子）	顧我鈞		口口科巧搭丹液集	五一五
一〇五	四五〇一	禮之用和為貴 一章（上論）	方 苞		國朝文述	五一九
一〇五	四五〇二	禮後乎子 一節	林家棟（次吟）	興化陳師尊月課本學超等第一名	繡亭試草（紹聞堂）	五二三
一〇五	四五〇三	禮儀三百（學庸）	任啟運	禮樂	口口初編	五二七
一〇五	四五〇四	禮儀三百威儀三千（中庸）	周學健	豫章書院會課第二名	（松筠堂）	五三一
一〇五	四五〇五	禮儀三百 二句（中庸）	帥念祖			五三五
一〇五	四五〇六	禮儀二百 二句（中庸）	姚培仁	雍正癸卯科	（松筠堂）	五三九

卷次	篇序號	篇名	著者	說明	出處	頁碼
一〇五	四五〇七	禮儀三百 崇禮	莊延斐	福建黃學院歲入泉州府學第二名		五四三
一〇五	四五〇八	[禮儀三百]威儀三千	陳蓮洲	歲入泉州府學第十四名		五四七
一〇五	四五〇九	[禮儀三百]威儀三千	蔡大經	歲入晉江學第六名		五五一
一〇五	四五一〇	[禮儀三百]威儀三千（學庸）	瞿保和	禮樂	□□初編	五五五
一〇五	四五一一	[禮儀三百]威儀三千（學庸）	瞿保和	江蘇劉宗師歲入靖江縣學第一名		五五九
一〇五	四五一二	禮儀三百	瞿義正	江南謝宗師試科□□□		五六三
一〇五	四五一三	翼之	莊銘藻	南海縣考		五六七
一〇五	四五一四	織席	莊葆涵		清湘集	五七一
一〇五	四五一五	織席以為食 弟辛負來耜	衛榮堃		存真集	五七五
一〇五	四五一六	願受一廛	姚丙熊		玉茗集	五七九
一〇五	四五一七	願為聖人氓	閻敬輿		小題約選	五八三

卷次	篇序號	篇名	著者	說明	出處	頁碼
一〇五	四五一八	願學焉宗廟之事	王鼎甲	葉文宗歲進興化府學		五八七
一〇五	四五一九	願學焉宗廟之事（論語）	陸申章（人文）		巧搭驪珠	五九一
一〇五	四五二〇	關雎樂而 二句（論語）	宋兆元	范學院科覆入莆田縣學第十名	青篋齋	五九五
一〇五	四五二一	獸蹄	丁守存		曠視山房集	五九九
一〇五	四五二二	蹴爾而與之（下孟）	□□□		家訓一貫錄	六〇三
一〇五	四五二三	蹴爾而與之（孟子）	李廷樞	康熙辛未科	本朝房行書歸雅集	六〇七
一〇五	四五二四	蹴爾而與之（孟子下）	李廷樞	辛未科	本朝科舉文行遠集	六一一
一〇五	四五二五	蹴爾而與之 我與（下孟）	程之銓	江南張學院歲試江寧一等第一名	萬青書屋考卷選	六一五
一〇五	四五二六	蘧伯王使 一章（論語）	郭焌	甲午科	近科房行書菁華（浣花書屋）	六一九
一〇五	四五二七	辭富居貧辭尊居卑（孟子下）	周茂源		本朝科舉文行遠集	六二三
一〇五	四五二八	寶藏興焉（中庸）	徐葆光	康熙壬辰科	本朝房行書歸雅集	六二七

卷次	篇序號	篇名	著者	說明	出處	頁碼
一〇五	四五二九	麒麟之於走獸　四句	吳玉綸			六三一
一〇五	四五三〇	麒麟之於走獸　二句	吳鼎科	丙子科　江南薦卷	新科墨選（芳草堂）	六三五
一〇五	四五三一	[麒麟之於走獸]鳳凰之於飛鳥（孟子）	何廷鏞		小品一隅集	六三九
一〇五	四五三二	麒麟之於　四句	宋兆元	阿學院科試莆田縣學一等第十名	青壁齋試藝	六四三
一〇五	四五三三	麒麟之於走獸　二句（上孟子）	林　苑（漢之）	海澄	芝山課藝	六四七
一〇五	四五三四	麒麟之於走獸鳳凰之於飛鳥	柳　蓁	丙子科　江南	新科墨	六五一
一〇五	四五三五	麒麟之於走獸　四句	孫登標		口岡文	六五五
一〇五	四五三六	麒麟之於　二句（孟子）	孫龍章	安徽姚學院歲試太平縣學第二名	考卷清華三集	六五九
一〇五	四五三七	麒麟之於　二句（孟子）	張熙紳	江蘇愛藩臺觀風上海縣學第二名	近科考卷歸真集	六六三

第三十六冊

卷一〇六

卷次	篇序號	篇名	著者	說明	出處	頁碼
一〇六	四五四五	彊為善而已矣（孟子）	項　譜（奕誌）		友鄉書塾初集	〇一七
一〇六	四五四六	彊為善而已矣（孟子）	劉　瑛	雲南孫宗師歲入通海縣學第一名	近科考卷鳴盛集	〇二一
一〇六	四五四七	彊曾子曾子曰不可	馮可鑑		蘭藻集	〇二五
一〇六	四五四八	犧牲不成 不祭（孟子）	王豫嘉	順治辛丑科	本朝房行書歸雅集	〇二九
一〇六	四五四九	藉也	陳炳文	歲試一等第一名		〇三三
一〇六	四五五〇	瀹濟	姚文枏		文存集	〇三七
一〇六	四五五一	瀹濟漯	高寶森		玉茗集	〇四一
一〇六	四五五二	瀹濟漯而注諸海	莊世驥		黌雋集	〇四五
一〇六	四五五三	譬之宮牆 寡矣（論語）	孔廣選	江蘇李宗師歲試江寧府學第五名	近口口卷雅正集	〇四九
一〇六	四五五四	譬之宮牆 數仞（下孟）	朱　紱	江西第八名	恩科直省鄉墨	〇五三
一〇六	四五五五	譬之宮牆 三句（論語）	沈健行	江蘇張宗師歲試上海縣學第一名	考卷鴻裁	〇五七

卷次	篇序號	篇名	著者	說明	出處	頁碼
一〇六	四五五六	譬之宮牆　數仞（下孟）	岳起鳳	葛宗師歲取進仙遊縣學第九名		〇六一
一〇六	四五五七	譬之宮牆　數仞（下孟）	周厚轅	江西第三名	恩科直省鄉墨	〇六五
一〇六	四五五八	譬之宮牆（論語）	馮　暠		應試小品觀	〇六九
一〇六	四五五九	譬之宮牆（論語）	馬世奇		馬君常先生稿	〇七三
一〇六	四五六〇	譬之宮牆　數仞	徐日晨	庚寅科鄉墨　江西第二名	恩科直省鄉墨	〇七七
一〇六	四五六一	譬之宮牆　數仞（下論）	郭綬光	庚寅科　江西	鄉會墨趨	〇八一
一〇六	四五六二	譬之宮牆　數仞	程日新	葛宗師歲取進仙遊縣學		〇八五
一〇六	四五六三	譬之宮牆　數仞	萬廷芮	江西第五名	恩科直省鄉墨	〇八九
一〇六	四五六四	譬之宮牆　數仞	熊　枚	江西第一名	恩科直省鄉墨	〇九三
一〇六	四五六五	譬之宮牆　數仞（下論）	熊　枚	庚寅江南	鄉會墨趨（儲秘）	〇九七
一〇六	四五六六	譬之宮牆　數仞	蘇占元	葛學院歲取進仙遊縣學		一〇一
一〇六	四五六七	譬如為山　一節（論語）	黃起熊（師南）	崇文	西泠三院會課二刻	一〇五

卷次	篇序號	篇名	著者	說明	出處	頁碼
一〇六	四五七九	觀水有術 二句（孟子）	邵廷棟		近科考卷挺秀	一五一
一〇六	四五八〇	觀水有術 四句（孟子）	夏軏源	第十一名	新科墨穎	一五五
一〇六	四五八一	觀水有術 一節（孟子）	許琰		□□時文□	一五九
一〇六	四五八二	觀水有術必觀其瀾（孟子）	許開基		許勛宗稿（德星堂）	一六三
一〇六	四五八三	觀水有術 一節（孟子）	陳其嵩	丁未科	丁未科文粹	一六七
一〇六	四五八四	觀水有術（孟子）	蔡以墫	浙江帥宗師科入嘉善縣學第八名	新科考卷洪鈞	一七一
一〇六	四五八五	觀水有術 一節（孟子）	繆璆	江南法學院歲入無錫縣學第三名	瑤林四集（嘯閣選）	一七五
一〇六	四五八六	觀於海者難為水（孟子）	范瑜	浙江張撫軍會課海寧第一名	本朝考卷小題振秀集	一七九
一〇六	四五八七	觀遠臣以其所主（孟子）	陸師	庚辰科	庚辰房書小題遵路	一八三
一〇六	四五八八	觀遠臣以其所主（孟子）	陳麟詩	江南鄭宗師歲試青浦一等第三名	六科考卷文編（白雪軒定本）	一八七
一〇六	四五八九	鑿斯池也（上孟）	王介眉		王介眉□□	一九一

卷次	篇序號	篇名	著者	說明	出處	頁碼
一〇六	四五九〇	鑿斯池也築斯城也	口口口		雲皐四書論（就正集）	一九五
一〇六	四五九一	[鑿斯池也]築斯城也（孟子）	余祖訓		口子科小題文選	一九九
一〇六	四五九二	鑿斯池也 二句（孟子）	汪中鵬		汪萬口稿（春草堂）	二〇三
一〇六	四五九三	鑿斯池也 二句（孟子）	殷 逅（于民）		虞山人文	二〇七
一〇六	四五九四	鑿斯池也 二句（孟子）	徐 稜	江蘇鄧宗師歲考吳江縣學第一名	考卷文選二集	二一一
一〇六	四五九五	鑿斯池也 二句（上孟）	張迎禊	順治己丑科	本朝小題口口	二一五
一〇六	四五九六	鑿斯池也 二句（上孟）	焦毓鼎	辛未科	澹志齋辛未小題選	二一九
卷一〇七						
一〇七	四五九七	一日克己復禮天下歸仁焉	朱 涵	辛酉科順天	手抄稿	二二五
一〇七	四五九八	一日克己 仁焉	徐 上	辛酉科第三名順天	手抄稿	二二九

卷次	篇序號	篇名	著者	說明	出處	頁碼
一〇七	四五九九	一日克己復禮 二句	莊培因	辛酉科 順天	手抄稿	二三三
一〇七	四六〇〇	二者皆口堯舜口已矣	口口口	癸巳年稿	手抄稿	二三七
一〇七	四六〇一	人人親其親長其長	口口口		手抄稿	二三九
一〇七	四六〇二	人少則慕父母	口口口	手抄稿	求野堂世業	二四一
一〇七	四六〇三	人少則慕父母	口口口	手抄稿	求野堂世業	二四五
一〇七	四六〇四	二老者天 二句	口口口			二四九
一〇七	四六〇五	人有不為也 二句	口口口	手抄稿	求野堂世業	二五一
一〇七	四六〇六	人悅之好色富貴無足以解憂者	口口口	手抄稿		二五五
一〇七	四六〇七	人莫不飲食也	王　誥		手抄稿	二五九
一〇七	四六〇八	人無遠慮必有近憂	法式善	手抄稿	聚星樓	二六三
一〇七	四六〇九	入於河播　師陽	吳際恩	招覆口州府三場重卷	手抄稿	二六七
一〇七	四六一〇	又相之子曰管仲相桓公	朱　朗		手抄稿	二六九
一〇七	四六一一	三子者出 已矣	口口口		手抄稿	二七三
一〇七	四六一二	三子者出 五節	王荀鶴		手抄稿	二七七
一〇七	四六一三	三子者 何如	馬佩珩	庚寅科 山西	手抄稿	二八一

卷次	篇序號	篇名	著者	說明	出處	頁碼
一〇七	四六二六	上下與天 之哉	□□□		手抄稿	三一七
一〇七	四六二七	上下與天地同流	□□□		手抄稿	三二一
一〇七	四六二八	上下與天地同流	李廷樞		手抄稿	三二三
一〇七	四六二九	上下與天地同流	陳　洲		手抄稿	三二五
一〇七	四六三〇	上下與天地同流	黃　栻	第十名	手抄稿	三二九
一〇七	四六三一	上如揖下如授	□□□		手抄稿	三三三
一〇七	四六三二	上律天時 二句	陸　師		手抄稿	三三七
一〇七	四六三三	小人懷惠	王　紳（箴六）		手抄稿	三四一
一〇七	四六三四	小人懷惠	周徐彩		手抄稿	三四五
一〇七	四六三五	小德川流 三句	□□□		手抄稿	三四九
一〇七	四六三六	小德川流 三句	王　澍		手抄稿	三五三
一〇七	四六三七	小德川流大德敦化	姚元振		手抄稿	三五七
一〇七	四六三八	已知之矣	艾南英	天啟甲子科	手抄稿	三六一
一〇七	四六三九	乞諸其鄰而與之	□□□		手抄稿	三六五

卷次	篇序號	篇名	著者	說明	出處	頁碼
一〇八	四六五一	子曰隱者也	□□□		手抄稿	四〇九
一〇八	四六五二	子曰隱者也	姜　楨		手抄稿	四一一
一〇八	四六五三	子曰臧文仲其 一節	林德聳		手抄稿	四一三
一〇八	四六五四	子曰繪事後素曰禮後乎	□□□		手抄稿	四一七
一〇八	四六五五	子曰繪事後素 二節	阮爾詢		手抄稿	四一九
一〇八	四六五六	子曰繪事 二節	閔應麟		手抄稿	四二三
一〇八	四六五七	子曰關雎	王鳳翥	廿七名	手抄稿	四二七
一〇八	四六五八	子曰關雎	王鳳翥	第二十七名	手抄稿	四二九
一〇八	四六五九	子曰關雎	音　亭		手抄稿	四三三
一〇八	四六六〇	子曰關雎	郭殿欽		手抄稿	四三五
一〇八	四六六一	子生三年	□□□		手抄稿	四三九
一〇八	四六六二	子貢曰君子亦有惡乎 一節	□□□		手抄稿	四四三
一〇八	四六六三	子貢曰君子亦有 一節	姜綸濂	己卯科順天 第八十九名	手抄稿	四四七
一〇八	四六六四	子貢曰君子亦有惡乎 一節	奚　寅	己卯科順天	手抄稿	四五一

卷次	篇序號	篇名	著者	說明	出處	頁碼
一〇八	四六七九	子路曰	范師佑	浙江周藩基會課敷文書院第一名	手抄稿	五〇三
一〇八	四六八〇	子路拱而 以告	□□□		手抄稿	五〇七
一〇八	四六八一	子路拱而立	□□□		手抄稿	五一一
一〇八	四六八二	子路從而後 行矣	唐順之		手抄稿	五一五
一〇八	四六八三	子路從而後	陳基昌		手抄稿	五一七
一〇八	四六八四	子路宿於石門晨門曰	吳鴻	辛未科	手抄稿	五二一
一〇八	四六八五	子路宿於 孔氏	胡溶	癸酉科江南元	手抄稿	五二五
一〇八	四六八六	子擊磬於 二句	朱志楫		手抄稿	五二九
一〇八	四六八七	子擊磬於衞 全章	胡任輿	狀元	手抄稿	五三三
一〇八	四六八八	子擊磬于衞 一節	舒敏	乾隆壬戌科會試	手抄稿	五三七
一〇八	四六八九	子謂子賤 四章	□□□		手抄稿	五四一
一〇八	四六九〇	子謂公冶長 二章	羅漢章		手抄稿	五四五
一〇八	四六九一	子謂仲弓 一章	徐方廣		手抄稿	五四九

卷次	篇序號	篇名	著者	說明	出處	頁碼
一〇九	四七〇五	夫焉有所倚	王者輔		手抄稿	〇四九
一〇九	四七〇六	夫微之顯 一節	蔡長淳		手抄稿	〇五三
一〇九	四七〇七	不在其位 一節	錢世熹		手抄稿	〇五七
一〇九	四七〇八	不有博弈者乎	馬世俊		手抄稿	〇六一
一〇九	四七〇九	不怒而民威於鈇鉞	黃汝亨		手抄稿	〇六五
一〇九	四七一〇	不降其志 一節	殷兆燕		手抄稿	〇六七
一〇九	四七一一	不辱其身	□□□		手抄稿	〇七一
一〇九	四七一二	不能死又相之	□□□		手抄稿	〇七三
一〇九	四七一三	不能死又相之	錢櫝		手抄稿	〇七七
一〇九	四七一四	不憂不懼	王步青		手抄稿	〇八一
一〇九	四七一五	止子路宿	□□□		手抄稿	〇八三
一〇九	四七一六	止子路宿 子焉	徐琦		手抄稿	〇八七
一〇九	四七一七	少師陽擊磬襄	程珣		手抄稿	〇八九
一〇九	四七一八	日日新	□□□		手抄稿	〇九三
一〇九	四七一九	日日新	黃城		手抄稿	〇九五
一〇九	四七二〇	日日新	黃櫄	程學院科考一等一名	手抄稿	〇九九

卷次	篇序號	篇名	著者	說明	出處	頁碼
一〇九	四七三五	及階子曰 一節	李宗寶	癸酉科福建第六名	手抄稿	一四七
一〇九	四七三六	及階子曰 在斯	李宗寶		手抄稿	一五一
一〇九	四七三七	及階子曰 在斯	李夢登	癸酉科福建	手抄稿	一五五
一〇九	四七三八	及階子曰 在斯	吳道源	癸酉科福建	手抄稿	一五九
一〇九	四七三九	及階 一節	鄭 煥	第二名	手抄稿	一六三
一〇九	四七四〇	及階子曰 在斯	駱天衢	第一名	手抄稿	一六五
一〇九	四七四一	文武之政 二句	劉子壯		手抄稿	一六七
一〇九	四七四二	文理密察	聞人斌		手抄稿	一七一
一〇九	四七四三	文學	吳紹基		手抄稿	一七五
一〇九	四七四四	文學子游子夏	沈錫輅		手抄稿	一七九
一〇九	四七四五	文學子游	陶 淦		手抄稿	一八三
一〇九	四七四六	文獻不足 二句	儲在文		手抄稿	一八七
一〇九	四七四七	孔子曰才難 一節	□□□		手抄稿	一九一
一〇九	四七四八	孔子曰才 一節	宋兆元（兼三）	黃學院科試莆田縣學一等第一名	手抄稿	一九五

卷次	篇序號	篇名	著者	說明	出處	頁碼
一〇九	四七四九	孔子曰才難　然乎	楊永剛	延平一等第一名	手抄稿	一九九
一〇九	四七五〇	孔子曰為此詩者其知道乎	戚　藩		手抄稿	二〇一
一〇九	四七五一	孔子主我衛卿可得也	□□□		手抄稿	二〇五
一〇九	四七五二	孔子主我衛卿可得也	林　儁		手抄稿	二〇九
一〇九	四七五三	孔子主我衛卿可得也	郁士超		手抄稿	二一三
一〇九	四七五四	孔子主我　二句	梁　楷		手抄稿	二一五
一〇九	四七五五	孔子登東　全章	唐曾述		手抄稿	二一九
一〇九	四七五六	孔子嘗為委　一節	陸　師（麟度）		手抄稿	二二一
一〇九	四七五七	予既烹而食之	□□□	手抄稿	求野堂世業	二二五
卷一一〇						
一一〇	四七五八	未若貧而　二句	黃嘉璧	廣東翁學院科考萬州學第一名	手抄稿	二三一
一一〇	四七五九	未若貧而　如磨	陳玉璸（雲章）	葛學院歲取進仙遊縣學	手抄稿（兩篇）	二三五

卷次	篇序號	篇名	著者	說明	出處	頁碼
一一〇	四七六〇	未若貧而 如磨	鄭重猷	葛學院歲取仙遊縣學	手抄稿（兩篇）	二三九
一一〇	四七六一	未若貧而樂	朱家濬		手抄稿	二四三
一一〇	四七六二	未若貧而樂富而好禮者也	□□□		手抄稿	二四七
一一〇	四七六三	去三年不及	□□□	手抄稿	求野堂世業	二五一
一一〇	四七六四	古之賢士 二句	林學曾		手抄稿	二五五
一一〇	四七六五	可使足民 二句	楊 椿	戊戌科	手抄稿	二五七
一一〇	四七六六	可使足民如其禮樂	溫□□	壬申科 廣東	手抄稿	二六一
一一〇	四七六七	可使足民如其禮樂	錢世熹		手抄稿	二六五
一一〇	四七六八	可謂遠也已矣	吳華孫		手抄稿	二六九
一一〇	四七六九	以友天下之善士為未足又尚論古之人	□□□		求野堂世業	二七三
一一〇	四七七〇	以告者過也	耿應張		手抄稿	二七七
一一〇	四七七一	以其乘輿	□□□		手抄稿	二八一
一一〇	四七七二	以約	□□□		手抄稿	二八五
一一〇	四七七三	以意逆志是為得之	□□□	壬子科	求野堂世業	二八九
一一〇	四七七四	以意逆志是為得之	□□□		求野堂世業	二九三

卷次	篇序號	篇名	著者	說明	出處	頁碼
一一〇	四七七五	兄弟也	□□□		手抄稿	二九七
一一〇	四七七六	兄弟也	于　旻		手抄稿	三〇一
一一〇	四七七七	兄弟也	李昂霄		手抄稿	三〇五
一一〇	四七七八	四飯缺適秦	汪元亨	歲覆入惠安縣學　第六名	手抄稿	三〇九
一一〇	四七七九	四飯缺適秦鼓方叔入於河	翁霔霖		手抄稿	三一三
一一〇	四七八〇	出	□□□		求野堂世業	三一七
一一〇	四七八一	出門如見大賓使民如承大祭	□□□		手抄稿	三二一
一一〇	四七八二	冉伯牛仲　冉有	□□□		手抄稿	三二五
一一〇	四七八三	冉伯牛	何師式	丙辰科	手抄稿	三二七
一一〇	四七八四	冉伯牛仲弓	徐祖澄		手抄稿	三三一
一一〇	四七八五	仕非為貧也而有時乎為貧娶妻非為養也	□□□	學院□莆田縣學一等第一名	手抄稿	三三五
一一〇	四七八六	仕則慕君	□□□		求野堂世業	三三九
一一〇	四七八七	仕則慕君不得於君則熱中	□□□		求野堂世業	三四三
一一〇	四七八八	丘也聞有　一節	董其昌		手抄稿	三四七

卷次	篇序號	篇名	著者	說明	出處	頁碼
一一〇	四七八九	丘也聞有 安之	吳居安		手抄稿	三五一
一一〇	四七九〇	主司城貞子為陳侯周臣	何士錦	歲入惠安縣學第二名	手抄稿	三五三
一一〇	四七九一	立天下之大本	□□□		手抄稿	三五七
一一〇	四七九二	立天下之大本	□□□		手抄稿	三五九
一一〇	四七九三	立則見其參 二句	任蘭枝		手抄稿	三六一
一一〇	四七九四	必不得已而去 二段	喬之鼎	會課	手抄稿	三六五
一一〇	四七九五	母命之	孟南金	吳學院歲進永福學第四名	手抄稿	三六九
一一〇	四七九六	民日遷善而不知為之者	□□□		手抄稿	三七一
一一〇	四七九七	民日遷善而不知為之者	李　紱		手抄稿	三七三
一一〇	四七九八	民日遷善 同流	吳華孫		手抄稿	三七七
卷一一一						
一一一	四七九九	在下位不援上	阮朝蛟（元宿）	于歲詔安一等第一名	手抄稿	三八三
一一一	四八〇〇	在陳絕糧	周宗健		手抄稿	三八七

卷次	篇序號	篇名	著者	說明	出處	頁碼
一二一	四八一五	仲尼日月也	□□□		手抄稿	四三七
一二一	四八一六	仲尼祖述堯 二句	李倪昱	康熙庚子科福建	（紹衣堂墨的）手抄稿	四三九
一二一	四八一七	仲尼祖述堯 二句	黃育茹	第十八名	手抄稿	四四三
一二一	四八一八	仲尼祖述 二句	謝道承	康熙庚子科解元福建	（紹衣堂墨的）手抄稿	四四七
一二一	四八一九	仲弓	潘淑章		手抄稿	四五一
一二一	四八二〇	仰不愧於 樂也	林侃		手抄稿	四五三
一二一	四八二一	仰不愧於 樂也	林侃		手抄稿	四五五
一二一	四八二二	仰不愧於天 二句	林廷柱		手抄稿	四五九
一二一	四八二三	仰不愧於 二句	林學曾	于月課取列府學第五名	手抄稿	四六一
一二一	四八二四	仰不愧於 二句（孟子）	袁煒		手抄稿	四六五
一二一	四八二五	仰不愧於 樂也	黃大紀		手抄稿	四六九
一二一	四八二六	伊尹耕於有莘之野而樂堯舜之道焉	□□□		求野堂世業	四七三
一二一	四八二七	伊訓曰	□□□	庚寅科	手抄稿	四七七
一二一	四八二八	自天甲之	唐之楨		手抄稿	四七九

卷次	篇序號	篇名	著者	說明	出處	頁碼
一一一	四八四二	如會同端章甫	周　鼎	高宗師取入閩縣第一名	手抄稿	五三一
一一一	四八四三	好人之所惡　一節	李忠簡	戊辰科會試第二名	手抄稿	五三三
一一一	四八四四	好人之所惡　一節	吳　鴻		手抄稿	五三七

第三十八冊

卷一一二

卷次	篇序號	篇名	著者	說明	出處	頁碼
一一二	四八四五	形則著	王步青		手抄稿	○○五
一一二	四八四六	孝者所以　三句	戴　瀚		手抄稿	○○九
一一二	四八四七	臣事君以忠	□□□		手抄稿	○一三
一一二	四八四八	臣事君以忠　子曰　關雎	周　□	文粹	手抄稿	○一七
一一二	四八四九	吾於子思則師之矣吾於顏般則友之矣王順長息則事我者也	□□□		求野堂世業	○二一
一一二	四八五〇	吾豈若使是君為堯舜之君哉	□□□	丁丑科　手抄稿	求野堂世業	○二五

卷次	篇序號	篇名	著者	說明	出處	頁碼
一一二	四八六三	足食足兵民信之矣	宋兆元	仙邑李中尊署內作	手抄稿	〇七一
一一二	四八六四	足食足兵民信之矣	周　銓		手抄稿	〇七五
一一二	四八六五	我則異於是 二句	吳文銘		手抄稿	〇七九
一一二	四八六六	我則異於是無可無不可	林堯英	木天外藏	手抄稿	〇八一
一一二	四八六七	私覿	許　穀	英雅集	手抄稿	〇八五
一一二	四八六八	近之則不孫	陸壽名		手抄稿	〇八九
一一二	四八六九	何以待之 王速出令	庭　訓		手抄稿	〇九三
一一二	四八七〇	言之得無訒乎	李本涵		手抄稿	〇九七
一一二	四八七一	言未及之 二句	賴　瑋	福建汪宗師歲考永安縣一等口名	手抄稿	一〇一
一一二	四八七二	言而世為天下則	王成高	乙酉科廣東第二十七名	手抄稿	一〇五
一一二	四八七三	言而世為天下則	胡應達	壬午科福建第十名	手抄稿	一〇九
一一二	四八七四	言而世為天下則	許志進	壬午科福建擬程	手抄稿	一一三

卷次	篇序號	篇名	著者	說明	出處	頁碼
一一三	四八八五	君子之志於道也不成章不達	鄭化龍		手抄稿	一五九
一一三	四八八六	君子之道造端乎夫婦 一節	董其昌	第三名	手抄稿	一六一
一一三	四八八七	君子平其政	口口口		求野堂世業	一六五
一一三	四八八八	君子亦有 一節	口口元		手抄稿	一六九
一一三	四八八九	君子而時中	葉秉敬		手抄稿	一七三
一一三	四八九〇	君子有三畏畏天命畏大人畏聖人之言	李章堉	乾隆壬申科	手抄稿	一七七
一一三	四八九一	君子疾沒世而名不稱	陳際泰		手抄稿	一八一
一一三	四八九二	君子喻於 二句	米調元		手抄稿	一八五
一一三	四八九三	君子喻於義	許汝龍		手抄稿	一八七
一一三	四八九四	君子無所爭 而飲	柯雨官	冷邑尊觀風超等一名	手抄稿	一九一
一一三	四八九五	君子義以為上	口口口		手抄稿	一九三
一一三	四八九六	君子篤於親	口口口		求野堂世業	一九七
一一三	四八九七	君子篤於親 一節	潘汝誠	丙辰科 會試	手抄稿	二〇一
一一三	四八九八	君子篤於 一節	儲 欣		手抄稿	二〇五

卷次	篇序號	篇名	著者	說明	出處	頁碼
一一三	四八九九	君子懷德 二句	楊 喬	江南鄭宗師科試溧陽第二名	手抄稿	二〇九
一一三	四九〇〇	君使臣以禮 二句	吳韓起（青□）		手抄稿	二一三
一一三	四九〇一	君使臣以禮	黃 佑		手抄稿	二一七
一一三	四九〇二	其人存則其政舉	王 鏊		手抄稿	二一九
一一三	四九〇三	其事則齊 其義	□□□		手抄稿	二二一
一一三	四九〇四	其然	許開泰		手抄稿	二二三
一一三	四九〇五	武王不泄邇	□□□		手抄稿	二二七
一一三	四九〇六	武王曰	沈德潛		手抄稿	二三一
一一三	四九〇七	武王曰	許曾裕		手抄稿	二三五
一一三	四九〇八	武王周公 二節	歸有光	第二名	手抄稿	二三七
一一三	四九〇九	昔□有饋生魚於鄭子産	□□□		求野堂世業	二四一
一一三	四九一〇	或曰以德 報德	黃 厚		手抄稿	二四五
一一三	四九一一	或曰禘之說	徐基照	第十名	手抄稿	二四九
一一三	四九一二	或勉強而行之	陳際泰		手抄稿	二五一
一一三	四九一三	東里子産潤色之	張尚瑗		手抄稿	二五五

卷次	篇序號	篇名	著者	說明	出處	頁碼
一一三	四九一四	東里子產潤色之或問子產	陳先聲		手抄稿	二五九
一一三	四九一五	東里子產潤色之	趙鵬口	第七十六名	手抄稿	二六三
一一三	四九一六	事君盡禮	王材佐		手抄稿	二六五
一一三	四九一七	事君盡禮　論也	彭帝時		手抄稿	二六九
一一三	四九一八	事楚乎　孟子曰是謀	馮大淵		手抄稿	二七一
一一三	四九一九	事齊乎事楚乎	口口口		手抄稿	二七五
一一三	四九二〇	來百工則財用足	張　江		手抄稿	二七九
一一三	四九二一	非曰能之　相焉	陳嘉誠	福建徐宗師歲試侯官一等第一名	手抄稿	二八一
一一三	四九二二	非禮勿聽	周　經		手抄稿	二八五
一一三	四九二三	知天也	口口口		手抄稿	二八九
一一三	四九二四	知天地之化育	朱元英		手抄稿	二九三
一一三	四九二五	知天地之化　二句	任啟運		手抄稿	二九七
一一三	四九二六	知天地之化育	吳端升		手抄稿	二九九
一一三	四九二七	知天也	許汝龍		手抄稿	三〇三
一一三	四九二八	知其說者之於天下也	趙若愚		手抄稿	三〇五

卷次	篇序號	篇名	著者	說明	出處	頁碼
一一三	四九二九	周人以栗	葉為章		手抄稿	三〇九
一一三	四九三〇	周公成文武之德	劉子壯		手抄稿	三一三
一一三	四九三一	周公成文武之德	劉子壯		手抄稿	三一七
一一三	四九三二	忠焉能勿誨乎	秦大士		手抄稿	三一九
一一三	四九三三	明日子路　子路曰	曹仁虎		手抄稿	三二三
一一三	四九三四	明日子路　行矣	翁霔霖		手抄稿	三二七
一一三	四九三五	固	沈祖惠		手抄稿	三三一
一一三	四九三六	固將朝也	胡　安		手抄稿	三三五
卷一一四						
一一四	四九三七	肫肫其仁淵淵其淵浩浩其天	□□□		手抄稿	三四一
一一四	四九三八	[肫肫其仁淵淵其淵] 浩浩其天　孰能知之	方棨如		手抄稿	三四三
一一四	四九三九	肫肫其仁	林豐玉		手抄稿	三四七
一一四	四九四〇	肫肫其仁	許孚遠		手抄稿	三四九
一一四	四九四一	肫肫其仁　一節	鄒世任		手抄稿	三五三

卷次	篇序號	篇名	著者	說明	出處	頁碼
一一四	四九四二	[肫肫其仁淵淵其淵]浩浩其天	蔣拭之		手草稿	三五七
一一四	四九四三	[肫肫其仁]淵淵其淵	劉輝祖		手抄稿	三六一
一一四	四九四四	物交物	金國用		手抄稿	三六五
一一四	四九四五	和無寡安無傾	蔡一經	歲入泉州府學第一名	手抄稿	三六九
一一四	四九四六	彼哉問管仲曰人也	邵宗岳		手抄稿	三七三
一一四	四九四七	舍瑟	章 炳		手抄稿	三七七
一一四	四九四八	享禮有容色	黃得歲	汪歲取進莆田縣學第十六名	手抄稿	三八一
一一四	四九四九	放於利而行	□□□		手抄稿	三八三
一一四	四九五〇	於乎不顯	□□□		手抄稿	三八五
一一四	四九五一	於衛主顏 二節	王天寵	車科入晉江縣學第五名	手抄稿	三八九
一一四	四九五二	於衛主顏讎由彌子之妻	宋有澤		手抄稿	三九一
一一四	四九五三	宗廟之事如會同端章甫	何恒鎮		手抄稿	三九五
一一四	四九五四	宗廟之禮所以序昭穆也	鍾大受		手抄稿	三九九

卷次	篇序號	篇名	著者	說明	出處	頁碼
一一四	四九五五	定公問君使臣臣事君	雷大英	歲試星子學一等二名	手抄稿	四〇三
一一四	四九五六	治國其如示諸掌乎	林為楫	第五名	手抄稿	四〇五
一一四	四九五七	治國其如示諸掌乎	張騰蛟	第一名	手抄稿	四〇九
一一四	四九五八	治國其如示諸掌乎	游光繹	第二名	手抄稿	四一三
一一四	四九五九	居東海之濱	□□□		求野堂世業	四一七
一一四	四九六〇	居是邦也	吳先銳		手抄稿	四二一
一一四	四九六一	孟子曰舜之居深山之中與木石居與鹿豕遊其所…	宋若霖	會試	手抄稿	四二五
一一四	四九六二	附之以韓魏之家如其自視欿然	□□□		手抄稿	四二九
一一四	四九六三	始可與言詩已矣子曰夏禮吾能言之	□□□		手抄稿	四三三
一一四	四九六四	始舍之圉 而逝	□□□		手抄稿	四三五
一一四	四九六五	春秋	□□□		手抄稿	四三七
一一四	四九六六	春秋	楊九雲	平湖王縣尊季考本學第一名	手抄稿	四四一
一一四	四九六七	春秋修其 一節	□□□		手抄稿	四四五

卷次	篇序號	篇名	著者	說明	出處	頁碼
一一四	四九六八	春秋脩其二節	王綸禮	歲覆泉州府學一等二名	手抄稿	四四九
一一四	四九六九	春秋脩其二節	朱　達	歲覆晉江縣學一等二名	手抄稿	四五一
一一四	四九七〇	春秋脩其二節	佘霖龍	歲覆惠安縣學一等四名	手抄稿	四五三
一一四	四九七一	春秋脩其二節	施萬玉	歲覆泉州府學一等一名	手抄稿	四五五
一一四	四九七二	春秋脩其二節	張逢春	歲覆同溪縣學一等三名	手抄稿	四五七
一一四	四九七三	春秋脩其二節	楊翥鳳	歲覆安溪縣學一等五名	手抄稿	四五九
一一四	四九七四	春秋脩其二節	蔡殿馨	歲覆晉江縣學一等五名	手抄稿	四六一
一一四	四九七五	春秋脩其二節	潘思光	歲覆安溪縣學一等一名	手抄稿	四六三
一一四	四九七六	春秋脩其二節	□□分	歲覆晉江縣學一等三名	手抄稿	四六五

卷次	篇序號	篇名	著者	說明	出處	頁碼
一一五	四九八八	苟日新　三句	林瑞岳		手抄稿	五〇九
一一五	四九八九	苟以是心至斯受之而已矣	□□□		手抄稿	五一一
一一五	四九九〇	恂慄也	□□□		手抄稿	五一五
一一五	四九九一	是天子而友匹夫也…	□□□		求野堂世業	五一七
一一五	四九九二	是故哂哂	□□□		手抄稿	五二一
一一五	四九九三	是焉得為大丈夫　三句	廖德星		手抄稿（兩份）	五二三
一一五	四九九四	思天下之民	□□□		求野堂世業	五二七
一一五	四九九五	則過人遠矣	□□□		手抄稿	五三一
一一五	四九九六	畏天命畏　三句	□□□		手抄稿	五三五
一一五	四九九七	修己以安百姓	張　標		手抄稿	五三九
一一五	四九九八	信乎	周延儒		手抄稿	五四三
一一五	四九九九	禹惡旨酒而好善言	吳夢桃		手抄稿	五四七
一一五	五〇〇〇	怨慕也	□□□		求野堂世業	五四九
一一五	五〇〇一	帝之妻舜而不告何也曰帝亦知告焉則不得妻也	□□□		求野堂世業	五五三
一一五	五〇〇二	施從良人之所之	□□□		求野堂世業	五五七
一一五	五〇〇三	美目盼兮	沈同安		手抄稿	五六一

卷次	篇序號	篇名	著者	說明	出處	頁碼
一一五	五〇二一	豈惟民哉	何廷棟		手抄稿	六二七
一一五	五〇二二	悠久無疆	楊瓚		手抄稿	六三一
一一五	五〇二三	師文王	□□□		求野堂世業	六三五
一一五	五〇二四	師冕見及階 節	□□□		手抄稿	六三九
一一五	五〇二五	殺雞 其	鄭溥（慎人）	□陳□尊會課書院超等第一名	手抄稿	六四三
一一五	五〇二六	卿祿四大夫	朱□鼎	第二名	手抄稿	六四七
一一五	五〇二七	卿祿四大夫	卓天壽	汪宗師科進	手抄稿	六四九
一一五	五〇二八	卿祿四大夫	鄭僑	第一名	手抄稿	六五三
一一五	五〇二九	貧而無諂 貧而樂	□□□		手抄稿	六五七
一一五	五〇三〇	貧而無諂 富而無驕	□□□		手抄稿	六五九
一一五	五〇三一	貧而無諂富 二句	史流芳		手抄稿	六六三
一一五	五〇三二	貧而無諂富而無驕	汪瀣		手抄稿	六六七
一一五	五〇三三	席也皆坐	□□□		手抄稿	六七一
一一五	五〇三四	浸潤之譖 一段	盧中行	漳浦	手抄稿	六七三
一一五	五〇三五	容光必照焉	□□□		手抄稿	六七五

卷次	篇序號	篇名	著者	說明	出處	頁碼
一一五	五〇三六	既而曰鄙 已矣	王文治	庚辰科會試	手抄稿	六七九
一一五	五〇三七	既稟稱事	唐順之		手抄稿	六八三
一一五	五〇三八	蚤起	□□□		求野堂世業	六八七
第三十九冊						
卷二一六						
一一六	五〇三九	教者必以正	□□□		求野堂世業	〇〇五
一一六	五〇四〇	執圭	王鳳翥		手抄稿	〇〇九
一一六	五〇四一	達之天下也	□□□		手抄稿	〇一三
一一六	五〇四二	達天德者	程之銘（式法）		手抄稿	〇一五
一一六	五〇四三	惡果敢而窒者	張光豸		手抄稿	〇一九
一一六	五〇四四	莫見乎隱 二句	章上奏		手抄稿	〇二三
一一六	五〇四五	莫我知也夫	吳陳琰		手抄稿	〇二七
一一六	五〇四六	莫春者	□□□		手抄稿	〇三一
一一六	五〇四七	莫春者春 七句	王元勳	第一名	手抄稿	〇三三
一一六	五〇四八	惜乎夫子之說	陳 謨		手抄稿	〇三七

卷次	篇序號	篇名	著者	說明	出處	頁碼
一一六	五〇四九	惟求則非邦 二節	張 江		手抄稿	〇四一
一一六	五〇五〇	晨門曰	汪嘉濟		手抄稿	〇四五
一一六	五〇五一	晨門曰奚自	陳祖范		手抄稿	〇四九
一一六	五〇五二	國有道其言足以興	俞 荔（菓亭）		手抄稿	〇五三
一一六	五〇五三	問一得三	□□□		手抄稿	〇五七
一一六	五〇五四	動乎四體	王 杰		手抄稿	〇六一
一一六	五〇五五	得天下英才而教育之	□□□		手抄稿	〇六五
一一六	五〇五六	從我於陳 所也	章 懋		手抄稿	〇六九
一一六	五〇五七	祭如在 二章	陳時行	車學院科入莆田縣學第三名	手抄稿	〇七一
一一六	五〇五八	庸言之謹	吳玉綸		手抄稿	〇七五
一一六	五〇五九	商聞之矣	許宗渾		手抄稿	〇七九
一一六	五〇六〇	商聞之矣	許宗渾		手抄稿	〇八一
一一六	五〇六一	孰為夫子	□□□		手抄稿	〇八五
一一六	五〇六二	孰為夫子	李 葉		手抄稿	〇八九
一一六	五〇六三	善教得民心	許汝成		手抄稿	〇九一

卷次	篇序號	篇名	著者	說明	出處	頁碼
一一七	五一三〇	滄浪之水濁兮可以濯我足 孔子曰小子聽之	口口口		求野堂世業	三二五
一一七	五一三一	寬裕溫柔 二句	棗昌霖		手抄稿	三二九
一一七	五一三二	禘嘗之義	李元坊		手抄稿	三三三
一一七	五一三三	辟如天地之無不持載	王步青		手抄稿	三三七
一一七	五一三四	鳶飛戾天 一節	錢 琦	丁巳科	手抄稿	三四一
一一七	五一三五	蓋曰天之所以為天也	王步青		手抄稿	三四五
一一七	五一三六	蓋曰文王 二句	呂式榮		手抄稿	三四九
一一七	五一三七	[蓋曰文王之所以爲文也]純亦不已	口口口		手抄稿	三五三
一一七	五一三八	蓋均無貧 三句	口口口		手抄稿	三五七
一一七	五一三九	蓋均無貧和	徐鐘華		手抄稿	三六一
卷一一八						
一一八	五一四〇	聞有國有家者	口口口		手抄稿	三六五
一一八	五一四一	與子路之妻	李祖惠		手抄稿	三六九
一一八	五一四二	與木石居 二句	口口口		手抄稿	三七三

卷次	篇序號	篇名	著者	說明	出處	頁碼
二一八	五一四三	與木石居與鹿豕遊其所以異於深山之野人者幾希	□□□		手抄稿	三七七
二一八	五一四四	與木石居與鹿豕遊	秦　振	陝西楊宗師科考潼關第一名	手抄稿	三八一
二一八	五一四五	與木石居與鹿豕遊	許　琛	馮學院科覆興化府學一等第四名	手抄稿	三八五
二一八	五一四六	與木石居與鹿豕遊	顧兆麟		手抄稿	三八九
二一八	五一四七	逸民伯夷　叔齊虞仲夷　逸朱張柳下惠少連	吳玉綸		手抄稿	三九三
二一八	五一四八	逸民伯夷　一節	周　袓	第五十五名	手抄稿	三九七
二一八	五一四九	逸民伯夷　叔齊虞仲夷　逸朱張柳下惠少連	周廣業	第二十二名	手抄稿	四〇一
二一八	五一五〇	逸民伯夷　一節	孟在安	吉宗師科試取第一等第一名	手抄稿	四〇五
二一八	五一五一	逸民伯夷　一節	姚加榮	第十二名	手抄稿	四〇九
二一八	五一五二	逸民伯夷　一節	許嗣榛	第二名	手抄稿	四一三
二一八	五一五三	逸民伯夷　叔齊虞仲夷　逸朱張柳下惠少連	陳　錦（元）		手抄稿	四一七

卷次	篇序號	篇名	著者	說明	出處	頁碼
一一八	五一五四	逸民伯夷 一節	趙士霖	第五名	手抄稿	四二一
一一八	五一五五	逸民伯夷 一節	戴福基	第十名	手抄稿	四二五
一一八	五一五六	滕小國也間 全	王光承		手抄稿	四二九
一一八	五一五七	滕小國也間 全	周　樂	車學院歲入閩縣學第三名	手抄稿	四三三
一一八	五一五八	滕	徐　香		手抄稿	四三五
一一八	五一五九	齊	陸　師		手抄稿	四三九
一一八	五一六〇	齊一變至 一節	黃淳耀		手抄稿	四四三
一一八	五一六一	齊人將築薛吾甚恐如之何則可	口口口		手抄稿	四四五
一一八	五一六二	齊莊中正足以有敬也	王錫畦	丁宗師月課閩縣第一名	手抄稿	四四九
一一八	五一六三	齊莊中正	介孝瑹		手抄稿	四五一
一一八	五一六四	齊莊中正 二句	陳夢雷		手抄稿	四五五
一一八	五一六五	黿鼉蛟龍魚鼈生焉	茅　坤		手抄稿	四五九
一一八	五一六六	臧文仲其 一節	朱　朗		手抄稿	四六三
一一八	五一六七	默而識之 一節	吳　銳		手抄稿	四六七

卷次	篇序號	篇名	著者	說明	出處	頁碼
一一八	五一八一	魯一變至於道	□□□		手抄稿	五一五
一一八	五一八二	魯一變至於道	浦起龍		手抄稿	五一七
一一八	五一八三	魯一變至於道	許孚遠	初集啟蒙	手抄稿	五二一
一一八	五一八四	魯一變	黃之彥		手抄稿	五二五
卷一一九						
一一九	五一八五	請益曰無倦	許宗枝		手抄稿	五二九
一一九	五一八六	諸君子皆與驩言	□□□		求野堂世業	五三三
一一九	五一八七	諫行言聽	□□□		求野堂世業	五三七
一一九	五一八八	廢中權	□□□		手抄稿	五四一
一一九	五一八九	適秦鼓方叔	超 弋		手抄稿	五四五
一一九	五一九〇	鄭人使子濯孺子侵衞衞使庾公之斯追之	□□□		求野堂世業	五四七
一一九	五一九一	鄭聲淫	錢振先		手抄稿	五四九
一一九	五一九二	隱者也	□□□		手抄稿	五五三
一一九	五一九三	樂則韶舞	薛觀光	甲子科 江南元	手抄稿	五五五

卷次	篇序號	篇名	著者	說明	出處	頁碼
一一九	五二〇七	雖聖人亦有所不知焉	□□□		手抄稿	六〇五
一一九	五二〇八	禮後乎	□□□		手抄稿	六〇九
一一九	五二〇九	彌子之妻與子路之妻	呂葆中		手抄稿	六一三
一一九	五二一〇	舊穀既沒 夫稻	秦學洙		手抄稿	六一七
一一九	五二一一	闕黨童子將命 一章	林兆鯤		手抄稿	六二一
一一九	五二一二	謨蓋都居咸我績 至 二嫂使治朕棲	□□□		求野堂世業	六二五
一一九	五二一三	顏淵曰請 一節	□□□		手抄稿	六二七
一一九	五二一四	顏淵問為邦 一章	徐學乾		手抄稿	六三一
一一九	五二一五	顏淵問為邦 樂則韶舞	歸有光		手抄稿	六三五
一一九	五二一六	顏淵閔子騫冉伯牛仲弓	李梅友		手抄稿	六三九
一一九	五二一七	繪事後素曰禮後乎	□□□		手抄稿	六四三
一一九	五二一八	繪事後素曰禮後乎	周文明	一等	手抄稿	六四五
一一九	五二一九	繪事 後素	金德鍈	丙辰科	手抄稿	六四九
一一九	五二二〇	願學焉宗廟之事	鍾毓秀	葉宗師歲進莆田縣學第一名	手抄稿	六五三

冊卷號　篇序號表

冊卷號　篇序號表

冊次	卷次	篇序
第一冊	卷一	第○○○一至第○○四五篇
第一冊	卷二	第○○四六至第○一○○篇
第一冊	卷三	第○一○一至第○一四二篇
第二冊	卷四	第○一四三至第○一八九篇
第二冊	卷五	第○一九○至第○二四四篇
第二冊	卷六	第○二四五至第○二九一篇
第三冊	卷七	第○二九二至第○三二八篇
第三冊	卷八	第○三二九至第○三八○篇
第三冊	卷九	第○三八一至第○四一一篇
第四冊	卷十	第○四一二至第○四四○篇
第四冊	卷十一	第○四四一至第○四七三篇
第四冊	卷十二	第○四七四至第○五一八篇
第五冊	卷十三	第○五一九至第○五六○篇
第五冊	卷十四	第○五六一至第○五九九篇
第五冊	卷十五	第○六○○至第○六五七篇
第六冊	卷十六	第○六五八至第○六九五篇
第六冊	卷十七	第○六九六至第○七四六篇
第六冊	卷十八	第○七四七至第○七九八篇
第七冊	卷十九	第○七九九至第○八五二篇
第七冊	卷二十	第○八五三至第○八八七篇
第七冊	卷二一	第○八八八至第○九三三篇
第八冊	卷二二	第○九三四至第○九九四篇
第八冊	卷二三	第○九九五至第一○六○篇
第八冊	卷二四	第一○六一至第一一一五篇

冊次	卷次	篇序
第九冊	卷二五	第一一一六至第一一六九篇
第九冊	卷二六	第一一七〇至第一二一七篇
第九冊	卷二七	第一二一八至第一二六三篇
第十冊	卷二八	第一二六四至第一二九八篇
第十冊	卷二九	第一二九九至第一三五七篇
第十冊	卷三十	第一三五八至第一四〇六篇
第十一冊	卷三一	第一四〇七至第一四五七篇
第十一冊	卷三二	第一四五八至第一四九三篇
第十一冊	卷三三	第一四九四至第一五四五篇
第十二冊	卷三四	第一五四六至第一五九五篇
第十二冊	卷三五	第一五九六至第一六三三篇
第十二冊	卷三六	第一六三四至第一六六九篇
第十三冊	卷三七	第一六七〇至第一七〇三篇
第十三冊	卷三八	第一七〇四至第一七五七篇
第十三冊	卷三九	第一七五八至第一八〇七篇
第十四冊	卷四十	第一八〇八至第一八四〇篇
第十四冊	卷四一	第一八四一至第一八八〇篇
第十四冊	卷四二	第一八八一至第一九一三篇
第十五冊	卷四三	第一九一四至第一九五三篇
第十五冊	卷四四	第一九五四至第二〇〇三篇
第十五冊	卷四五	第二〇〇四至第二〇三九篇
第十六冊	卷四六	第二〇四〇至第二〇六五篇
第十六冊	卷四七	第二〇六六至第二〇九八篇
第十六冊	卷四八	第二〇九九至第二一三七篇

冊次	卷次	篇序
第十七冊	卷四九	第二一三八至第二一六七篇
第十七冊	卷五十	第二一六八至第二二〇四篇
第十七冊	卷五一	第二二〇五至第二二三五篇
第十八冊	卷五二	第二二三六至第二二六六篇
第十八冊	卷五三	第二二六七至第二三一〇篇
第十八冊	卷五四	第二三一一至第二三六五篇
第十九冊	卷五五	第二三六六至第二三九九篇
第十九冊	卷五六	第二四〇〇至第二四三九篇
第十九冊	卷五七	第二四四〇至第二四七三篇
第二十冊	卷五八	第二四七四至第二五一一篇
第二十冊	卷五九	第二五一二至第二五五一篇
第二十冊	卷六十	第二五五二至第二五九七篇
第二一冊	卷六一	第二五九八至第二六四二篇
第二一冊	卷六二	第二六四三至第二六九一篇
第二一冊	卷六三	第二六九二至第二七三一篇
第二二冊	卷六四	第二七三二至第二七七〇篇
第二二冊	卷六五	第二七七一至第二八〇四篇
第二二冊	卷六六	第二八〇五至第二八四六篇
第二三冊	卷六七	第二八四七至第二八九七篇
第二三冊	卷六八	第二八九八至第二九三五篇
第二三冊	卷六九	第二九三六至第二九八五篇
第二四冊	卷七十	第二九八六至第三〇二七篇
第二四冊	卷七一	第三〇二八至第三〇六四篇
第二四冊	卷七二	第三〇六五至第三一一五篇

冊次	卷次	篇序
第二五冊	卷七三	第三一一六至第三一五〇篇
第二五冊	卷七四	第三一五一至第三一九一篇
第二五冊	卷七五	第三一九二至第三二三一篇
第二六冊	卷七六	第三二三二至第三二七〇篇
第二六冊	卷七七	第三二七一至第三三〇二篇
第二六冊	卷七八	第三三〇三至第三三四四篇
第二七冊	卷七九	第三三四五至第三三八四篇
第二七冊	卷八十	第三三八五至第三四四三篇
第二七冊	卷八一	第三四四四至第三四九一篇
第二八冊	卷八二	第三四九二至第三五三七篇
第二八冊	卷八三	第三五三八至第三五八三篇
第二八冊	卷八四	第三五八四至第三六一九篇
第二九冊	卷八五	第三六二〇至第三六五八篇
第二九冊	卷八六	第三六五九至第三七〇二篇
第二九冊	卷八七	第三七〇三至第三七三三篇
第三十冊	卷八八	第三七三四至第三七七九篇
第三十冊	卷八九	第三七八〇至第三八二四篇
第三十冊	卷九十	第三八二五至第三八六五篇
第三一冊	卷九一	第三八六六至第三九〇五篇
第三一冊	卷九二	第三九〇六至第三九六六篇
第三一冊	卷九三	第三九六七至第四〇一五篇
第三二冊	卷九四	第四〇一六至第四〇四九篇
第三二冊	卷九五	第四〇五〇至第四〇七九篇
第三二冊	卷九六	第四〇八〇至第四一〇七篇

冊次	卷次	篇序
第三三冊	卷九七	第四一〇八至第四一五一篇
第三三冊	卷九八	第四一五二至第四二〇三篇
第三三冊	卷九九	第四二〇四至第四二四四篇
第三四冊	卷一百	第四二四五至第四二八〇篇
第三四冊	卷一〇一	第四二八一至第四三三六篇
第三四冊	卷一〇二	第四三三七至第四三七〇篇
第三五冊	卷一〇三	第四三七一至第四四一五篇
第三五冊	卷一〇四	第四四一六至第四四七五篇
第三五冊	卷一〇五	第四四七六至第四五四一篇
第三六冊	卷一〇六	第四五四二至第四五九六篇
第三六冊	卷一〇七	第四五九七至第四六三九篇
第三六冊	卷一〇八	第四六四〇至第四六九一篇

冊次	卷次	篇序
第三七冊	卷一〇九	第四六九二至第四七五七篇
第三七冊	卷一一〇	第四七五八至第四七九八篇
第三七冊	卷一一一	第四七九九至第四八四四篇
第三八冊	卷一一二	第四八四五至第四八七八篇
第三八冊	卷一一三	第四八七九至第四九三六篇
第三八冊	卷一一四	第四九三七至第四九八四篇
第三八冊	卷一一五	第四九八五至第五〇三八篇
第三九冊	卷一一六	第五〇三九至第五〇七三篇
第三九冊	卷一一七	第五〇七四至第五一三九篇
第三九冊	卷一一八	第五一四〇至第五一八四篇
第三九冊	卷一一九	第五一八五至第五二三一篇

著者索引

著者	卷／篇序號
王琰	九九／四二〇八
王渫	七〇／三〇一〇
王杰	一一六／五〇五四
王欽	四七／二〇六九；六四／二七三二
王普	三二／一四八四
王紱	四／〇一五五
王瑗	二五／一一二六
王溥	四七／二〇七〇
王增	一一／〇四五八
王慈	二六／一一七三；二七／一二三三
王銑	一九／〇八三三
王誥	一〇七／四六〇七
王榕	九〇／三八三四
王漪	六五／二七七四
王澍	一／〇〇一六；二一／〇九二四；六〇／二五八五；六〇／二五八六；六七／二八四七；七二／三〇七四；九三／四〇〇五；一〇七／四六三六
王靜	四九／二二五一

著者	卷／篇序號
王　璉	二三／一〇五三
王　曇	一九／〇八三四；一九／〇八三五
王　錫	二九／一三三一
王　寰	六五／二七七三
王　鏊	四／〇一八二；二五／一一五八；七六／三二五四；九九／四二〇九；一一三／四九〇二
王　鑒	八〇／三四〇六
王　邁	一〇九／四六九四
王　輿	四五／二〇〇四
王　濚	三〇／一三八〇；五〇／二一七六
王　露	九一／三八八五
王　藻	二三／一〇五〇；七二／三〇九一
王　鍾	二一／〇九〇一
王九鵬	一〇六／四五四二
王士俊	四七／二〇七一；五二／二二三七；九〇／三八三五
王大海（漢通）	四九／二一五二
王之柱	九三／三九七二；九三／三九七三

著者	卷／篇序號
王長青	八二／三五三二
王武錫	一九／〇八三六
王者臣	一六／〇六六一；九三／三九七四
王者輔	一〇九／四七〇五
王松直	一九／〇八〇〇
王岱東	二五／一一五二
王命甲	六九／二九三七
王全才	六八／二九二〇
王于桐	九八／四一六六
王沛恒	四一／一八六六
王承堯	一九／〇八〇一
王承熙	八一／三四五七
王柱流	一〇二／四三〇九
王恒晉	二五／一一二八；二五／一一二九
王思訓	一〇／〇四一二；一三／〇五三五；一二／〇四七七；二九／一三〇二；三三／一四九五；五四／二三五五；八五／三六五八；一〇五／四四八六
王信芳	一〇／〇四一四

著者	卷／篇序號
王奕駒	四二／一八八九
王炳文	八一／三四五八
王祖修	一六／〇六六二
王振聲	九八／四二〇二
王時瑞	二六／一二二一
王時舉	六七／二八八七
王荀鶴	六四／二七三三；一〇七／四六一二
王家楠	九九／四二二八
王家璧	九一／三八六七
王恕菴	三〇／一三八一
王國泰	八四／三六〇四
王國楠	七八／三三〇九
王鼎甲	一〇五／四五一八
王敏學	七／〇三〇九；七／〇三一〇
王健中	一一／〇四六〇
王淮光	一八／〇七四九

著者	卷/篇序號
王紹美	五四/二三一四
王紹隆	六二/二六六七
王雲程	二/○○八四
王雲錦	一一/○四四三
王雲衢	九/○三八二；四七/二○六七；八○/三四一九
王景安	二六/一一七五
王景暄	六/○二五六
王開泰	八○/三四四三
王開藩	一三/○五三六
王朝琛（玉如）	七○/三○一一
王朝翰	三三/一四九九；九七/四一一一
王朝爕	二四/一○六三；九九/四二三九
王訴然	一三/○五三七
王詒燕	九/○三八三；一九/○八○二；五○/二一六九；五七/二四五三
王敦敏	六一/二六三五
王鳴盛	四/○一七七；五/○二二五；一三/○五三八；六九/二九三九；六九/二九四○；一○一/四三一○

著者	卷／篇序號
王進星	一一／〇四五九
王葉滋	五五／二三八一
王敬業	九〇／三八三六
王象治	六九／二九三八；七四／三一五三
王逸糺	九一／三八七三
王鳳翥	一〇八／四六五七；一〇八／四六五八；一一六／五〇四〇
王新祚	二八／一二八〇
王煥庚	六四／二七五四
王經邦	一三／〇五三九；九〇／三八三七
王嘉訓	九六／四〇八二
王熙元	七六／三三五五
王翦林	三／〇一三二；三／〇一三三；六七／二八七〇；八一／三四六八
王毓著	八七／三七〇五
王際康	八七／三七〇四
王際華	九一／三八七七
王際虞	六一／二六〇九

著者	卷／篇序號
王綸禮	一一四／四九六八
王蔚宗	五〇／二一七八
王學震	三四／一五七四
王德和	四〇／一八三七
王廣心	二九／一三五二；二九／一三五三；五二／二三三九；八八／三七四四
王廣佑	七六／三三三二
王錫哇	一一八／五一六二
王錫義	三八／一七二八
王錫爵	五一／二二三三
王錦霆	九七／四一一二
王縈緒	二六／一一七六
王聲振	三九／一八〇二
王謙吉	二五／一一四四
王應樞（象齋）	一三／〇五一九；一三／〇五二〇
王應弼	五四／二三二八
王豫嘉	一〇六／四五四八

著者	卷／篇序號
王蘭生	四四／一九八九
王簡枝	九二／三九〇七
王繩武	九二／三九二九；九二／三九三〇；九二／三九三一
王靄雲	一七／〇七三八
尤侗	五／〇二〇三；七／〇三一七；二〇／〇八七二；六〇／二五六六
尤珍	九八／四一八七
尤世楠	二二／〇九五一；四二／一八八五
尤垂珍（際坦）	一〇五／四四七九
戈同	四〇／一八二〇
牛運震	一／〇〇〇一
牛問仁	六八／二九二一
毛猷	四五／二〇三五
毛一鳴	六五／二七七六
毛士潔	九六／四一〇四
毛成勛	一〇四／四四一九
毛松年	六二／二六七七；七五／三二一八

著者	卷／篇序號
毛師灝	六／〇二五七；四七／二〇七二；四七／二〇七三
毛遠宗	五八／二四八九
毛輝祖	八一／三四七〇
毛顯誠	八二／三五二六
介孝琜	一一八／五一六三
仇兆鰲	一二／〇五〇七；六五／二七七七；八八／三七四五；九六／四〇八三；一〇〇／四二六七；一〇〇／四二七九
仇邦楷	五七／二四五九
仇廷桂	一九／〇八〇三
及絳	六五／二七七八
卞岳	八八／三七四六
卞關生	九二／三九三二
方元（壇長）	四九／二一五三
方舟	九五／四〇七四；九五／四〇七五
方城	二三／一〇五四

著者	卷／篇序號
方苞	四／○一七六；六／○二七九；一○／○四二四；一○／○四三五；一八／○七五○；一九／○八一九；二三／○九九五；二五／一一三○；二九／一三二四；三一／一四三七；三九／一七八六；五四／二三五三；五七／二四六一；五七／二四六二；五九／二五三五；七一／三○六一；七二／三○九二；七五／三三二五；八○／三三八六；八○／三三八七；八○／三三八八；八三／三五五四；八三／三五五五；八三／三五五六；八四／三六○五；一○五／四五○一
方晉	三三／一五○○
方峻	四／○一四三
方徽	三二／一四六一
方煒	一一／○四四四
方錢	七／○三○一；一二／○五一五；八三／三五四三；一○○／四二五二
方鴻	四／○一四四
方濤	八五／三六二○
方天玉	三八／一七二九
方仁興	八八／三七四七
方少韓（啟若）	六三／二六九二

著者	卷／篇序號
方文炌	二六／一一七七
方允美	四一／一八六五
方汝謙	九七／四一一三；一一七／五〇七六
方壯猷	四二／一八九三
方春熙	九七／四一一四
方從仁	七／〇三〇五；七／〇三一五；七一／三〇六四；八三／三五四四
方越年（風亭）	八二／三五〇七
方雲錦	二四／一〇七三
方源盛	四〇／一八三九
方棨如	五一／二三〇五；六〇／二五七八；六七／二八四八；七五／三三二六；七六／三三四二；七六／三三七〇；九二／三九三三；八〇／三四二三；九二／三九三三；九三／三九七五；一一四／四九三八
方德懋（又功）	一／〇〇一二
方樹謨	六／〇二五八；三九／一七六二；七四／三一八二；八五／三六二四；一〇二／四三四九
方懋祿	三八／一七四六
方應祥	三五／一六一〇

五劃

著者	卷／篇序號
史普	一三／〇五四〇；一三／〇五四一；二二／〇九三四；二八／一二九七；九三／四〇〇〇；九三／四〇〇一；九五／四〇五三
史圜	五二／二三四〇；五二／二三四一；五二／二三四二；
史隨	四〇／一八一三
史勵	四七／二〇七五
史大成	七五／三三〇七；八六／三六九四
史大範	四五／二〇一〇；五一／二二一三
史弘秩	七／〇三一二
史尚節	六五／二七八〇
史秉直	二六／一一七八
史流芳	一一五／五〇三一
史傳遠	四／〇一六九
史載館	一〇六／四五七二
史毓光	一〇四／四四六五
史應蘭	七五／三三一三
史騏生	五九／二五一三；九二／三九三四
史鍾駿	七六／三三五〇

著者	卷／篇序號
朱□泗	二一／〇八九八
朱秉彝	一〇二／四三五九
朱春生	二四／一〇七四；一一七／五一一〇
朱奕恂	一／〇〇二三；四四／一九六〇
朱家濬	一一〇／四七六一
朱能恕	一二／〇四四五
朱景英	一一九／五一九七
朱景頤	五六／二四〇四
朱啟秀	六一／二六〇四
朱陸爔	三五／一六一二
朱揚元	三／〇一一二
朱棻元	一七／〇七一五
朱登甲	四四／一九九一
朱載基	一〇三／四三七一
朱敬修	九〇／三八三九
朱漢倬	一八／〇七五三

著者	卷／篇序號
朱學泗	四七／二〇七七
朱慶元	六三／二七三一
朱錫鬯	九三／三九七七
朱績孜	一〇／〇四一六
朱履泰	一九／〇八三八
米調元	一一三／四八九二
伍　超	一八／〇七五四
伍　鰲	二三／一〇二八
伍其坤	七〇／二九八九
伍祥麟	九一／三六四一
伍斯瓆	一／〇〇二四；一／〇〇二五；一三／〇五四二；四二／一八九〇；九六／四〇八六；一〇六／四五七五
伍貴釁	七四／三一五六
伍燊垚	七二／三〇七〇
仲如玉	三八／一七五六
仲嘉德	八八／三七五一
任　霈	三四／一五七五

著者	卷／篇序號
李世長	六三／二六九五
李甲乙	一〇五／四四八〇
李用中	五〇／二二〇二
李永華	三六／一六五四
李永祺	七八／三三二六
李加元	一二／〇五〇二
李弘祐	一九／〇八〇六
李在子	一／〇〇二七
李有孝	八八／三七五二
李有源	一〇四／四四六〇
李光地	五八／二四八六；六五／二七八四
李光奎（玉雙）	九〇／三八四一
李光宜（調中）	一一七／五一〇七
李因培	八一／三四七一
李仲培	八二／三五一九
李汝梅	二三／〇九五九

著者	卷／篇序號
李如桂	四二／一八九七
李宇春	八四／三六〇二
李杜詩	九〇／三八二五；一〇二／四三三七
李作楫	二／〇〇六〇；六／〇二四八；六／〇二四九
李孚青	九二／三九三七
李廷田	一〇四／四四三四
李延祉	五六／二四一二
李廷揚	一一／〇四四六
李廷勳	一一四／四九八二
李廷樞	六〇／二五六九；一〇五／四五二三；一〇五／四五二四；一〇七／四六二八；一一九／五二〇五
李廷機（程文）	二六／一一七九；七〇／二九九七
李東櫰	七／〇三〇二；一〇／〇四一七
李枝桂	二／〇〇五二；七／〇三一三；一〇／〇四二七；二七／一二一八；三一／一四四六；八五／三六二六；八六／三六六一
李來泰	八〇／三三九〇
李芳春	七／〇二九六

著者	卷／篇序號
李叔元	二七／一二三二；九三／三九八〇
李忠簡	一一一／四八四三
李昉楙	七八／三三一六
李尚美（鴻珊）	七七／三三七八；八六／三六六二
李昂霄	一一〇／四七七七
李念孫	九四／四〇一八
李金華	二九／一三〇四；七四／三一八九；八八／三七五三
李金蓮	三八／一七一五
李河圖	一〇〇／四二五三
李並楷	五九／二五一四
李宗白	一五／〇六五七
李宗寶	一〇九／四七三五；一〇九／四七三六
李宜蕃	三三／一五〇一
李凌雲	一二／〇四八一
李承謨	四五／二〇三六
李春蕃	四二／一八八一

著者	卷／篇序號
李景嶧	六一／二六四二
李從周	三八／一七三五
李章堉	一／○二八；四／○一四八；六四／二七三七；一一三／四八九○
李清駒	六九／二九四二
李啟榮	五四／二三六二
李斯義	三三／一五二三
李雁南	二／○○六一
李雲倬	三四／一五七二
李雲錦	六七／二八五○
李開元	一○／○四一八
李發岐	一○八／四六六七
李嗣岱	八／○三五三；四七／二○八○；九三／三九八一
李嗣京	一○一／四二八五
李嗣發	六五／二七八五
李鳳祺	七八／三三○七
李義山	七九／三三七三

著者	卷／篇序號
李夢白	八七／三七二二
李夢苡	三七／一六八二
李夢登	二四／一〇七五；一〇九／四七三七
李維垣	四五／二〇三九
李學龍	一〇五／四四七七
李彗火	一〇一／四三一三
李德謙	八二／三四九七
李興棠	三〇／一三九四
李簾旺	一〇／〇四二五
李壁趙	五七／二四四三
李隨元	六二／二六六九
李鍾莪	二三／一〇二三
李鍾岳	二六／一二〇八
李鍾倫	四五／二〇三七
李鍾僑	五八／二四八七；七二／三〇七五
李應龍	三三／一五〇二；九七／四一一七

著者	卷／篇序號
李蘊芳	四七／二〇八一；六四／二七三八；五八／二四九八
李繼貞	三八／一七三四
李繼修	一〇二／四三六〇
李鶴翀	一九／〇八〇七
吳化	九／〇三八五；一〇／〇四三九；二九／一三〇五
吳光	九二／三九〇九
吳柟	一九／〇八一六
吳昺	一／〇〇三〇；一三／〇五四五；七〇／三〇一三
吳炳	二三／一〇二三
吳晟	一五／〇六四一
吳熓	一五／〇六五四
吳乾	六七／二八五一
吳華	九八／四一八八
吳連	二九／一三四二
吳堂	八八／三七五四
吳鼐	五二／二二四五；五二／二二四六；八五／三六二八；八五／三六二九

著者	卷/篇序號
吳翊	六五/二七八六；六五/二七八七；六五/二七八八
吳涵	三一/一四二八
吳紱（大觀）	一一七/五一二九
吳雲	六〇/二五八八
吳智	五/〇二〇七；二三/一〇三〇；三一/一四四四
吳銳	八〇/三三九一；一一八/五一六七
吳錡	二五/一一六〇
吳竦	一七/〇七三九
吳崑	一二/〇五〇四
吳熙	一六/〇六六八
吳驅	一九/〇八五一
吳煒	四七/二〇八二；六一/二六二九；九〇/三八二六；九〇/三八二七；七七/三三七九；八八/三七五五
吳默	一〇三/四四〇四
吳濬	三二/一四六四
吳煐	一〇一/四二九〇
吳暻	四一/一八七五；八八/三七五六

著者	卷／篇序號
吳　襄	五九／二五三六；七四／三一八七；一〇一／四三三二
吳　鴻	三一／一四〇七；六七／二八七三；一〇八／四六八四；一一一／四八四四；一一九／五一九四
吳　騋	一三／〇五二三
吳　轍	四六／二〇五四
吳　鐘	一〇／〇四一九；三五／一六三一；四四／一九八一；四四／一九八二；一〇四／四四六七；一〇四／四四六八
吳　鯤（騰蒼）	四一／一八六七
吳　勷	一一七／五一二六
吳　翺	三〇／一三七三；九九／四二一一
吳　獻	七一／三〇四四
吳　鑄	九〇／三八四二
吳一渠	二二／〇九七七
吳士玉	一七／〇七一一；二九／一三二九；四〇／一八二八；四〇／一八二九
吳士枚	四九／二一四〇
吳士璉	三二／一四六五
吳大成（幼童）	五八／二五〇七

著者	卷／篇序號
吳世學	二三／〇九九八
吳式芬	二〇／〇八五四
吳成志	六一／二六〇七
吳先銳	一一四／四九六〇
吳兆昌	二／〇〇七七
吳兆騫	一一／〇四六一
吳汝謨	五／〇二〇四
吳志遠	二四／一〇七七
吳甫生（戴田有）	六〇／二五八四
吳仲澄	七一／三〇三六
吳伯成	三四／一五六五
吳青崖	二〇／〇八八四；四二／一八九九；六四／二七五三
吳宗濂	一三／〇五四七
吳居安	一一〇／四七八九
吳春元	二四／一〇七八
吳英藻	七一／三〇四二

著者	卷／篇序號
吳苞孫	九〇／三八四三
吳恢聲	五／〇二二九
吳思馨	三／〇一二三
吳祖命	二六／一一八一
吳振先	一二／〇五〇三
吳振蛟	一七／〇七三〇；八二／三五二〇
吳荊山	一五／〇六三五；三八／一七二一；六九／二九三六
吳時化	七六／三三三五
吳師栻	八七／三七〇七
吳孫逢	三七／一六八四
吳授㒵	二七／一二四五
吳華孫	五／〇二〇五；一七／〇七一七；二四／一〇六四；二九／一三三九；三一／一四六六；九九／四二一二；一〇〇／四二五四；一〇八／四六四六；一〇九／四七〇〇；一一〇／四七六八；一一〇／四七九八
吳國華	三三／一五〇八
吳國棟	四〇／一八三〇
吳鼎科	一〇五／四五三〇

著者	卷／篇序號
吳從先	一〇三／四四一〇
吳啓會（嘉懷）	四九／二一五六
吳紹基	一〇九／四七四三
吳陳琰	一一六／五〇四五
吳雲步	四七／二〇八四；四七／二〇八五；六四／二七三九
吳景高	四七／二〇八三
吳崑玉	五／〇二〇六
吳堯易	七四／三一五七
吳偉業	三五／一六一四；八〇／三三九二；八八／三七五七；八八／三七五八
吳雅觀（俊夫）	九八／四一八四
吳道源	一〇九／四七三八
吳壽昌	一三／〇五二四；二一／〇九〇六；二五／一一四八；四八／二一三四；八五／三六三一
吳爾堯	八〇／三四二六
吳夢桃	一一五／四九九九
吳鳴岐	一一一／四八三五
吳復一	一一一／四八三六

著者	卷／篇序號
吳靈英	五五／二三八二
呂昇	五八／二四七六
呂枏	二〇／〇八六〇
呂登	七四／三一八三
呂鑫	一〇二／四三五七
呂元亮	四六／二〇四一
呂不爭	九二／三九三八
呂式榮	一一七／五一三六
呂其樽	一八／〇七五五
呂葆中	二／〇〇七九；三／〇一二一；三／〇一〇三；九／〇三八四；一五／〇六四〇；一九／〇八四〇；二一／〇八九九；二五／一一一六；二五／一一三一；二九／一三〇六；三四／一五九〇；四二／一九〇二；五四／二三三〇；六五／二七八一；六五／二七八二；七八／三三一七；八二／三五三六；八三／三五四七；九三／四〇一三；九四／四〇二五；一〇二／四二九六；一〇一／四三〇二；一〇一／四三〇三；一一九／五二〇九
呂夢卜	六／〇二五一
呂謙恒	四七／二〇八七
呂應鰲	四／〇一八三

著者	卷／篇序號
呂顯祖	三／〇一〇二
何　芬	五三／二二八五
何　浩	三八／一七一三
何　烺	五四／二三三一；一〇五／四四九八
何　深	八〇／三四二七
何　然	三四／一五五五
何　焯	三／〇一一九；七／〇二九三；三九／一七六五；三九／一七六六；三九／一七六七；五六／二四二〇；六二／二六七〇；九一／三八八三；九三／三九六八；一〇六／四五七〇
何　煜	八六／三六九九
何　漢	一〇九／四七二四
何　衢	一八／〇七五六
何一碧	六二／二六四六
何士錦	一一〇／四七九〇
何大中	一五／〇六〇〇
何大雅	九八／四一九四
何天休	五九／二五一五

著者	卷／篇序號
何承都	一〇八／四六六八
何忠相	一〇／〇四二〇；六七／二八七四
何忠駿	八二／三五三三
何恒漢	二四／一〇八〇
何恒鎮	一一四／四九五三
何奕簪	九九／四二三〇
何炳星	五四／二三五四
何洪先	六／〇二八八
何師式	一一〇／四七八三
何陳調（守之）	七八／三三一〇
何喬雲	三一／一四〇八；一一一／四八三三
何夢篆	一〇〇／四二五五
何齊聖	八／〇三五四；九九／四二三一
何應垣	二三／一〇二九
何應旂	三二／一四八五
何麗天	一〇一／四三二八

著者	卷／篇序號
何騰三	九八／四一八九
余甸	二一／〇九三三
余棟	七七／三三八〇；八八／三七五九；八八／三七六〇；八三／三五四八
余世堂	七八／三三一八
余世熊	三〇／一三六三；七四／三一五九
余克揚（爾尚）	九二／三九三九
余廷烈	六七／二八五二
余作綬	八五／三六三二；八五／三六三三
余祖訓	一七／〇七〇一；一〇六／四五九一
余滙元	一一七／五一〇二
余鵲起（雲巢）	二九／一三三五；四六／二〇四七
余霖龍	一一四／四九七〇
余懋孳	二／〇〇八〇
狄字	三一／一四二〇
狄億	二三／一〇四一；二五／一二二五；三一／一四〇九；三一／一四一〇；三七／一六八五；三七／一六八六；五四／二三三二；七八／三三〇四；九四／四〇二八

著者	卷／篇序號
辛炯	二四／一〇八一
辛開一	一〇六／四五七六
汪份	三一／一四一一；四二／一八四六；五〇／二一八〇；七六／三二四三；一〇五／四四八八
汪泩	六五／二七九〇
汪郊	四四／一九六三；七八／三三三四
汪倓	一／〇〇一七；二二／〇九二六；二五／一一三二；八〇／三三九四
汪琬	二三／〇九八七；四二／一九〇三；四二／一九〇四；五七／二四五六；六八／二九一七
汪越	一九／〇八二二；五七／二四六四
汪湄	一八／〇七五八
汪漋（戴田有）	八七／三七〇八；一一五／五〇三二；九／〇三八六
汪新	二五／一一三三；九七／四一一八
汪滌	二二／〇九一〇
汪槐	一一／〇四四八
汪鋼	六二／二六四八
汪薇	一一九／五一九八；一八／〇七五九

著者	卷／篇序號
沈廷標	四七／二○九三
沈廷藻	六五／二七九四；六五／二七九五
沈叔眉（少潭）	三三／一五二七；四○／一八○八；六一／二五九九
沈忻如	九五／四○五四
沈近思	五八／二四八四；九四／四○四九
沈金瑜	一八／○七六二
沈若木	九七／四一一九
沈祖惠	一一三／四九三五
沈晉初	一一／○四六三
沈宸荃	一七／○六九六
沈留耕	九二／三九一○
沈捷鋒	八○／三四○八
沈健行	一○六／四五五五
沈曾琦	一一七／五一二八
沈清任	四七／二○九四；五八／二四九九
沈會霖	一○二／四三五一

著者	卷／篇序號
沈楙德	六三／二六九六
沈榿曾	五七／二四七一
沈嵩士	八六／三六九五；八六／三六九六
沈斐然	三三／一五〇三
沈慶曾	四二／一九〇七
沈榮河	七二／三一〇〇；八五／三六三四
沈維基	二六／一一八四；八三／三五六七
沈德潛	八／〇三三〇；三七／一七〇二；五三／二二六八；五五／二三七四；六三／二六九七；一〇〇／四二七三；一一三／四九〇六
沈慰祖	二九／一三〇七
沈錫輅	七四／三一七九；一〇九／四七四四
沈應時	五／〇二〇八
沈翼機	五／〇二〇九；五／〇二一〇
沈巍皆	五九／二五三七；五九／二五三八
沈麟詩	七一／三〇二八
宋　至	三一／一四五五
宋　照	九／〇三八七

著者	卷／篇序號
阮珂	二三／一〇五八
阮朝蛟（元宿）	一一一／四七九九
阮爾詢	一〇八／四六五五
阮學聖（元朱）	三二／一四六七
八劃	
麥應龍	五二／二二四三
林甲	二一／〇九二二
林光	一〇四／四四五六
林芬	八二／三四九三
林侃	一一一／四八二〇；一一一／四八二一
林采（瓊雪）	八五／三六三五
林春	八〇／三三九五
林苑（漢之）	一〇五／四五三三
林佳	一五／〇六一六
林奎	三七／一六八七
林儁	二七／一二一九；一〇九／四七五二

著者	卷／篇序號
林楷	七／〇三〇三
林崱	三〇／一三七八
林誠	九四／四〇三八
林榮	一一八／五一八〇
林瑾	五六／二四二三
林墀	六三／二六九八
林聰	五九／二五一六
林燧	一一二／四八五七
林齡	一〇四／四四六一
林瀛	三／〇一三八；三／〇一三九；八三／三五七六
林人槐	七〇／三〇〇一
林士成	五六／二四二三；五六／二四二四
林大中	八四／三五八六
林上春	一三／〇五四九；七一／三〇六二
林之瑾	五五／二三八三
林天壽	四／〇一四六

著者	卷／篇序號
林天祚	一〇八／四六四一
林元炳	二八／一二六四
林元桂	五／〇二一
林元賡	九四／四〇一九
林中桂	三四／一五五六
林文斗	八三／三五七三
林文炳	一一七／五一〇九
林玉振	九〇／三八二八
林正青	六九／二九四四
林光遠	五五／二三八四
林詵胤	一〇八／四六七八
林兆泰	五七／二四四四
林兆熙	一／〇〇三一
林兆鯤	一一九／五二一一
林仰高	八八／三七六三
林向郁	九一／三八八四

著者	卷／篇序號
林如玉	五〇／二二〇三
林廷柱	三六／一六五五；一一一／四八二二
林廷選	三九／一七八七
林豸冠	六〇／二五八〇
林枝芳	八／〇三五六
林春雷	八／〇三五七
林星衢	六七／二八六八
林帝選	六二／二六五〇
林為楫	一一四／四九五六
林書高（丹斯）	五／〇二二二
林時亨	二七／一二四八
林時亮（采臣）	一〇六／四五七八
林時敏	三／〇一一三
林徐質	八五／三六三六
林家棟（次吟）	三六／一六五六；七二／三一一二；一〇五／四五〇二
林荷香	二九／一三四三

著者	卷／篇序號
林學曾	一一〇／四七六四；一一一／四八二三
林學龍（聲岱）	四二／一九〇八
林儕鶴	六三／二七〇〇
林錫齡	三五／一六一七；七七／三二八二
林龍文（于藻）	六二／二六五二
林龍朋（于鱗）	二四／一〇八四
林龍樓	六五／二七九六
林衡瑞	三三／一五〇四；九七／四一二〇
林鍾岷	一六／〇六六九
林應兆	七二／三〇七六
林應珂	六二／二六五一
林應釪	七四／三一六一
林應鄒	一〇二／四三六二
林鴻年（勿邨）	一〇四／四四一七
林豐玉	一三／〇五五〇；三八／一七二二；一一四／四九三九
林滋榮	五八／二五〇八

著者	卷／篇序號
卓天壽	一一五／五〇二七
卓元度	一三／〇五五一
卓文泗	七二／三一〇五
卓忠襟	九四／四〇一六
尚　質	三二／一四六八
尚彤庭	七五／三三〇九
岑　岳	九八／四一八〇
易泰來	二四／一〇八五
易道沛	二五／一一四三
季廷枝（榜名李）	一九／〇八二一
季金賦	三七／一六九九
季國時	七九／三三六七
季邦楨	九八／四一九八
和　亮	四／〇一八四
岳　度	二二／〇九六一
岳起鳳	九／〇三八八；一〇六／四五五六

著者	卷／篇序號
邱煒	一七／〇七〇二
邱人龍	八七／三七二三
邱人麒	八七／三七二四
邱上峰	三二／一四六九
邱玉樹（爾弼）	一五／〇六一一
邱振芳	三三／一四七〇；一〇二／四三五二
邱晉昕	三〇／一三七〇
金降	三四／一五七九
金甡	一八／〇七六五；一一一／四八四〇
金梅	五八／二五一一
金翱	九六／四〇八八
金虞	九一／三八七五
金溶	一〇一／四三三一
金聲	一／〇〇七；二六／一一八五；四四／一九七八；四五／二〇一四；四二／一九一〇；五三／二二八七；八六／三六六五；九九／四二三二；一〇二／四三七〇；一一七／五〇九五

著者	卷／篇序號
金鑑	二九／一三三三；七七／三二八三
金之存	九一／三八九〇
金以成	一／〇〇〇八；四二／一八八二
金以塾	三／〇一四〇
金吳源	八二／三五一四；八二／三五一五
金廷珪	一〇〇／四二七四
金廷濬	六七／二八五五
金和源	二／〇〇七三；三〇／一三七四；三八／一七二六
金居敬	一／〇〇一八；一二／〇五〇八；一二／〇五〇九；七四／三二五一；八四／三六〇七；九一／三八八二；九五／四〇五五
金國用	一一四／四九四四
金桂枝	五六／二四〇五
金誠萬	六九／二九四七；六九／二九四八
金德嘉	四二／一九一一
金德鍈	九／〇三九〇；一一九／五二一九
金學禮	五八／二四七七
金繼聲	四〇／一八一一

著者	卷／篇序號
胡乾	九二／三九四一
胡瑄	一九／〇八二九
胡楷	八六／三六八一
胡煦	一二／〇五一〇
胡溥	七／〇三一四
胡溶	一〇八／四六八五
胡廣	七／〇二九七
胡璿	九八／四一五五
胡二樂	七四／三一八〇
胡元熙（春如）	九三／三九八四
胡元絢	五六／二四二七
胡中藻	五二／二二四八
胡友信	一九／〇八四一；二三／一〇〇〇；四一／一八四八；五九／二五四一；八四／三六一一
胡文照（繼明）	一六／〇六七六；八四／三六一七
胡心安	七一／三〇二九
胡光億	一八／〇七六八

著者	卷/篇序號
胡兆春	三八/一七〇九
胡兆熊	五五/二三八七
胡任輿	一〇八/四六八七
胡宗衡	一〇二/四三五八
胡宗緒	九/〇三九二；一三/〇五五二；一八/〇七六九；四二/一九一二；七七/三三八四；七七/三三八五；七七/三三八六；一〇四/四四三五
胡承宗	二六/一一八六
胡相良	九七/四一二三
胡師晉（吟善）	一〇四/四四三六
胡曾肇	六三/二七〇三
胡啟龍	九二/三九一五
胡紹安	五/〇二三一；五/〇一九二；二三/一〇四二；五四/二三五二；六二/二六八八；八一/三四六〇；八四/三五八七；一〇八/四六四二
胡紹南	一一八/五一七一
胡瑞春（熙臺）	二一/〇九〇八
胡暉吉（雲逵）	一〇四/四四三七
胡鳴倍	四/〇一五七

著者	卷／篇序號
胡維岳	四四／二〇〇〇
胡德球	七五／三二〇五；一一五／五〇一二
胡際可	六二／二六九一
胡懋勳	二五／一一三六
胡應達	五一／二三一七；一一二／四八七三
柯　煜	五九／二五二八
柯雨官	一一三／四八九四
柯俊彥（公弼）	一二／〇五一六；七六／三二五八
柯龍章	六八／二九〇二
查　賚	五／〇二一三
查克覺	四七／二〇九七
查昌圖（天池）	一〇四／四四七一
查雲標	一六／〇六七二
查慎行	九／〇三九三
查繼培	一〇九／四七〇四
相元吉	九一／三八七九

著者	卷／篇序號
柏永烈	一七／○七四一
柳　蓁	一○五／四五三四
柳世銘（箴元）	七六／三三六一
柳兆滐（景旋）	七六／三三六二
柳昌澍	七四／三二六四
郁士超	二一／○九二七；一○九／四七五三
郁文楝	九一／三八六八
郁文華	七九／三三五七
郁世焜	三一／一四一二
郁序爵	一○○／四二七五
南宮鼎	二二／○九六二
英　敏	一三／○五五三
英　敦（謹懷）	四九／二一五八
英舒惟	五六／二四二八
范　均	二九／一三四六
范　瑜	一○六／四五八六

著者	卷／篇序號
俞大文	九一／三九○四
俞之琰	三一／一四四七；五三／二二七四
俞元茂（最再）	三一／一四三一
俞化鵠	八一／三四四四
俞文源	七六／三三六四
俞兆曾	三二／一四九二
俞汝欽（寅階）	八三／三五四一
俞長城	七／○三三○
俞顯祖	五一／二二○六；九二／三九一六；一○○／四二五○；一○二／四三三九；一○二／四三四○
音　亭	一○八／四六五九
施　莊	四一／一八七六
施　源	八一／三四六一
施　燧	二九／一三三四
施士膺	六／○二六○
施閏章	八八／三七六八
施遇文	一○五／四四八一

著者	卷／篇序號
施翔鳳	七八／三三一一
施萬玉	一一四／四九七一
施鳳來	四六／二〇四三
施鳳儀	二七／一二三七
施榮幹	八二／三四九二
施養浩（靜波）	五／〇二三三
姜楨	一〇八／四六五二
姜遴	一三／〇五五五；一三／〇五五六；九八／四一七二；一〇一／四三一九
姜士昌	八四／三五八八
姜之珩	九二／三九四五
姜日廣	二七／一二三八
姜本立	一八／〇七七一
姜承焰	九二／三九一七
姜泰禎	三〇／一三八二
姜紹濂	一一／〇四四九
姜綸濂	一〇八／四六六三

著者	卷／篇序號
姜寶琛	一〇一／四二九一
姜鰲暮	六七／二八九二
炫煃	九／〇三九四
洪基	七／〇三二一
洪鼎	二五／一一五三
洪世澤	六九／二九五四
洪晨芳	三／〇一〇七
洪晨孚	一二／〇四八三
洪調緯	七二／三〇九五
洪陞元	一〇〇／四二七六
洪肇楙	一〇〇／四二五七；一〇八／四六四三
郎坦	五／〇二一四
郎玉藩	一一七／五一一三
宣櫓	六一／二五九八
祝封	六九／二九五一
祝堃	八／〇三三一

著者	卷／篇序號
祝　詒	一九／〇八〇八
祝桂榮	三三／一五二八
祝駿聲	二一／〇八八九
姚　炯	四一／一八五一；四一／一八五二
姚　湘	一〇三／四三九七
姚　達	一〇七／四六二二
姚　瀾	四〇／一八三六；五三／二三〇三
姚人駿	九四／四〇三四
姚士藟	五三／二三一〇
姚元振	四／〇一八五；一〇七／四六三七
姚文柟	三一／一四五四；六八／二九一三；一〇六／四五五〇
姚丙熊	一〇五／四五一六
姚加榮	一一八／五一五一
姚兆元	六一／二六一四
姚臣漢	七九／三三七六
姚廷獻	四五／二〇一五

著者	卷／篇序號
十劃	
秦玉（石芩）	八四／三六一八
秦振	一一八／五一四四
秦擴	七五／三一九九
秦鏞	一〇一／四二八六
秦鑽	二五／一一五四；九五／四〇五六
秦黌	一三／〇五五八
秦大士	一三／〇五五九；一三／〇五六〇；二三／一〇四三；四八／二一〇〇；四八／二一〇一；五八／二五〇一；六四／二七四一；七〇／三〇〇二；一一三／四九三二；一一四／四九七八；一一八／五一七六
秦大成	三／〇一三四；二六／一一八七；一〇三／四三九〇
秦之柄	九七／四二二六
秦世芳	三九／一七七二
秦芝田	八二／三五一六
秦宗游	四一／一八六八
秦松齡	一〇五／四四九九

著者	卷／篇序號
秦國楨	一〇二／四三五四
秦道然	二五／一一六八；二五／一一六九；三六／一六三八；六七／二八五八；八五／三六三八
秦靖然	一二／〇五一一；四九／二二四四
秦學洙	一一九／五二一〇
秦龍鼎	九〇／三八四七
秦應陽	六二／二六八六
馬　倬	八八／三七七〇
馬　綬	四五／二〇一六
馬　緩	七四／三一六五
馮　謙	五七／二四五八
馬　櫆（石民）	九六／四〇八一
馬孔授	六〇／二五六二
馬世俊	五／〇三三四；一〇／〇四二一；一七／〇七二二；二九／一三三二；三三／一五二一；三六／一六四七；七六／三三三八；八二／三五〇一；八八／三七七一；一〇四／四四二七；一〇九／四七〇八

著者	卷／篇序號
馬世奇	一〇六／四五五九；八／〇三三二；三〇／一三七一；五二／二三一八；五一／二二三四；七七／三二八八
馬佩珩	二／〇〇九一；一〇七／四六一三
馬金泰	六五／二七九九
馬受曾	一六／〇六七三
馬俊良	一八／〇七七二
馬祥齡	二三／一〇六〇
馬教思（聯捷）	八六／三六六六
馬國果	九〇／三八四八；一一七／五〇七七；一一七／五一一四
馬椿齡	七一／三〇三九
馬道傳	一七／〇七三一
袁枚（子才）	六／〇二六一；二六／一一八八；五二／二二四九；五三／二三八八
袁煒	三六／一六五七；一一一／四八二四
袁默	一〇一／四三三六
袁熹	二〇／〇八六七
袁樹（玉亭）	四四／一九八四
袁鎔	一〇／〇四二八

著者	卷／篇序號
袁士雲	六／〇二九〇
袁大受	一五／〇六四四
袁弘仁	九八／四一九五；九九／四二三三
袁光瑩	六〇／二五六四
袁邦鼎	六五／二八〇〇
袁宏道	四九／二一四一
袁承猷	五二／二三五〇
袁渚孫（祖庚）	五／〇二一五
袁德峻	八／〇三六〇
袁德岐	一九／〇八二四
袁鴻魁	七〇／三〇一六
袁鯤化	八〇／三四二九
郝敬	一／〇〇一一
郝錡	三／〇一〇五
郝朝昇	四／〇一七九
郟綿（東才）	一八／〇七七〇

著者	卷／篇序號
荊　琢	九／〇三九五；三〇／一三五八；三六／一六三四；四六／二〇五七；八〇／三四三一；八一／三四七八
荊圖南	九二／三九一八
荊孝錫	八〇／三四三〇
柴　淹	一五／〇六四五
晏君掄	一七／〇七三二
晏迪德	一六／〇六七七
時元福	九九／四二〇五
時圯授	三四／一五九一
秘丕笈	三五／一六二〇
倪大楠	二／〇〇六三
倪元寬	五／〇二三五
倪以魯	六〇／二五六五
倪雨化	五〇／二一九八
倪時躬	二二／〇九九三
倪師曾	三七／三一四九
倪國璉	一九／〇八〇九

著者	卷／篇序號
倪逢春	一四／〇五六三
倫亦中	一四／〇五六二
殷逅（於民）	一〇六／四五九三
殷兆燕	一〇九／四七一〇
殷宜中	二三／一〇二五
息如恂	一〇八／四六四五
涂圖	三〇／一三八四
涂元相	六六／二八〇六
徐上	一〇七／四五九八
徐引（蘭泉）	一八／〇七九〇；三一／一四三六；六一／二六二五
徐芳	二一／〇九三一；七三／三一四五；七三／三一四六
徐香	一一八／五一五八
徐炯	九九／四二三四
徐倬	三／〇一〇四
徐恕	六七／二八五九
徐惇	四三／一九一六

著者	卷／篇序號
徐琦	一〇九／四七一六
徐稜	一〇六／四五九四
徐斌	三〇／一三七二；七一／三〇三四
徐源	一〇四／四四二四
徐濬	九九／四二一六
徐邁	九九／四二三五
徐鎬（武京）	一五／〇六五五
徐鼇	八／〇三三三；八／〇三三四
徐鑾	八七／三七二六
徐士林	六二／二六五三
徐士芳	六三／二七〇五
徐上青	七三／三一二一
徐元正	一〇一／四三〇四
徐元臣	一四／〇五六四
徐日久	八二／三五〇六
徐日晨	一〇六／四五六〇

著者	卷／篇序號
涂日燿	五四／二三一五
徐方定	五六／二四二九；五六／二四三〇
徐方廣	八／〇三三五；一〇八／四六九一
徐正騶	五／〇二一六
徐本理	四五／二〇三三
徐用錫	三／〇一二五；一〇／〇四二二；二三／一〇〇一；六三／二七〇六；六三／二七〇七；六五／二八〇二；六五／二八〇三；六五／二八〇四；八〇／三三九六
徐必達	五／〇二三六
徐永祐	三六／一六三七
徐光啟	六七／二八七五
徐旭齡	二二／〇九八八；五四／二三三五
徐汝鏐	八二／三五二七
徐志祖	七九／三三六九
徐志鑾	八七／三七二七
徐孝始	一八／〇七七三；六一／二六二〇
徐克范	五六／二四三一

著者	卷／篇序號
徐啟宗	四六／二〇四四
徐陶璋	二五／一一六二；二九／一三〇九；三四／一五八五；四三／一九一八；六〇／二五七〇；六二／二六七二；七四／三一六六；七五／三三二八；八三／三五六八；八三／三五八三；一〇三／四三九二；一一一／四八〇八
徐紹鑒	二／〇〇六四；四／〇一五八
徐登甲	一一／〇四四一
徐藻光	三／〇一〇一；一二／〇四八四；二三／一〇〇二；二五／一一六七；二八／一二九四；四三／一九一九；四六／二〇五〇；五二／二二五五；五五／二三七二；五七／二四六五；七五／三三一〇；八四／三六〇六；一〇四／四四五八；一〇五／四五二八
徐鳳池	四〇／一八三一；八五／三六三九
徐頌增	八二／三四九八
徐誥武	四三／一九二〇
徐道高	六／〇二六三
徐學乾	四三／一九一七；一一九／五二一四
徐德輝	八八／三七七四
徐慶堂	二九／一三一九

著者	卷／篇序號
徐應祺	六〇／二五五三
徐應熙	九〇／三八五〇
徐鐘華	一一七／五一三九
徐繼達	六七／二八九三
翁　佶	三〇／一三九六
翁在瀚	五九／二五一八
翁廷資	二／〇〇七五；八六／三六九二
翁叔元	八／〇三六一；三三／一五二五；九六／四〇八九；
翁若梅	七／〇三二二；一二／〇四八五；二〇／〇八六二；二〇／〇八六三；六二／二六五四；一〇一／四三一五
翁起璜	一〇一／四三一六
翁逢春	六一／二六二一
翁運標	七五／三二〇三
翁聚星（映奎）	八／〇三六二
翁霔霖	一一〇／四七七九；一一三／四九三四
奚　寅	二三／一〇四〇；一〇八／四六六四
高　玢	六六／二八〇五

著者	卷／篇序號
宮廷樑	六八／二九二八
孫沆	一五／〇六二五
孫卓	七六／三三六六
孫奏	六八／二九〇三
孫奚	二九／一三五六
孫梅	七〇／三〇〇三
孫景	一二／〇四八七
孫傅	二三／〇九六三
孫雲	五五／二三九〇
孫詒	六三／二七〇九
孫煥	四三／一九二三
孫籀	八八／三七七六
孫磐	二六／一一八九
孫濂	八〇／三四〇九
孫轂	九／〇三九八
孫勷	二三／〇九六四；七五／三三〇二；九六／四〇九一；一〇五／四四九〇

著者	卷／篇序號
孫 釁	四四／一九七五
孫 灝	七七／三二八九
孫一致	二／〇〇八一
孫士拔	五三／二二七五
孫承福	八〇／三四一五
孫汝周	二六／一一九〇
孫克嶷	三五／一五九九
孫見龍	四／〇一七一；五／〇二一七；四一／一八六二；六九／二九五六；七七／三三九〇；八三／三五五二
孫廷銘	六三／二七一〇
孫良貴	四／〇一七二
孫祁雍	一〇／〇四三六
孫枝喬	六九／二九五七
孫岳頒	六二／二六八七
孫承恩	八四／三六一三
孫承福	七七／三三九一；七八／三三〇六
孫祥麟	六七／二八八九

著者	卷／篇序號
孫乾生	三八／一七三二
孫舒夔	九〇／三八五一
孫登標	一〇五／四五三五
孫道周	四八／二一〇三；六四／二七四二
孫榮基	二三／一〇〇三
孫榮蔭	一二／〇五〇一
孫龍竹	四八／二一〇四
孫龍章	一〇五／四五三六
孫戰熙	二五／一一三九
孫翼隆	一七／〇七〇四
孫翼謀	八二／三四九九
孫鯤化	七一／三〇三七
孫馨祖	六六／二八〇七
栗元	四六／二〇六三
凌燔	九〇／三八五二
陶成	三〇／一三八八

著者	卷／篇序號
梅啟照	九四／四〇三五
都普瑞	八二／三五二八
堵良	五三／二三〇六
曹成	七六／三二四一
曹岡	一二／〇四九八
曹庚	八七／三七二八
曹烱	四四／一九九二
曹鳴	九／〇三九九；一二／〇四九九；二〇／〇八五六；五三／二二七六；九三／三九八五；九六／四〇八〇；一〇四／四四四五
曹樞	五四／二三五八
曹覺	三一／一四一四
曹鑾	一／〇〇三五
曹一士	一七／〇七二〇；二七／一二五〇；八一／三四六五；八八／三七七七；一〇九／四六九八
曹士錦	九四／四〇二六
曹大澄	一五／〇六〇五
曹之升	二八／一二九〇

著者	卷／篇序號
區洪勳	一〇四／四四六二
莫啟賢	三四／一五七八
莫魁士	一一七／五一一七
莊　濬	二五／一一六三
莊大中	七九／三三五九
莊大圭	二四／一〇九〇
莊天佑	二／〇〇四七
莊世驥	三四／一五四六；三八／一七一二；七二／三〇九六；一〇六／四五五二
莊光前（希迪）	一六／〇六七八；三四／一五四八
莊先進	三四／一五六一
莊名夏（汝瑚）	六二／二六五六
莊廷偉	六八／二九三一
莊延斐	一〇五／四五〇七
莊廷璽	七八／三三三三
莊斗寅（玉衡）	五一／二二三五
莊承祚	六三／二七一一；九九／四二三八

著者	卷/篇序號
莊培因	一〇七/四五九九
莊紹巖（舜郎）	一九/〇八一一
莊葆涵	一〇五/四五一四
莊銘藻	一〇五/四五一三
莊肇錦	二〇/〇八七七
莊膺瑞（爾侯）	五四/二三一六
常住	七七/三二九二
常豫	六〇/二五五四
常生華	四四/一九九〇
畢亮	三一/一四三三
畢漣	四六/二〇五八
畢忠吉	二七/一二二六
崔銑	九四/四〇四四
崔文儀	五/〇一九〇
崔誼之	八〇/三四四〇
崔龍見	五四/二三一八

著者	卷／篇序號
崔鍾乙（翼衡）	九／○四○○
笪重光	三九／一七八八
符之恒	四三／一九二五
符渭英	六九／二九五八
郭焌	二一／○九○九；一○五／四五二六
郭植	二六／一一九二；九○／三八二九
郭照（虛若）	二二／○九四五
郭榮	八四／三六一五
郭維	九八／四一九○
郭鋕	三一／一四一七
郭濬	七二／三一○八
郭鎮（永善）	二八／一二七五
郭蘭	三一／一四五○
郭韶	三二／一四七四；一○二／四三四一
郭元奕	二六／一二一六
郭世誼	九七／四一二八

著者	卷／篇序號
許國	九二／三九四九
許琰	九／〇四〇一；一八／〇七七八；五五／二三九一；八四／三五九〇；九二／三九五〇；一〇六／四五八一
許琛	一一八／五一四五
許菼	七一／三〇三八；八一／三四七九
許集	六六／二八一〇
許弼	一一／〇四六七
許穀	三／〇一四一；一一三／四八六七
許熙	八／〇三六五
許獬	一七／〇七一三；一七／〇七一四；二二／〇九八九；五五／二三七八；五六／二四一三；五八／二四九三；八三／三五五三；一〇三／四三九三；一〇四／四四七五；一〇五／四四九一；一〇九／四七二五
許龍	九二／三九一九
許邁	二一／〇八八八
許嚴	八一／三四八〇
許蘭	三三／一四九〇
許士豪（葉帆）	二三／〇九九一

著者	卷／篇序號
章世純	九一／三八九三；九七／四一三〇
章金牧	五一／二二〇七
章振先（集初）	七八／三三〇五
章道鴻	六二／二六五七
章錫金	七五／三一九六
章藻功	一〇〇／四二五一
章鶴鳴	一五／〇六二六；二七／一二五三
淩汝綿	一一／〇四五〇
淩紹焻	五七／二四五一
梁　舟	二三／〇九九四
梁　楷	一〇九／四七五四
梁　機	三一／一四一三
梁以樟	三九／一七九九；三九／一八〇〇
梁仕芬	二三／一〇五一
梁汝深	八二／三五三五
梁作屏	二〇／〇八八三

著者	卷／篇序號
張瑚	五二／二二五八
張塤	五／○二四二
張晸	四八／二二一八
張暎	一九／○八一二
張照	三二／一四九三
張煥	四五／二○二四；六七／二八六四
張溥	九九／四二一八
張進	八／○三六八；五八／二四九四
張瑋	八六／三六六九
張煒	七○／三○一八
張翥	三／○一二九
張榜	一一七／五一二三
張模	六九／二九五九
張銓	四五／二○○五
張賓	四／○一六一；二八／一二六七
張綿	五一／二二一○

著者	卷／篇序號
張標	一一五／四九九七
張默	四八／二一一九；四八／二一二〇
張蚪	三九／一七七四
張璣	三三／一四九六
張壎	三〇／一四〇〇
張燧	九一／三八九四
張繆	一〇三／四三八五
張願	七二／三一〇九
張鵬	三一／一四一六
張贇	二／〇〇九五
張爔	五六／二四三三
張藻	二三／一〇〇四
張籤	二六／一一九四
張鐸（六紾）	一五／〇六一五
張九葉	一二／〇四八九；四六／二〇五二；五四／二三三九；五四／二三四〇
張士毅	二八／一二九一

著者	卷／篇序號
張士鏞	五／〇一九五
張大受	四／〇一八一；一二／〇五一三；一八／〇七八七；九三／三九八七
張大經	六二／二六八〇
張子芳	五〇／二一七〇
張于宣	五六／二四三四
張王典	二四／一〇九二；二四／一〇九三
張天助	二三／〇九六六
張天顏	四九／二一四二；四九／二一四三
張勿遷	四／〇一五二；六四／二七四五
張文耀	七二／三〇六八
張方晉	八七／三七一一
張斗交	一五／〇六二九
張允浣	八九／三七八四
張玉樞	三八／一七〇四
張世任	六九／二九六〇
張以誠	二三／一〇三六

著者	卷／篇序號
張光豸	八七／三七一九；一一六／五〇四三
張光銅	一〇四／四四三一
張永祥	三三／一五一〇；九七／四一三一
張永祺	二三／〇九五二；二三／〇九五三；三九／一七九五；一〇九／四七二一
張永銓	四八／二一二一
張永鑑	二八／一二六八；一一一／四八一四
張弘道	一〇九／四七三三
張百川	八〇／三四三三
張成遇	九一／三八九五
張自超	一〇六／四五七三
張名品	五九／二五四三
張守愚	九七／四一三三
張守毅	一四／〇五七三
張如曾	一二／〇四九〇
張孝時	二五／一一四九
張芝宇	三〇／一三八九

著者	卷／篇序號
張遇隆	八九／三七八五
張嵩齡	八七／三七一二
張經邦	五七／二四四七
張嘉金	九四／四〇四八
張嘉璨	五六／二四〇七
張壽朋	八二／三五一一
張輔世	一〇二／四三四二；一〇二／四三四三
張需訥	五四／二三四一
張爾銘	六九／二九六一；六九／二九六二；七三／三一一五
張熙紳	一〇五／四五三七
張夢熊	九／〇四〇三
張對墀	五八／二四九五；八一／三四五一；九〇／三八三〇；九二／三九五二；九四／四〇四一
張學古	七／〇三〇六
張魯唯	五〇／二二〇〇
張慶宇	九／〇四〇四
張興仁	九五／四〇五七

著者	卷／篇序號
張鐘杰	七九／三三五二
張麗天	四／〇一六八
張騰蛟	一一四／四九五七
張騰霄	二三／一〇三七
張觀海	三六／一六五八；五一／二二二二；一一二／四八七六
巢震林	一〇四／四四七二
習全史	二一／〇九一五
陸建	三〇／一三六六
陸晟	二一／〇九一二；六一／二六三〇
陸師	二／〇〇五〇；八／〇三三七；三二／一四一五；三五／一六三二；四三／一九三〇；五九／二五四四；七八／三三二二；九〇／三八五四；九八／四一五七；一〇六／四五八七；一〇七／四六三二；一〇九／四七五六；一一八／五一五九
陸培	五五／二三七九
陸崑	三二／一四八六；三二／一四八七；三二／一四八八
陸凱	八六／三七〇一
陸煒	四三／一九三一

著者	卷／篇序號
陳治□	八〇／三四三五
陳松	五三／二二七七
陳昌	二九／一三三二
陳若	九三／三九六七
陳品	九七／四一三四
陳俊	九三／三九八八
陳洲	一〇七／四六二九
陳甡	七七／三二九三
陳脩	四五／二〇一七
陳倓	六四／二七四六；六六／二八一五；六六／二八一六
陳益	六三／二七一二
陳書	三八／一七二〇
陳珽	七一／三〇四五
陳梓	九／〇四〇五；一八／〇七八〇
陳萇（中式）	二九／一三四四；七三／三一四七
陳常	二／〇〇五六

著者	卷/篇序號
陳廷偉	三六/一六四〇
陳廷鑛	三/〇一二八；八/〇三七〇
陳廷鶴	一〇一/四二九七
陳宏衢	一二/〇四九二；一二/〇四九三；三三/一五一八；四五/二〇〇六；五五/二三九二；五五/二三九三；一〇二/四三六一
陳良佐（克安）	二二/〇九六五
陳其嵩	五/〇二一九；一〇六/四五八三
陳長鈞	七五/三一九七
陳東旭	一七/〇七二一
陳花開	七〇/三〇〇四
陳奇猷	六一/二六二六
陳明曦	七五/三二一五
陳昌穀	九二/三九五四
陳岱生	七/〇三〇四
陳岱華	八九/三七八九
陳所蘊	四八/二一三五
陳金章（汝佩）	二一/〇九〇七；四九/二一六〇

著者	卷／篇序號
陳師栻	一一五／五〇一九
陳師集	一／〇〇三九；九三／四〇〇二
陳師儉	四八／二一〇九
陳高飛	二七／一二四一
陳康祺	八〇／三四四一
陳基成	二三／一〇〇七
陳梧岡（爾棲）	七九／三三四九
陳景濂	二六／一一七二
陳章靈	一五／〇六二八
陳國昌	二九／一三二七；一〇一／四三二七
陳國楨	六一／二六〇六
陳國銓	六二／二六七四
陳啟蘭	八九／三七九〇
陳淑均	八〇／三四一〇
陳紹明	九一／三九〇五
陳紹馨	四四／二〇〇二

著者	卷／篇序號
陳聚奎（輝五）	四九／二一六一
陳遷鶴	五一／二三〇九；八〇／三四〇〇
陳蓮洲	一〇五／四五〇八
陳輝美（大山）	七九／三三八一
陳慶榮	七二／三一一三
陳樹玉	一八／〇七八二
陳儒堅	七／〇三三三
陳錫嘏（介眉）	一一三／四八八〇
陳豫朋	六八／二九三三
陳鍾華	二四／一〇九九
陳應兆（崴貢）	八／〇三七二
陳應駒	二／〇〇六八
陳應龍	七八／三三〇三
陳鴻章	八三／三五七五
陳肇隆（修仁）	三六／一六四一
陳聶恒	三〇／一三六一；五八／二四八三；九二／三九五五；九二／三九五六；九二／三九五七

著者	卷／篇序號
黃元吉	二三／一〇五九
黃元李	九〇／三八五六
黃元寵	一一／〇四六五
黃大紀	一一一／四八二五
黃之彥	一一八／五一八四
黃之晉	二三／一〇五二
黃之霖	六七／二八六九
黃子儀	九九／四二四〇
黃文華	八五／三六四四
黃文袞	五／〇二一八
黃日進	四／〇一五九
黃允恭	九〇／三八三一
黃允肅	二二／〇九八五；三九／一七九三；七六／三二四五；九〇／三八三一；一〇三／四四一一
黃世甲	二四／一〇六七
黃世楷（鐵如）	一四／〇五八〇；一九／〇八五二；三三／一四五九；一〇五／四四七六；一一二／四八五九；一一五／五〇〇九

著者	卷／篇序號
黄世輝	七〇／二九九八
黄用賓（元尚）	九八／四一七五
黄永年	四／〇一六〇；五二／二三五七
黄永業	八一／三四六七
黄仰文	二五／一一五六
黄江都（朋海）	四九／二一六三
黄汝亨	七四／三一六九；八二／三五二五；一〇九／四七〇九
黄汝翼	三八／一七三六；三八／一七三七
黄邦光	六七／二八七九
黄利通	二九／一三一〇
黄孚文	五五／二三六八
黄作肅	四四／一九九三
黄劭獻	七六／三二三七；七六／三二五六
黄其植	一〇九／四六九二
黄叔琪	六六／二八二八
黄叔琳	七六／三二三九

著者	卷/篇序號
黃尚忠	六九/二九六九
黃秉調（枚卜）	七九/三三四八
黃金度	三六/一六六〇
黃金琰	六/〇二五三
黃念祖（以忱）	三九/一八〇五
黃周章（俊卿）	六三/二七二五
黃育茹	一一/四八一七
黃宗崇	二七/一二二五
黃居中	二七/一二四九
黃邵築	一〇三/四三七二
黃春芳	一一七/五〇九一
黃春雷	四/〇一六五
黃思軒	三四/一五九二
黃洪憲	一〇四/四四六四
黃起示	一七/〇七〇七
黃起熊（師南）	三七/一六八一；一〇六/四五六七

著者	卷／篇序號
黃時實	五六／二四三六
黃恩錫	四八／二一一五；五八／二五〇三
黃師璦	七四／三一七〇；七五／三三二九
黃訓謨	三九／一八〇六
黃連璧	二三／〇九五四
黃國華	一一七／五〇九二
黃鼎甲	二八／一二七三；八九／三七九九
黃惟枚	七七／三三九五
黃得歲	一一四／四九四八
黃逢春	五五／二三六六；八七／三七三三；一一七／五一〇六
黃淳耀	八／〇三四〇；八／〇三四一；八／〇三四二；八／〇三四三；八／〇三四四；八／〇三四五；八／〇三四六；三五／一六二九；四一／一八五七；四一／一八五八；五〇／二一九三；八〇／三四〇一；一〇八／四六四九；一一八／五一六〇
黃桂發	六二／二六六二
黃景昉	一七／〇七三三；二三／一〇〇九；九〇／三八五七
黃景星	七三／三一一七

著者	卷／篇序號
黃蘭谷	六〇／二五七一
黃藹臣	三一／一四四三
黃觀清	六一／二六三一
惲東生	三二／一四九一
景考祥	七八／三三二〇
閔光渶	一九／〇八四四
閔應麟	一〇八／四六五六
單思邁	七一／三〇四六
喻先孝	二〇／〇八七四
喻且連	二三／一〇四九
程汪	一八／〇七八四
程芳	一〇三／四三八六
程珣	二二／〇九四八；一〇九／四七一七
程海	二／〇〇九四
程敏	六六／二八三〇；六六／二八三一；六六／二八三二
程清	九九／四二二一

著者	卷／篇序號
馮易（本姓顧）	八一／三四五三
馮堂	五六／二四三七
馮暠	二二／〇九三九；一〇六／四五五八；一一九／五二二七
馮詠	一九／〇八二五；二二／〇九八三；二二／〇九八四；二五／一一二二；五二／二二五三；七三／三一三四；一〇四／四四五一；一一五／五〇〇四
馮錕	三五／一五九八；三六／一六四八；五四／二三二〇
馮諶	七三／三一三五
馮謙	五三／二三〇五；七五／三二一一；五七／二四五八
馮璧	九四／四〇三九
馮一梅	七二／三〇七三
馮一鳳	一六／〇六八二
馮大淵	一一三／四九一八
馮千英	二五／一一一八
馮本周	七三／三一一八
馮可鑒	一〇六／四五四七
馮成修	二〇／〇八七六；一〇一／四二八二
馮汝軾	三八／一七一〇；六二／二六八五；一〇九／四七三四

著者	卷／篇序號
賀世壽	三五／一六二四
陰正燮	六七／二八九六
棗昌霖	一一七／五一三一
閔光緒	一四／〇五七八
過洛	七八／三三三八
過於飛	九二／三九六〇
過秉鈞	九〇／三八五八
鄒弘	四〇／一八二四
鄒維	九七／四一四〇
鄒嶧	七二／三〇六七
鄒鵬（子翼）	七二／三〇八〇；七三／三一二八
鄒旟	三三／一四七八
鄒爔	二五／一一二一
鄒天謨	九二／三九六一
鄒文煥	五四／二三四七
鄒世任	一一四／四九四一

著者	卷／篇序號
賈嵬玉	一八／○七八三
賈餘勇	六九／二九六八
楊允	一七／○七三四
楊成（端孝）	四一／一八五六
楊庚	二六／一一九九
楊炳	二六／一二○○；五三／二二七九；一○○／四二六一
楊鼎	一一九／五二二五
楊喬	五三／二二八○；一一三／四八九九
楊湘	七六／三三六九
楊椿	一四／○五七七；二九／一三三○；一一○／四七六五
楊溢	九五／四○五九
楊熙（原姓謝）	一二／○五○五；四四／一九六八
楊篔	三五／一六二二；三五／一六二三
楊⿰日壽	四／○一六二
楊⿰言英	六六／二八二三
楊瓚	一一五／五○二二

著者	卷／篇序號
楊顯	八／〇三七三
楊九雲	六九／二九六七；一一四／四九六六
楊大倫	一一二／四八七八
楊大琛	九二／三九五八
楊大鶴	三一／一四四一；四三／一九三四；六六／二八二四；一〇三／四三九八
楊元芳（亞芝）	三九／一八〇四
楊元瑛（仁寶）	四九／二一六二
楊天培	六二／二六九〇
楊日熺	六一／二六二三
楊方遠	一〇四／四四二六
楊丙鼐	六四／二七五九
楊以任	五〇／二一九二；五三／二三九五
楊必燦	五八／二四八八
楊永剛	一〇九／四七四九
楊有涵	四八／二一一一；五八／二五〇二；六四／二七四七
楊名時	二二／〇九八二；四一／一八七二；五三／二三九六

著者	卷／篇序號
楊如松	八六／三六八二
楊延俊	六一／二六一六
楊廷為	一／○○四二
楊廷奮	二二／○九四七
楊希魯	七六／三二四六
楊亨衢	二○／○八五八
楊長松	七七／三二九四
楊昌平	二二／○九六九
楊昌霖	七○／三○二四
楊振綱	四五／二○一九
楊飛熊	二九／一三三五
楊國楨	四○／一八二二
楊啟雋	四四／一九六九
楊開沅	五一／二二二三；六六／二八二五
楊智水	二○／○八七九
楊渙元	七二／三○七二

著者	卷／篇序號
楊夢捷	二八／一二八三
楊際盛	五四／二三四五
楊翥鳳	一一四／四九七三
楊學詩（雅南）	四四／一九五六
楊錫恒	六六／二八二六
楊繩武	六／〇二七七；三七／一六七六
楊繼楨	六二／二六八一
楊麟祥	八九／三七九五
裘隆士（新建）	九四／四〇四六
雷　斌	六二／二六八二
雷大英	一一四／四九五五
靳文遠	三三／一五一二
葉　甲	一〇四／四四四九
葉　申	一八／〇七九一；六一／二六三三
葉　品	二三／〇九四一
葉　昱	五一／二二六一

著者	卷／篇序號
趙　炳	二七／一二六〇；三二／一四七六；三三／一五三九；三三／一五四〇；四六／二〇五一；八三／三五八二；八五／三六四七；九三／四〇〇三；九六／四〇九三；一〇四／四四一六；一一一／四八〇二；一一三／四八七九
趙　晉	六／〇二六六
趙琰（玉岑）	六一／二六二三；七二／三〇八四
趙　傑	三八／一七一七
趙　壽	一〇一／四二九三
趙　播	三九／一七七九
趙　劍	四八／二一二五；九一／三八九七
趙　閬	六三／二七一六
趙　勷	八／〇三四七
趙士泉	三八／一七四二
趙士霖	一一八／五一五四
趙士疇	一〇一／四三三〇
趙天章	六七／二八八〇
趙文照	二／〇〇九六；二／〇〇九七；二／〇〇九八

著者	卷／篇序號
趙志弘	二六／一一七一
趙青藜	五二／二二六〇
趙東周	七／〇二九九
趙于京	九六／四〇九四
趙南星	一〇三／四四〇〇
趙若愚	一八／〇七九二；一一三／四九二八
趙開元	五／〇二二四
趙瑞晉	八五／三六四八
趙禎美	一〇／〇四三三
趙樹聲（玉公）	六八／二九〇五
趙鴻猷	九一／三八九八
趙鶴翀	四一／一八五九
趙耀甲	一一七／五一一一
趙熊詔	七五／三二〇一
壽　昌	六一／二六三七
蒙金奎	七一／三〇四〇

著者	卷／篇序號
鄭尚麟	三一／一四四二
鄭金龍	三四／一五九五
鄭郁文	三五／一六〇五
鄭景星	三四／一五五一
鄭雲從	三八／一七一九
鄭科捷	二四／一一〇五
鄭重猷	九／〇四一〇；二八／一三七六；一一〇／四七六〇
鄭重輝	一五／〇六〇八
鄭帝眷	六四／二七六九
鄭為霖	四三／一九四二
鄭洛英	六七／二八八四
鄭捷鰲（清士）	三四／一五六三
鄭惠琇	八／〇三七七
鄭裕楨	三四／／一五八二
鄭琨瑤	二七／一二六二
鄭夢恩（繼亭）	一〇八／四六四八

著者	卷/篇序號
蔡　璟	一九/〇八一三
蔡　醇	二〇/〇八八六
蔡一經	一一四/四九四五
蔡士達	九五/四〇六二；一一七/五〇九八
蔡大經	一〇五/四五〇九
蔡以臺	一/〇〇〇五；二〇/〇八六八；七八/三三三六；九七/四一四三
蔡以墫	一〇六/四五八四
蔡世遠	五九/二五四七；七三/三一三六
蔡良慶	六七/二八八三
蔡其默	三九/一七八〇；四五/二〇二〇；五一/二二二四
蔡長淳	六三/二七一八；六三/二七一九；六三/二七二〇；一〇九/四七〇六
蔡拱宸	三八/一七三三
蔡尚鋆	七九/三三五〇
蔡寅斗	六/〇二五五；二七/一二三八；三九/一七五八；三九/一八〇一；四四/一九七二；八一/三四六四
蔡冠英	一〇七/四六一五
蔡雲從	八五/三六四九

著者	卷/篇序號
蔡善述	五/〇二二一
蔡殿馨	一一四/四九七四
蔡德晉	七九/三三六二
蔡錶昺	九三/四〇一四
蔡錫疇	五四/二三四六
蔡鎮世（如山）	一五/〇六〇七
蔡鵬飛（志南）	九八/四一八六
蔣林	一/〇〇〇四
蔣基	八九/三八〇三
蔣琰	一一七/五〇八三
蔣遜	三四/一五八八
蔣濟	一九/〇八四六
蔣縹	三六/一六四四
蔣燾	五/〇二二二；二六/一二〇二
蔣繪	八四/三五九七
蔣元益（時菴）	七〇/三〇〇五；八一/三四八六；八一/三四八七

著者	卷／篇序號
蔣世基	七四／三一七四
蔣邦彥	六四／二七六七
蔣廷錫	一四／〇五九〇；一〇一／四二九二
蔣拭之	四／〇一五三；四／〇一八七；五／〇二〇一；二二／〇九八六；六八／二九〇六；七一／三〇三〇；七四／三一七五；七八／三三一四；九四／四〇二三；九五／四〇六三；一一四／四九四二；一一七／五一二四
蔣思源	八三／三五三八
蔣洽秀	六四／二七六八
蔣湘培	二三／一〇五五
蔣湘墉	二三／一〇五六
蔣鳴王	三〇／一三六七
蔣疑錫	五四／二三四八
蔣德峻	一〇三／四三九五
蔣德埈	一一九／五二〇二
蔣誼紙	五五／二三七五
蔣適用	六〇／二五五五
稽曾筠	三九／一七八二

著者	卷／篇序號
劉巖	二／○○五八；一七／○七三六；一七／○七三七；二三／○九七六；二三／一○二七；二四／一一○六；二四／一一○七；三一／一四一八；三一／一四一九；三五／一六○○；三六／一六四三；四一／一八六四；四八／二一二九；五三／二三七○；五七／二四七二；六○／二五七四；七二／三一一○；七三／三一三七；七三／三一三八；七五／三三三一；七八／三三三二；九一／三八七一；一○三／四三八八；一○四／四四七三；一○四／四四七四
劉鑛	一二／○四九五
劉一焜	二／○○五七
劉一體	一八／○七九三
劉九德	二二／○九七一
劉德成	五三／二三七一
劉大年	九○／三八五九
劉大輹	二三／一○一四
劉大馥	六六／二八三八
劉之英	一○○／四二四五

著者	卷／篇序號
劉必達	三七／一六七九；一一一／四八三一；一一一／四八三一
劉永基	五／〇二二三
劉永標	七四／三一七六
劉民信	九五／四〇六四；九五／四〇六五
劉成組	二六／一二一二
劉同升	九〇／三八六〇
劉兆全	五六／二四〇一
劉仲樟	二／〇〇九九
劉名烜	六六／二八三九
劉廷桂（仙友）	一〇四／四四五二
劉廷舉	二〇／〇八六四
劉長清	二〇／〇八五三
劉青震	三一／一四三四
劉青藜	八一／三四六三
劉昌壽	八六／三六七二
劉秉鈞	一五／〇六四九；六四／二七五一

著者	卷／篇序號
劉佩宗	四五／二〇二二
劉宗敏	九四／四〇二〇
劉苞麗	一一七／五一一八
劉枝桂	一〇一／四二九八
劉拱辰	二八／一二八五
劉炳煥	二三／〇九四九
劉祖棻	三一／一四二四
劉特曾	九六／四一〇三
劉培元	四三／一九四五；八九／三八〇四；八九／三八〇五；九八／四一七六
劉惇典	五五／二三九八
劉逢聖	二一／〇八九七
劉啟江	三三／一四八一
劉寅賔	二一／〇九一六
劉逵奇	三八／一七三九
劉朝瑞	三三／一五二三
劉植莪	一二／〇五一七

著者	卷／篇序號
劉雲華	三八／一七四○
劉雲漢	四○／一八○九
劉傳美	九四／四○三七
劉象春	二七／一二二一
劉詒光（榜姓趙）	一○二／四三三五
劉瑞荃	八五／三六五七
劉夢蟾	一○三／四四○二
劉敬祖	六三／二七二二
劉崇敬	五九／二五四九
劉漢翔	八／○三七六
劉輝祖	三／○一四二；六九／二九七七；九六／四○九五；一○三／四四一二；一一四／四九四三
劉燉君	七三／三一三一
劉總光	八二／三五三一
劉鵬翥	六八／二九○七
劉鍾嵩	五五／二三七○
劉鶴翔	一○五／四四七八

著者	卷／篇序號
德六號	九七／四一四五
稽蓉	三五／一六〇四
諸衡	一一七／五〇八七
諸錦	九八／四一七一
諸葛銘	四五／二〇三四
諸學李	九〇／三八六一
諸錫恩	八五／三六五〇
談鶴翔	四／〇一六七
潘岳	九二／三九六二
潘偉	一一／〇四五三
潘瑋	六一／二六〇八
潘士錦	二七／一二四三
潘大琳（玉壺）	八九／三八〇六
潘中立	六六／二八四〇
潘成雲	二二／〇九七〇
潘世恩	八五／三六五一

著者	卷／篇序號
潘本義	七九／三三六三；一〇四／四四一八
潘弘仁	八／〇三七八
潘同庚	七九／三三五三
潘兆新	八九／三八〇七
潘安禮	三八／一七四五；七四／三一七七；九九／四二二五
潘汝誠	一一三／四八九七
潘步淳	七五／三三二二
潘明祚	七一／三〇三一
潘宗洛	六八／二九一一
潘思光	三八／一七五五；六九／二九七八；六九／二九七九；一一四／四九七五
潘衍桐	七三／三一二三；八四／三六一二
潘美發	三六／一六六二
潘從律	一六／〇六九五
潘淑旂	七八／三三四二；七八／三三四三
潘淑章	一一一／四八一九
潘葆光	二六／一二〇三；三九／一七八一

著者	卷／篇序號
賴若日	一四／○五九二
賴道來	七○／二九九五
鄧　奎	七一／三○五七
鄧士錦	二八／一二八四
鄧之澄	七三／三一四四；八九／三八○九
鄧之瀚	二三／○九七三
鄧中南	一四／○五八六
鄧文起	七七／三三九七
鄧文鼎	五一／二二二五
鄧允肅	一四／○五八七
鄧以讚	一○九／四七○一
鄧林楊（志升）	四九／二一六六
鄧奕緒	一二／○五一八
駱天衢	一○九／四七四○
駱思濬	二四／一一○九
駱壽朋	六六／二八四一；九四／四○四七

著者	卷／篇序號
鍾仁	二九／一三五七
鍾惺	一五／〇六三三；一五／〇六三四；七九／三三八三
鍾潤	七九／三三八〇
鍾大受	一一四／四九五四
鍾世芳	一〇／〇四三四
鍾兆相	七〇／三〇〇七；八〇／三四〇二；八六／三六七五；八九／三八一六
鍾國英	七一／三〇四一
鍾澳芬	一〇二／四三六八
鍾毓秀	一一九／五二二〇
鍾錫圭	四／〇一八九
鍾儼祖	一一／〇四五六
謝庚	七三／三一三三
謝珩（楚白）	八五／三六五五
謝俊	一一／〇四七三
謝誠	四一／一八七三
謝墉	四八／二一三〇

著者	卷／篇序號
戴　熾	三一／一四二三
戴　檀	八／〇三四九
戴　瀚	一四／〇五九六；五四／二三一一；五四／二三六五；六六／二八四二；八五／三六五四；一〇〇／四二六三；一一二／四八四六
戴元璋	一四／〇五九七
戴文熾	一二／〇五〇六；一九／〇八四八；二四／一〇七一；二五／一一六六；六九／二九八一；一〇四／四四五五；一〇五／四五四一
戴有祺	五三／二三〇一；五四／二三六〇
戴兆佳	八四／三六〇〇
戴名世	四／〇一八〇；八／〇三八〇；一三／〇五三〇；一三／〇五三一；一八／〇七四七；一九／〇八三二；二〇／〇八七一；二一／〇九三〇；二三／〇九五六；二三／一〇四七；三〇／一四〇六；三八／一七二七；五〇／二一七五；五九／二五三三；六〇／二五七五；六一／二六三八；六六／二八四三；六六／二八四四；六六／二八四五；六八／二九三四；八六／三六七四；九三／三九九三；九三／三九九四；九三／四〇一二；九五／四〇七六；九五／四〇七七；一〇〇／四二六四；一〇三／四四一三；一〇三／四四一四
戴汝楫	三四／一五八〇

著者	卷／篇序號
魏時應	七〇／三〇〇八；七〇／三〇〇九
魏乘龍	八九／三八一九
魏嘉琬	七九／三三六四
魏漱芳	一〇三／四三八〇
簡書（聖徽）	五一／二二一二
簡麗	三〇／一三五九
歸梁	一〇四／四四三八
歸子慕	二三／一〇四四；二三／一〇四五；二三／一〇四六；九八／四一八一；九八／四一八二
歸有光	五九／二五五〇；七一／三〇五三；六八／二九〇九；八〇／三四〇三；一一三／四九〇八；一一九／五二一五
顏璹	二〇／〇八六九；二七／一二三一；八一／三四九〇
顏以湘	三八／一七三三
顏光輝	八九／三八二〇
顏光斅	七七／三三〇〇
顏聖恩	七〇／三〇〇六
顏毓儁	二四／一一一四

著者	卷／篇序號
關錫田	二六／一二〇七
譚元春	一一七／五一〇一
譚天遜	八六／三六九一
譚家德	八／〇三五〇
龐振	三／〇一二二
二十劃	
饒用	二三／一〇二〇；五九／二五二五；八九／三八一四
饒士上	三〇／一四〇三
蘇圻	五一／二二二九
蘇銓	四四／一九五七
蘇濬	一〇七／四六二四
蘇去疾	七／〇三〇八
蘇占元	一〇六／四五六六
蘇尚紫	三／〇一一八；九二／三九六五
蘇國梁	七四／三一七八；一一五／五〇〇六
酆雲倬	一〇四／四四五四

著者	卷／篇序號
嚴沆	三三／一四九四
嚴安	八九／三八二三
嚴恒（平遠）	一五／〇六一〇
嚴桐	一四／〇五九九
嚴遂	六七／二八八五
嚴源	六七／二八六七
嚴福	八九／三八二三
嚴燦	八九／三八二四
嚴文在	一〇／〇四二九
嚴民欽	二三／一〇一五
嚴思濬	九七／四一五〇
嚴禹沛	一〇六／四五六九
嚴師孔	七八／三三三九
嚴從龍	三九／一七八四
嚴慶雲	二二／〇九七二
嚴寶成	九五／四〇五一

二十一劃

著者	卷／篇序號
顧昌	一一七／五〇七九
顧述	一〇四／四四二五
顧景	六〇／二五九六；六〇／二五九七
顧問	八／〇三五一
顧淵	二九／一三二八；三〇／一四〇四
顧遷	四四／二〇〇三
顧縉	一五／〇六五二
顧聯	八一／三四九一
顧風（行□）	二四／一一一五
顧藻（倬雲）	七七／三三〇一
顧瀛	六四／二七七〇
顧一乾	六八／二九一〇
顧三典	五／〇二四四；一八／〇七九六；三〇／一四〇五；三二／一四五三；四九／二一四六；五九／二五五一；七二／三〇八五；九二／三九六六；九八／四一六三；一〇一／四三〇八

著者	卷／篇序號
顧之麟	五二／二二六六
顧天琰	二／〇〇八二；九〇／三八六三
顧元熙	五〇／二一九六
顧有樑	七二／三〇九八
顧成傑	一〇一／四三三二
顧同根	一四／〇五九八
顧兆麟	一一八／五一四六
顧我鈞	二一／〇九〇二；七八／三三四四；一〇五／四五〇〇
顧沈士	二一／〇九〇五
顧宗孟	九八／四一六四
顧宗泰	七七／三三〇二；八五／三六五六
顧奎光	一／〇〇四五
顧畏喦	一〇一／四三三三
顧洪善	一五／〇六五三
顧建昌	七四／三一九一
顧起倫	八一／三四五〇

後記

《明清科考墨卷集》傳到筆者的父親這一代已經是面目全非了，成了一堆破爛故紙堆。書架、書盒全都不翼而飛，連用稻草繩捆綁都沒有。這些破爛不堪的舊紙堆就一直堆放在筆者老家二層閣樓的角落，躺著一年又一年。

父親有四個兄弟，老大、老二都不識字。老四林玉衡，我叔叔一九三三年在上海的一所大學畢業後，到福建省平和縣、永安縣等地找工作。聽說一九四五年臺灣光復後去臺灣，後來全家都搬去。一九四九年後就天各一方。父親是老三，可能讀過幾個月的私塾，會記帳，但看報紙都很吃力。祖傳家藏的古舊書也都存在我家。筆者有十個兄弟姐妹，也只有本人一個讀了大學。為此，我父親有意把這些藏書交給筆者。

記得在一九五五年夏天，家鄉鬧了大旱災，大哥去參軍，二哥去學做木桶，姐姐和伯母到縣學習班去當廚師（解放初，中國共產黨為了培養基層幹部，經常在縣一級組織培訓班）。家中十五歲的我就成了主勞力。一天到晚在社裏（當時農村裏已經組織了初級社）踩水車抗旱，我的腳底板都踩出水泡。沒有東西吃，就到處撿枇杷核，曬乾後把皮弄掉，用洗米水浸泡後磨成漿燒來吃。儘管味道很澀，但為了填飽肚子只好吃。還有就是「瓜菜代」（就是用瓜菜替代糧食，主要是包心菜）。在這麼困難的情況下，為了活命，家裏過去值錢的東西父親都賣了。一天，我正好在家，有個書商到我家，要買我家的古書。父親一口回絕說沒有，早就沒有了。我後來問父親，在家的閣樓上不是有古籍圖書嗎？爸爸說：「那是我們老祖宗的東西，我們餓死也不能把老祖宗的東西賣掉。期盼你們以後好好整理，好好讀。」五十多年了，老父親的話至今還記憶猶新。

一九六一年筆者已是廈門大學英語系的大學生了。政府和學校對我們大學生也都十分照顧。但是，處在成長時期廿一歲的我，每個月只有廿二斤半，每天十二兩（三七五克）的糧食，餓的我整天頭昏眼花，有氣無力，終於患了水腫病。父親知道後，叫我暑假回家好好調養。為了治好我的頭痛病，還叫我和祖雨弟弟（由於家庭困難，解放初祖雨被賣到莆田華亭附近的皋花村）一起到莆田華亭鎮找個老中醫看病，老醫生給了我好幾瓶黑珍珠般的藥丸，我吃了以後好多了。後來我才知道，五十多歲的老父親天天到東圳水庫的柴市場去挑柴到龍橋小鎮去賣（有十多里的山路），每擔（約一百斤）能賺到一元錢左右。我的頭痛病好多了，就和父親一起去挑柴賣。開頭是兩人挑一擔，他挑一段路，我休息，我挑一段路，父親休息。後來我們一人挑一擔，這樣我們就可以一起休息。一天在休息時，父親語重心長地跟我說：「靠勞動力賺錢生活太不容易，也只有體力勞動之後才知道體力勞動的辛苦，要好好讀書，要讀好你的英文，要介紹一位莆田最有名的英文老師，名字叫做藍少秋（聽說是留美的）給我輔導英文。將來有機會還要讀些文史，家藏的古舊圖書要靠你去整理、去讀、去保護。」父親的重托、父親的期待，我牢記在心。我也一直在尋找機會實現父親的夙願。

一九七二年秋，我有個機會出差到福建，順路到家鄉探望父母。父親告訴我他身體很好，六十七歲的老父經常爬「東岩山」到我外婆家，不用一個小時。只是眼睛經常流眼淚，我要陪他到醫院去看醫生，他說看醫生要花錢，嗷嗷一下就會好的。我告訴他由於叔叔在臺灣的原因，我在國際旅行社的英文翻譯不能當了，就把我分配到浙江圖書館工作。並且說浙江圖書館有好多古籍圖書，還有文瀾閣《四庫全書》。《四庫全書》我是在讀小學時，林希文老師告訴我們說全莆田的書加起來還不如一套《四庫全書》。我爸爸聽了之後十分興奮，他說：「文化大革命期間的『掃四舊』和『打砸搶』，非常擔心家藏的古籍圖書，可能是由於這裏的紅衛兵小將忙於造反，也不懂得古籍圖書。另外我們也秘而不宣，沒人知道我們家有這麼多的古籍圖書，所以就倖存免遭劫難。現在你在浙江圖書館，有那麼多的古籍圖書，要好好學習，要學會整理，學會修補。將來家藏的古籍就要你來整理、修補、保護。」我說：「一九七一年初被分配到浙江圖書館工作不久，領導就叫我到北京圖書館參加《中國圖書館圖書分類法》的編輯工作。回到杭州後就被安排到浙江圖書館的採編部工作，主要是做外文圖書的採購、分類、編目工作。學習古籍圖書、學習修補圖書之事，我既然在圖書館，我會找機會努力學習，將來好好完成爸爸交給我的任務。」前輩的厚望，不敢忘卻。

可惜的是父親在一九七六年就過世了，我到一九九一年才當上了浙江圖書館副館長，主管業務。根據浙江圖書館的特點，我重點抓了古籍工作和現代化建設。古籍保護需要現代化的環境、設備和技術。為了達到這兩個目的，建新館是最佳的辦法。一九九三年當上了浙江省政協委員之後，就從寫提案、視察、呼籲，到立項、設計、施工、裝修直到開新館，都做了努力。對於古籍工作，不管是國內還是國際上有會議、有活動都派人參加，有的還親自參加。一九九八年當上了國際圖聯善本手稿委員會常委。二〇〇六年成功地在浙江杭州舉辦了「國際圖聯大會杭州會前會（主題：中國書寫印刷文化遺產和圖書館工作）」。這次國際會議在國內外影響較大。我想父親在天之靈也會高興的。

筆者的老家是福建省莆田市內北大路四十九號。一九四九年以前叫做「十八店觀察第里」，是我的先祖，明萬曆庚辰科（一五八〇）進士林廷陞（官至廣西按察使兼兵備副使）的故居，是典型的中國南方官員府第。我的印象是：其大門朝東，門外的北側有兩條豎立的花崗石條（可能是用於豎立旗杆用的），門口有五層大青石板階梯，大門的兩側有直徑1米多的石鼓，加上底座，差不多有1.5米高。門檻至少有六十公分高。進了大門兩邊有左右兩間門房，往右拐後才能見到有兩個大天井，第一個天井大約一百至一五〇平方米，其右邊是極其精緻的大廳，其門框是用花崗岩鑲的，有可能是客人接待廳。靠裏面的天井可能是建築物的主天井，約二百至二五〇平方米。大天井的右側就是主建築物的第一進。房子的正中央（朝南）的屋簷下有一幅大匾額，匾額上有「進士」兩個大字，落款人是林廷陞。小時候不知林廷陞是誰，但是銘記在心。我家就在這個大天井的西南側。第一進西側是我伯父的房子。第二進的屋簷下也有一幅大匾額寫著「文武為憲」，第二進大廳的兩側還有六間房子。第二進以後的房子都已倒塌，都種上了桂圓、枇杷、香蕉、芭樂等。我父親說這裏原來是「一百二十間大厝」（一二〇間的大房子）。到了二〇〇五年，家鄉要舊城改造了，儘管有人到處請願，要求保留並修復「觀察第里」。但是，當地的政府還是下決心把這幢明代進士府第夷為平地，現在成了馬路。要拆遷了，我不指望要家裡的什麼東西，就要這些破書爛紙。就這樣，我把這些「破書爛紙」用紙箱裝好搬到杭州來了，等退休後慢慢整理、修補、學習、保護，以實現老父親的囑咐和期待。

為了實現前輩的願望，二〇〇八年退休後就開始整理、修補和保護這些「破書爛紙」。整理圖書可以說是我的強項。一九七一年我到浙江圖書館之後，就被安排到北京圖書館參加編輯《中國圖書館圖書分類法》工作，回到杭州後就在浙江圖書館採編部做外文圖書的分類、編目工作。儘管外文圖書和古籍圖書的分編工作有所不同。但是，著錄、編目、檢索等重要項目卻是異曲同工，有許多相似之處。大約花了半年時間我就把這些「破書爛紙」整理出來。祖傳家藏的這麼多的稀世珍寶，使我感到十分高興，十分激動。

要修補好這些「破書爛紙」卻是個大難題。但是，「世上無難事，只怕有心人」。我當了浙江圖書館主管業務的副館長後，就經常到古籍部去參觀、學習、請教古籍圖書的修復方法和應當注意的問題，熟悉國家對古籍圖書修補的要求。或許老天早就把這項工作安排給我做了，在我讀小學時，鄰居在做裱錫箔的工作（錫箔裱好後，摺疊成一隻隻金錠、銀錠似的，人們在做祭事時燒給菩薩或先人用的），好奇的我經常在一旁仔細觀看。有一次趁大人不在，我就下手照著裱，被大人發現後，看我裱的還不錯，居然還表揚了我。無形之中我在小時候就學會了裱錫箔的技術，這對我修補圖書不能說沒有好處。再加上圖書館古籍部的老師傅教我如何調漿糊等等，經過幾次試驗後就更加有信心了。實際上，在修補的實踐過程中感到補書和裱錫箔有相似之處，也有許多異處。裱錫箔是讓一張完整的錫箔和一張完整的紙黏裱在一起。應當說是比較簡單。如果是一頁完整的書，那就根本不需要修補或裱了。家藏的古籍圖書中有相當的部分，一頁書已經爛成幾十片了，而且本書的原版是從全國二十多個省市地區收集起來的，因此每頁和版心等的尺寸都不一樣。有的還有好幾頁都擰繞在一起，而且爛得都提不起來，只好使用鑷子輕輕地、小心地一片片挑離揭開，有的一天還不能揭一、二頁，有的一頁揭下來有幾十片，只好一片片按順序編好號，先放在襯紙上，再按照古籍修補的有關要求進行修補。這些工作確實需要細心、耐心和恒心。好在我在圖書館幾十年養成了靜心、恒心和精心的習慣。經過三年多的努力，終於在去年十月完成了一一九卷五二三一篇（一七八五二頁）的修補工作。

古籍圖書的保護工作，筆者曾經做過專門研究，並在國內、國際上發表過多篇論文，受到同行們的好評。總的來講，古籍保護包括藏書環境的要求，如防火、防水、防潮、防蟲（書蟲、白蟻、蟑螂、蜘蛛、中草藥防蟲等）、通風、曝書、破書修補等；現代化的保護辦法有縮微、電子掃描、冷凍殺蟲、微波殺蟲、真空包裝、創造恒溫恒濕的環境、組織仿真或影印出版等。祖傳幾百年的《明清科考墨卷集》的保護工作是一件極為頭痛之事，需要創造環境、配備設施、需要技術等等。我認為可以做的是數位化、聯繫出版、裝訂和配備書箱等。

對於《明清科考墨卷集》一書的數位化工作，筆者認為比較特殊，因為它既是善本又是孤本，如果把它拿到社會上，雇人（或托人）做掃描工作，其文獻的損失不可避免。尤其在數位化過程中，文獻資源的破損可能性不會沒有，就是工作人員手上的酸性汗水也很難保證不黏在文獻上而造成損失。所以只能決定自己掃描，做文獻數位化的工作，而且這項工作還必須在修補好的古籍圖書裝訂之前完成。否則，裝訂好的要拆掉之後再掃描，然後再裝訂，損失會更加厲害。在掃描的過程中除了選好掃描軟體外，每個掃描工作步驟中的導入、預覽、放大或縮小、確定掃描的像數、正式掃描、導入到檔案夾、轉向、剪裁直到導出到新建的檔案夾等等。這些步驟一個也不能少，也不能忘記。《明清科考墨卷集》有一一九卷、五二三一篇、一七八五一拍的掃描量都必須籌畫計算好。

古籍圖書的影印或仿真出版，使之能夠一化為百、化為千，是造福社會、造福子孫的最佳辦法之一。十分感謝臺灣蘭臺出版社對本書出版工作的高度重視和大力支持。《明清科考墨卷集》的成功出版對研究我國明清時期科考制度、教育制度提供極其珍貴的資料，對研究我國明清時期的教育、科舉、社會發展的專家是最好的佳音。也對保護我國的古籍善本文獻資源做出了巨大的貢獻。我們一家將銘記在心，並相信，父母的在天之靈肯定會十分滿意。

特別應當感謝的是妻子翁金珍的全力支持，沒有她在背後的默默貢獻和幫助，《明清科考墨卷集》的整理、修補、出版、保護將會一事無成。

林祖藻　二〇一三年二月八日

跋

當初接到這份書稿，蘭臺上下無不欣喜若狂，在欣喜的同時，大家也知道將有一段漫長而艱辛的路要走。經三年的努力，如今《明清科考墨卷集》終於付梓。其中過程不足為外人道，但仍有幾句話想和讀者分享。

首先，要感謝林祖藻先生的信任與託付，將此珍貴家藏典籍交予蘭臺，能出版這部書，是蘭臺的榮幸，尤其感佩林祖藻先生的毅力和對父親的承諾，那一分堅持與溫情，令人動容。其次，要感謝陳慶元老師的鼎力相助，除了在校對上指導、協助編輯部同仁，提高內容的正確性，更不吝賜序，精要地闡述了《明清科考墨卷集》的珍貴處與特色，可謂為本書畫龍點睛。再者，要感謝協力印刷廠商的技術指導與支援，確保了出版品質。最後，要感謝蘭臺的全體同仁們，這部書讓我們幾乎以辦公室為家，在多少個挑燈夜戰的日子裡，在咖啡、濃茶的澆灌下，我們終於可以交出這份書稿了。

雖然歷經三年的編校，此書方得以付梓。然這只是初步的文獻整理工作，此書仍有未盡之處。例如：受限於出版時程，我們沒有足夠的時間進行進一步的校勘，如與《清人室名別稱字號索引》、《清秘述聞》二書，或者和明清時期的各地方志、內閣大庫檔、宮中檔、明清史料筆記叢刊、相關文集做比對互勘的工作，便是其中之一的未盡之處。此外還有著者地方分佈表、著者科年索引表，以及與《清代硃卷集成》所收墨卷的比較表等，這些都是未竟之業。陳慶元老師已經組織了一個工作小組，正在從事上述的未竟之業，並進行相關的研究，相信不久之後即可有進一步的研究成果發表。同時亦請各方博雅君子、專家學者不吝賜教，多給我們指導，讓我們為中華文化的發揚於世，共同努力。

蘭臺編輯部　謹誌　二〇一四年四月十八日

國家圖書館出版品預行編目資料

明清科考墨卷集 總目錄 / 林祖藻 主編 --初版--
臺北市：蘭臺出版社：2014.12
ISBN：978-986-6231-83-4（精裝）
1.科舉 2.古籍 3.文物修復
573.441 103007176

明清科考墨卷集 總目錄

顧　　問：林念生
主　　編：林祖藻
副 主 編：林祖岩
編輯委員：林元盛、林念生、林祖岩、林祖藻、林 煒、翁金珍
美　　編：林育雯、黃慧怡、謝杰融、鄭荷婷、賴鴻慶、康美珠
封面設計：諶家玲
總 編 審：陳慶元
執行編輯：張加君、張珮蓉、郭鎧銘
出 版 者：蘭臺出版社
發　　行：博客思出版社
地　　址：台北市中正區重慶南路1段121號8樓14
電　　話：(02)2331-1675或(02)2331-1691
傳　　真：(02)2382-6225
E—MAIL：books5w@gmail.com
網路書店：http://bookstv.com.tw/
http://store.pchome.com.tw/yesbooks/
博客來網路書店、博客思網路書店、華文網路書店、三民書局
總 經 銷：成信文化事業股份有限公司
劃撥戶名：蘭臺出版社　帳號：18995335
香港代理：香港聯合零售有限公司
地　　址：香港新界大蒲汀麗路36號中華商務印刷大樓
C&C Building, 36,Ting, Lai, Road, Tai,Po, New,Territories
電　　話：(852)2150-2100　傳真：(852)2356-0735
總 經 銷：廈門外圖集團有限公司
地　　址：廈門市湖裡區悅華路8號4樓
電　　話：86-592-2230177
傳　　真：86-592-5365089
出版日期：中華民國103年12月 初版
定　　價：新臺幣二十萬元整（全套：精裝）
ISBN：978-986-6231-83-4